해커스 JLPT 실전모의고사 N4

학습을 위한
추가 혜택

무료 학습 자료

교재 MP3
(모의고사용/복습용/
고사장 소음 버전)

온라인 모의고사

**JLPT N5·N4
단어·문형 암기장**
(PDF)

[이용 방법]
해커스일본어 사이트(japan.Hackers.com) 접속 후 로그인 ▶
상단의 [교재/MP3 → MP3/자료] 클릭 후 이용하기

해커스일본어
[MP3/자료]
바로가기 ▶

해커스일본어 단과/종합 인강 **30%** 할인쿠폰

9896-B6KK-KK9K-6000

[이용 방법]
해커스일본어 사이트(japan.Hackers.com) 접속 후 로그인 ▶
메인 우측 하단 [쿠폰&수강권 등록]에서 쿠폰번호 등록 후 강의 결제 시 사용 가능

* 등록 후 30일간 사용 가능
* 본 쿠폰은 1회에 한해 등록 가능합니다.
* 이 외 쿠폰과 관련된 문의는 해커스 고객센터(02-537-5000)로 연락 바랍니다.

쿠폰 바로
등록하기 ▶

일본어 교육 **1위** 해커스일본어

한경비즈니스 선정 2020 한국브랜드선호도 교육(온·오프라인 일본어) 부문 1위

해커스JLPT
착한 0원반
수강료

* [0원] 교재비 환급대상 제외/제세공과금 본인부담/미션달성시
* 페이지 내 유의사항 필수 확인

해커스 어학연구소만의 자신 있는 합격 전략!
해커스 JLPT N3~N1 교재 제공

성적 or 출석 달성 시 **수강료 100% 환급**	기초일본어부터 **JLPT 강의까지 무제한**	미션 실패 시 무조건 **수강 기간 연장**	일본어 학습자료 **무료 제공**

* 교재비 환급대상 제외/제세공과금 본인부담/미션달성시
* [출석] 수강기간 180일 중 120일 연속 출석
* 페이지 내 유의사항 필수 확인

* 페이지 내 유의사항 필수 확인

* PDF

일본어 교육 1위 해커스일본어
japan.Hackers.com

JLPT
N3/N2/N1
착한 0원반 ▶

해커스 JLPT
일본어능력시험

실전모의고사

문제집

N4

해커스 어학연구소

해커스 JLPT 실전모의고사 N4

문제집

목차

이 책의 특징과 구성 · 4
JLPT N4 시험 정보 · 6
과목별 출제 유형 및 문제 풀이 전략 · 8
학습 플랜 · 12
일본어 기초 문법 · 14

문제집 (책속의 책)

제1회 실전모의고사 ·· 21

제2회 실전모의고사 ·· 71

제3회 실전모의고사 ·· 119

정답표 ·· 170
OMR 구성 및 작성법 ·· 173
OMR ··· 175

해커스 JLPT 실전모의고사 N4

해설집 [본책]

제1회 실전모의고사
정답·해석·해설

언어지식(문자·어휘)	5
언어지식(문법)	9
독해	14
청해	17

제2회 실전모의고사
정답·해석·해설

언어지식(문자·어휘)	35
언어지식(문법)	39
독해	44
청해	47

제3회 실전모의고사
정답·해석·해설

언어지식(문자·어휘)	63
언어지식(문법)	67
독해	72
청해	76

부록

회차별 단어·문형	92
JLPT 빈출 단어·문형	101

이 책의 특징과 구성

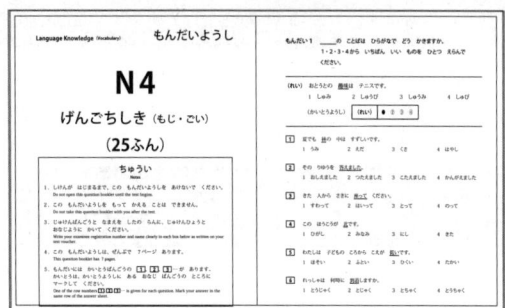

최신 경향을 반영한 모의고사

최신 출제 경향을 철저히 분석 반영한 모의고사 3회분을 직접 풀어 봄으로써 현재 실력을 가늠하고 취약한 부분을 보충하여 실제 시험에 완벽하게 대비할 수 있습니다.

정확한 해석과 전략적 해설

모든 문제에 대한 직역에 가까운 정확한 해석과 함께, 문제 풀이 전략을 기반으로 정답뿐 아니라 오답에 대해서까지 상세하게 설명한 전략적 해설로 문제 풀이 방법을 학습하면 빠르고 정확하게 정답을 고를 수 있습니다.

어휘 정리

지문과 문제에서 사용된 **어휘의 의미를 품사와 함께 수록**하여 사전을 찾는 불편함을 덜 수 있습니다.

TIP

추가로 알아두면 좋을 학습 포인트와 실제 시험장에서 적용 가능한 **문제 풀이 팁**을 수록하여 더욱 완벽하게 실전에 대비하고 빠르고 정확하게 문제를 풀 수 있습니다.

해커스 JLPT 실전모의고사 N4

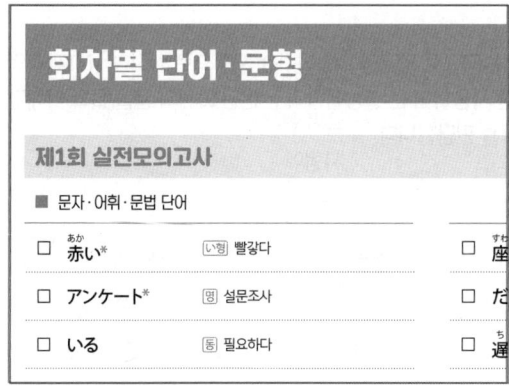

■ 회차별 단어·문형과 JLPT 빈출 단어·문형

각 **회차별 빈출 단어·문형**은 물론 **JLPT 빈출 단어·문형**까지 제공합니다. 해커스일본어(japan.Hackers.com)에서 제공하는 'JLPT N5·N4 단어·문형 암기장' PDF를 내려받으면 해당 부록의 단어·문형을 스마트폰에 넣어 학습할 수도 있고 퀴즈를 통해 복습할 수도 있습니다.

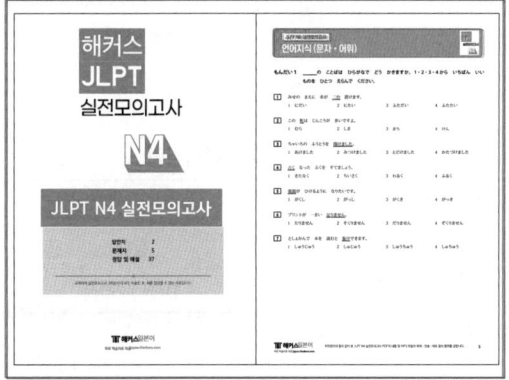

■ 온라인 실전모의고사

해커스일본어(japan.Hackers.com)에서 제공하는 **온라인 실전모의고사**를 추가로 풀어보며 **실력을 재점검하고 실전 감각을 향상**시킬 수 있습니다.

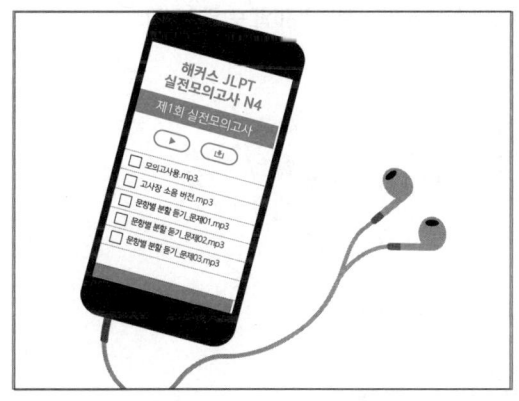

■ 3가지 버전의 MP3

실전 감각을 익힐 수 있는 **모의고사용 MP3, 고사장 소음 버전 MP3**와 원하는 문제만 반복하여 들을 수 있는 **복습용 분할 MP3**까지 총 3가지 버전의 MP3를 반복 청취하면 직청직해 능력과 실전 감각을 효과적으로 키울 수 있습니다.

JLPT N4 시험 정보

■ JLPT N4란?

JLPT란 일본어를 모국어로 하지 않는 사람의 일본어 능력을 객관적으로 판단하고 인정하는 시험으로, N5부터 N1까지의 급수로 이루어져 있습니다. 그 중 N4는 기본적인 어휘나 한자를 사용하여 쓴 일상생활과 관련된 화제의 글을 읽고 이해할 수 있으며 천천히 말하면 내용을 거의 이해할 수 있는 수준인지를 판단합니다.

■ 시험 구성 및 시험 시간

시험 구성		문항수	시험 시간
입실			13:40 까지
1교시	언어지식(문자·어휘)	28	14:00~14:25 (25분)
	언어지식(문법)	21	14:30~15:25 (55분)
	독해	8	
휴식			15:25~15:45 (20분)
2교시	청해	28	15:45~16:25 (40분) * 시험은 35분간 진행

■ 합격 기준

JLPT는 합격점 이상 득점하면 합격하며, 한 과목이라도 과락 기준점 미만으로 득점하면 불합격됩니다.

합격점 / 만점	과목별 과락 기준점 / 만점		
	언어지식(문자·어휘·문법)	독해	청해
90점 / 180점	38점 / 120점		19점 / 60점

■ 시험 결과

- JLPT에 합격하면, 「일본어능력인정서」와 「일본어능력시험 인정결과 및 성적에 관한 증명서」를 받을 수 있으며, 불합격할 경우, 「일본어능력시험 인정결과 및 성적에 관한 증명서」만 수령하게 됩니다.
- 「일본어능력시험 인정결과 및 성적에 관한 증명서」에는 과목별 점수와 총점, 백분율, 언어지식(문자·어휘·문법) 과목의 정답률을 알 수 있는 참고 정보가 표기되어 있어, 자신의 실력이 어느 정도인지 알 수 있습니다.

<인정결과 및 성적에 관한 증명서>

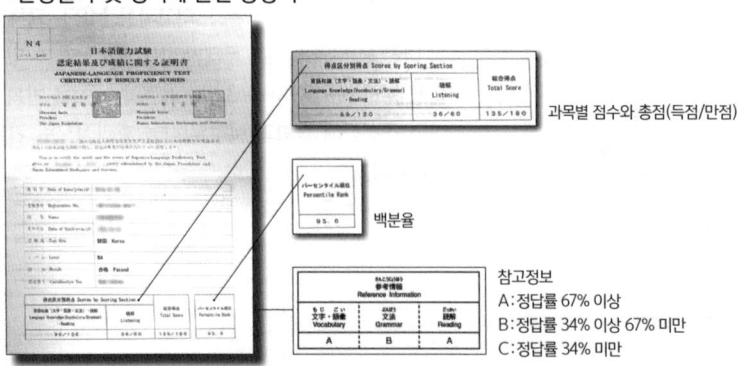

해커스 JLPT 실전모의고사 N4

■ 시험 접수 및 준비, 결과 확인

1. 시험 접수, 시험일, 시험 결과 조회 일정

	시험 접수	시험일	시험 결과 조회
매년 제1회 시험	매년 4월 초	매년 7월 첫 번째 일요일	매년 8월 말
매년 제2회 시험	매년 9월 초	매년 12월 첫 번째 일요일	매년 1월 말

* 일반 접수 기간이 끝난 뒤, 약 일주일 동안의 추가 접수 기간이 있습니다.
 정확한 일정은 JLPT 한국 홈페이지 (http://jlpt.or.kr)에서 확인 가능합니다.

2. 시험 접수 방법

(1) 인터넷 접수 *회원 가입 및 로그인 필요
 JLPT 한국 홈페이지(http://jlpt.or.kr)에서 [시험 접수]로 접수합니다.

(2) 우편 접수 *시험장 선택 불가
 구비 서류를 등기우편으로 발송하여 접수합니다.
 구비 서류 : 수험 원서(홈페이지 다운로드), 증명사진 1매(뒷면에 이름, 생년월일, 휴대 전화 번호 기재),
       수험료(우체국 통상환)
 보낼 곳 : [서울권역] (03060) 서울시 종로구 율곡로53, 해영빌딩 1007호 JLPT일본어능력시험
    [부산권역] (48792) 부산광역시 동구 중앙대로 319, 1501호(초량동, 부산YMCA)
         (사) 부산한일문화교류협회
    [제주권역] (63219) 제주특별자치도 제주시 청사로 1길 18-4 제주상공회의소 JLPT 담당자 앞

3. 시험 준비물

 수험표   규정 신분증
(주민등록증, 운전면허증, 여권 등)   필기구
(연필이나 샤프, 지우개)   시계

4. 결과 확인

(1) 결과 조회
 1회 시험은 8월 말, 2회 시험은 1월 말에 JLPT 한국 홈페이지(http://jlpt.or.kr)에서 조회 가능합니다.

(2) 결과표 수령 방법
 JLPT 결과표는 1회 시험은 9월 말, 2회 시험은 2월 말에 접수 시 기재한 주소로 발송됩니다.

(3) 자격 유효 기간
 유효 기간이 없는 평생 자격이지만, 기관 등에서는 보통 2년 이내 성적을 요구하므로 주의하세요.

과목별 출제 유형 및 문제 풀이 전략

■ 언어지식(문자·어휘)

1. 문제 유형

문제		문항 수	문제 내용
문제 1	한자읽기	7	한자로 쓰여진 단어의 읽는 방법을 물음
문제 2	표기	5	히라가나로 쓰여진 단어가 한자로 어떻게 쓰여지는지를 물음
문제 3	문맥규정	8	문맥적으로 가장 잘 어울리는 단어가 무엇인지를 물음
문제 4	유의표현	4	밑줄 친 문장과 의미적으로 가까운 문장을 물음
문제 5	용법	4	제시된 단어가 문장 속에서 올바르게 사용되는지를 물음

* 실제 시험에서는 1~2개의 문항 수의 변동이 있을 수 있습니다.

2. 학습 방법

> 한자읽기와 표기는 선택지의 발음이나 한자에 주의해 선택지를 고른다.

주로 한자읽기 문제는 탁음, 반탁음, 장음, 요음, 촉음 등의 발음, 표기 문제는 비슷한 모양이나 발음, 의미의 한자를 사용한 선택지로 헷갈리게 한다. 따라서 선택지에 쓰인 히라가나와 한자를 주의 깊게 읽고 정답을 골라야 한다.

> 문맥규정은 빈칸 앞뒤 혹은 문장 전체와 문맥이 가장 잘 어울리는 선택지를 고른다.

제시어가 명사나 형용사인 경우에는 빈칸의 앞, 동사나 형용사인 경우에는 문장 전체, 부사인 경우에는 빈칸 뒤의 동사나 문장 전체를 보고 문맥과 어울리는 선택지를 정답으로 고른다.

> 유의표현은 제시문과 선택지의 다른 부분을 비교해 선택지를 고른다.

제시문과 다른 부분을 선택지에 표시한 후 다른 부분이 단어면 동의어를 포함한 선택지를, 구면 의미가 같은 표현을 포함한 선택지를 정답으로 고른다.

> 용법은 제시어 앞뒤 혹은 문장 전체에 유의해 제시어가 올바르게 쓰인 선택지를 고른다.

제시어가 명사인 경우에는 제시어의 앞뒤, 동사나 형용사인 경우에는 제시어의 앞, 부사인 경우에는 문장 전체의 문맥을 보고 제시어가 올바르게 쓰인 선택지를 정답으로 고른다.

■ 언어지식(문법)

1. 문제 유형

문제		문항 수	문제 내용
문제 1	문법형식 판단	13	문장의 내용에 적절한 문법형식이 무엇인지를 물음
문제 2	문장 만들기	4	문법상 옳고, 문맥상 통하는 문장을 완성할 수 있는지를 물음
문제 3	글의 문법	4	문법상 옳고, 문맥상 글의 흐름에 맞는 내용이 무엇인지를 물음

* 실제 시험에서는 1~2개의 문항 수의 변동이 있을 수 있습니다.

2. 학습 방법

> **문법형식 판단은 빈칸 앞뒤나 제시문 전체의 문맥에 가장 잘 어울리는 선택지를 고른다.**
> 빈칸에 넣었을 때 빈칸 앞뒤나 제시문 전체의 문맥에 적절한 선택지를 찾고, 빈칸 앞뒤와 올바른 형태로 접속되는지 등과 같은 문법적인 사항까지 확인한 후 정답을 고른다.

> **문장 만들기는 문형으로 연결되는 선택지를 먼저 배열한 후 의미에 맞게 배열해 선택지를 고른다.**
> 문형으로 연결되는 선택지가 있으면 먼저 배열한 후 나머지 선택지를 의미에 맞게 배열한다. 그 다음, 빈칸에 넣어 전체 문장이 자연스러운지 확인한 후 ★ 표시가 있는 빈칸에 들어가는 선택지를 정답으로 고른다.

> **글의 문법은 빈칸 앞뒤나 빈칸이 포함된 문장, 문장 앞뒤 내용의 문맥에 어울리는 선택지를 고른다.**
> 접속사나 부사를 고르는 문제인 경우 빈칸 앞뒤 문장의 문맥을, 조사를 고르는 문제는 빈칸 앞의 명사와 빈칸 뒤의 내용을, 문형을 고르는 문제인 경우 빈칸이 포함된 문장이나 문장 앞뒤 문장의 문맥을 파악하여 적절한 선택지를 정답으로 고른다.

과목별 출제 유형 및 문제 풀이 전략

■ 독해

1. 문제 유형

문제		문항 수	문제 내용
문제 4	내용이해 (단문)	3	학습, 생활, 업무 등에 관련된 화제, 장면에 대해 쉽게 쓰여진 100~200자 정도의 텍스트를 읽고, 내용을 이해할 수 있는지를 물음
문제 5	내용이해 (중문)	3	일상적인 화제, 장면을 제재로 하여 쉽게 쓰여진 450자 정도의 텍스트를 읽고, 내용을 이해할 수 있는지를 물음
문제 6	정보검색	2	안내나 알림 등에 쓰여진 400자 정도의 정보지 중에서 필요한 정보를 찾아낼 수 있는지를 물음

* 실제 시험에서는 1~2개의 문항 수의 변동이 있을 수 있습니다.
* 독해 과목은 언어지식(문법) 과목과 동일한 시험지에 포함되어 있으며 문제 4부터 시작합니다.

2. 학습 방법

> **내용이해(단문·중문)은 질문을 먼저 읽고 지문에서 질문과 관련된 내용을 파악해 선택지를 고른다.**
> 밑줄 친 부분이나 세부 내용에 대해 묻는 문제는 밑줄 친 부분 또는 관련된 키워드를 지문에서 찾아 그 주변의 내용과 일치하는 선택지를 정답으로 고른다. 빈칸에 들어갈 말을 묻는 문제는 지문에서 빈칸이 포함된 문장과 앞뒤 문장의 문맥에 어울리는 선택지를 정답으로 고른다. 필자의 생각이나 지문의 주제를 묻는 문제는 주로 지문의 마지막 부분에 단서가 있으므로 마지막 부분을 주의 깊게 읽고 정답을 고른다.

> **정보검색은 질문에 제시된 조건이나 상황을 먼저 파악한 후, 지문과 대조하여 선택지를 고른다.**
> 질문에 제시된 2~3개의 조건 또는 상황을 먼저 파악한 후, 그에 해당하는 모든 내용을 지문에서 찾아 표시한다. 그 다음, 질문의 조건이나 상황에 모두 부합하는 선택지를 정답으로 고른다.

■ 청해

1. 문제 유형

문제		문항 수	문제 내용
문제 1	과제이해	8	구체적인 과제 해결에 필요한 정보를 듣고, 다음에 무엇을 할지 적절히 이해할 수 있는지를 물음
문제 2	포인트이해	7	사전에 제시되는 내용을 근거로 하여, 포인트를 찾아 들을 수 있는지를 물음
문제 3	발화표현	5	그림을 보며 상황 설명을 듣고, 적절한 발화를 선택할 수 있는지를 물음
문제 4	즉시응답	8	질문 등의 짧은 발화를 듣고, 적절한 응답을 선택할 수 있는지를 물음

* 실제 시험에서는 1~2개의 문항 수의 변동이 있을 수 있습니다.

2. 학습 방법

> **과제이해와 포인트이해는 음성을 듣기 전 선택지를 먼저 읽고, 음성에서 누구에 관한 질문인지 파악한다.**
> 보통 선택지는 음성에서 언급하는 내용으로 구성되므로 음성을 듣기 전 선택지를 보고 음성에서 언급될 내용을 미리 파악한다. 그 다음, 음성에서 상황과 질문을 들을 때 누구에 대한 질문인지 파악하고 그 사람과 관련된 내용으로 일치하는 선택지를 정답으로 고른다. 질문에서 언급한 사람이 아닌 대화 상대에 대한 내용을 고르지 않도록 주의한다.

> **발화표현은 음성을 듣기 전 그림의 상황과 화살표로 표시된 인물을 파악한다.**
> 음성을 듣기 전 그림을 보고 어떤 상황인지, 누구의 말을 골라야 하는지 미리 파악한다. 그 다음, 음성을 통해 상황과 등장인물의 신분 및 관계를 정확히 파악하고 화살표로 표시된 인물이 할 적절한 말을 정답으로 고른다. 화살표로 표시되지 않은 인물이 할 말을 정답으로 고르지 않도록 주의한다.

> **즉시응답은 질문의 내용과 의도를 파악하고 적절한 응답을 정답으로 고른다.**
> 사실 확인, 요청, 주의, 권유 등 질문의 내용과 의도를 파악하고 적절하게 대답한 응답을 정답으로 고른다. 질문에서 사용된 표현을 그대로 반복한 말, 질문자가 해야 할 말, 상황에 맞지 않는 말 등으로 헷갈리게 하므로 질문의 내용과 의도, 상황을 정확하게 파악하는 것이 중요하다.

학습 플랜

📅 5일 학습 플랜

* 시험 직전 실전 감각을 극대화하고, 합격 실력을 마지막으로 점검하고 싶은 학습자

일차	날짜	학습 내용
1일차	☐ ___월 ___일	- 제1회 실전모의고사 풀고 채점 후, 틀린 문제 복습하기 - 회차별 단어·문형 제1회 암기
2일차	☐ ___월 ___일	- 제2회 실전모의고사 풀고 채점 후, 틀린 문제 복습하기 - 회차별 단어·문형 제2회 암기
3일차	☐ ___월 ___일	- 제3회 실전모의고사 풀고 채점 후, 틀린 문제 복습하기 - 회차별 단어·문형 제3회 암기
4일차	☐ ___월 ___일	- 온라인 실전모의고사 풀고 채점 후, 틀린 문제 복습하기
5일차	☐ ___월 ___일	- 실전모의고사 제1~3회, 온라인 실전모의고사 다시 풀기 - 회차별 단어·문형 제1~3회 중 잘 안 외워진 단어·문형 다시 한 번 암기

시험일	☐ ___월 ___일	- 시험 직전까지 학습 자료로 막판 대비하기
		  · 청해 문항별 분할 MP3를 담은 휴대 전화 - 시험 직전까지 계속 들어요.
		  · JLPT N5·N4 단어·문형 암기장(PDF)

해커스 JLPT 실전모의고사 N4

📅 7일 **학습 플랜**

* 현재 실력을 가늠해 보고, 차근차근 실력을 다지면서 합격 실력을 만들어 가고 싶은 학습자

일차	날짜	학습 내용
1일차	☐ ___월 ___일	- 제1회 실전모의고사 풀기 - 회차별 단어·문형 제1회 암기
2일차	☐ ___월 ___일	- 제2회 실전모의고사 풀기 - 회차별 단어·문형 제2회 암기
3일차	☐ ___월 ___일	- 실전모의고사 제1~2회 틀린 문제 복습하기 - 회차별 단어·문형 제1~2회 - 잘 안 외워진 단어·문형 한 번 더 암기
4일차	☐ ___월 ___일	- 제3회 실전모의고사 풀기 - 회차별 단어·문형 제3회 암기
5일차	☐ ___월 ___일	- 온라인 실전모의고사 풀기
6일차	☐ ___월 ___일	- 제3회 실전모의고사, 온라인 실전모의고사 틀린 문제 복습하기 - 회차별 단어·문형 제1~3회 중 잘 안 외워진 단어·문형 다시 한 번 암기
7일차	☐ ___월 ___일	- 실전모의고사 제1~3회, 온라인 실전모의고사 다시 풀기 - 회차별 단어·문형 제1~3회 전체 복습하기

시험일	☐ ___월 ___일	- 시험 직전까지 학습 자료로 막판 대비하기
		  1. 청해 문항별 분할 MP3를 담은 휴대 전화 - 시험 직전까지 계속 들어요.
		  2. JLPT N5·N4 단어·문형 암기장(PDF)

일본어 기초 문법

■ 명사

명사는 뒤에 ～だ가 붙어 접속하여 '~이다'라는 의미의 보통형이 되거나, ～です와 접속하여 '~입니다'라는 의미의 정중형이 된다.

종류	보통형 (반말)	정중형 (존댓말)
현재 긍정 표현	本だ 책이다	本です 책입니다
현재 부정 표현	本では(じゃ)ない 책이 아니다	本では(じゃ)ないです = 本では(じゃ)ありません 책이 아닙니다
과거 긍정 표현	本だった 책이었다	本でした 책이었습니다
과거 부정 표현	本では(じゃ)なかった 책이 아니었다	本では(じゃ)なかったです = 本では(じゃ)ありませんでした 책이 아니었습니다

■ 조사

조사는 주로 명사에 붙어 주어나 목적어로 만들어주거나 단어와 단어 사이를 연결한다.

종류	의미	예문
の	~의	私の学校です 나의 학교입니다
は	~은/는	彼は学生です 그는 학생입니다
が	~이/가	私がやります 제가 하겠습니다
を	~을/를	パンを食べます 빵을 먹습니다
で	~에서 (장소) ~로 (수단)	会社で会います 회사에서 만납니다 車で行きます 차로 갑니다
へ	~에/로 (방향)	公園へ行きます 공원에 갑니다
に	~에 (시간, 장소) ~에게 ~하러	5時に出ます 5시에 나갑니다. 友達に電話をします 친구에게 전화를 합니다 服を買いに行きます 옷을 사러 갑니다
と	~와/과	弟と映画を見ます 남동생과 영화를 봅니다
も	~도	りんごも好きです 사과도 좋아합니다.
か	~까? (문장의 마지막에 붙여서 의문문을 만든다)	これは本ですか 이것은 책입니까

■ い형용사

형용사는 사물의 성질이나 상태, 모양 등을 나타내는 품사이며 이 중 어미가 い인 형용사를 い형용사라고 한다. 활용할 때 끝 글자인 い가 바뀌는 특징이 있다.

활용형		활용 방법	예문
기본형	보통형	-	おいしい 맛있다
	정중형	보통형 + です	おいしいです 맛있습니다
부정형	보통형	~い → ~くない	おいしくない 맛있지 않다
	정중형	~い → ~くありません	おいしくありません 맛있지 않습니다
과거형	보통형	~い → ~かった	おいしかった 맛있었다
	정중형	~い → ~かったです	おいしかったです 맛있었습니다
과거 부정형	보통형	~い → ~くなかった	おいしくなかった 맛있지 않았다
	정중형	~い → ~くありませんでした	おいしくありませんでした 맛있지 않았습니다
연결형(~하고, ~해서)		~い → ~くて	おいしくて 맛있고, 맛있어서
부사적 표현(~하게)		~い → ~く	おいしく 맛있게

■ な형용사

형용사 중, 끝 글자가 だ이고, 명사를 수식할 때 な로 바꾸는 형용사를 な형용사라고 한다. 활용할 때 끝 글자인 だ가 바뀌는 특징이 있다.

활용형		활용 방법	예문
기본형	보통형	-	静かだ 조용하다
	정중형	~だ → ~です	静かです 조용합니다
부정형	보통형	~だ → ~では(じゃ)ない	静かでは(じゃ)ない 조용하지 않다
	정중형	~だ → ~では(じゃ)ありません	静かでは(じゃ)ありません 조용하지 않습니다
과거형	보통형	~だ → ~だった	静かだった 조용했다
	정중형	~だ → ~でした	静かでした 조용했습니다
과거 부정형	보통형	~だ → ~では(じゃ)なかった	静かでは(じゃ)なかった 조용하지 않았다
	정중형	~だ → では(じゃ)ありませんでした	静かでは(じゃ)ありませんでした 조용하지 않았습니다
연결형(~하고, ~해서)		~だ → ~で	静かで 조용하고, 조용해서
부사적 표현(~하게)		~だ → ~に	静かに 조용하게

■ 동사

● 동사의 종류

모든 동사의 사전형*은 끝 글자가 う단이라는 특징이 있고, 1그룹 동사, 2그룹 동사, 3그룹 동사 세 가지로 나뉘어진다.

종류	내용	단어 예시
1그룹	2그룹과 3그룹 동사를 제외한 모든 동사를 포함한다. * 예외적으로 어미가 る이고, る 앞의 문자가 い단 혹은 え단인 1그룹 동사도 있다. 예) 帰る(돌아가다), 知る(알다)	書く 쓰다 買う 사다 移る 옮기다
2그룹	어미가 る이고, る 앞의 문자가 い단 혹은 え단인 동사이다.	見る 보다 食べる 먹다
3그룹	する와 来る 두 가지뿐이다.	する 하다 来る 오다

* 사전형이란 사전에 수록된 기본 형태를 의미한다.

● ます형

ます는 '~합니다' 라는 의미로, 동사를 정중하게 말할 때 사용한다. 동사 뒤에 ます를 붙이려면 동사의 끝 글자를 바꿔야 하는데, 이렇게 바뀐 형태를 동사의 ます형이라고 하며, 동사의 ます형에 ます를 붙인 것을 동사의 정중형이라고 한다. ます형 뒤에는 ～ます(~합니다), ～ましょう(~합시다) 등의 문형을 붙일 수 있다.

종류	활용 방법	활용 예시
1그룹	어미 う단을 い단으로 바꾼다.	書く 쓰다 → 書きます 씁니다 買う 사다 → 買います 삽니다 移る 옮기다 → 移ります 옮깁니다
2그룹	어미 る를 삭제한다.	見る 보다 → 見ます 봅니다 食べる 먹다 → 食べます 먹습니다
3그룹	불규칙 동사 2개를 오른쪽과 같이 활용한다.	する 하다 → します 합니다 来る 오다 → 来ます 옵니다

● ない형

ない는 '~않다, ~않는다' 라는 의미로, 동사의 부정을 나타낼 때 사용한다. 동사 뒤에 ない를 붙이려면 동사의 끝 글자를 바꿔야 하는데, 이렇게 바뀐 형태를 동사의 ない형이라고 하며, 동사의 ない형에 ない를 붙인 것을 동사의 부정형이라고 한다. ない형 뒤에는 ～ない(~않다), ～ないで(~하지 않고) 등의 문형을 붙일 수 있다.

종류	활용 방법	활용 예시
1그룹	어미 う단을 あ단으로 바꾼다. (단, 어미가 う인 경우는 わ로 바꾼다.)	書く 쓰다 → 書かない 쓰지 않다 買う 사다 → 買わない 사지 않다
2그룹	어미 る를 삭제한다.	見る 보다 → 見ない 보지 않다 食べる 먹다 → 食べない 먹지 않다
3그룹	불규칙 동사 2개를 오른쪽과 같이 활용한다.	する 하다 → しない 하지 않다 来る 오다 → 来ない 오지 않다

● て형

て형은 '~해서, ~하고' 라는 의미로, 동사 두 개를 연결할 때 사용한다. 동사 뒤에 て를 붙이려면 동사의 끝 글자를 바꿔야 하는데, 이렇게 바뀐 형태에 て를 붙인 것을 동사의 て형이라고 하며, 동사의 て형은 동사의 연결형이라고도 한다. 동사의 て형은 ～てください(~해 주세요), ～ている(~하고 있다) 등의 문형에서 사용된다.

종류	활용 방법	활용 예시
1그룹	1. 어미가 く인 경우 いて로 바꾼다. 2. 어미가 ぐ인 경우 いで로 바꾼다. 3. 어미가 う, つ, る인 경우 って로 바꾼다. 4. 어미가 す인 경우 して로 바꾼다. 5. 어미가 ぬ, む, ぶ인 경우 んで로 바꾼다.	1. 書く 쓰다 → 書いて 써서 2. 脱ぐ 벗다 → 脱いで 벗어서 3. 知る 알다 → 知って 알아서 4. 話す 말하다 → 話して 말해서 5. 読む 읽다 → 読んで 읽어서
2그룹	어미 る를 빼고 て를 붙인다.	見る 보다 → 見て 봐서 食べる 먹다 → 食べて 먹어서
3그룹	불규칙 동사 2개를 오른쪽과 같이 활용한다.	する 하다 → して 해서 来る 오다 → 来て 와서

● た형

た형은 '~했다'라는 의미로, 동사의 과거를 나타낼 때 사용한다. 동사 뒤에 た를 붙이려면 동사의 끝 글자를 바꿔야 하는데, 이렇게 바꾼 형태에 た를 붙인 것을 동사의 た형이라고 하며, 동사의 た형은 동사의 과거형이라고도 한다. 동사의 た형은 ～たことがある(~한 적이 있다), ～たところ(~한 결과) 등의 문형에서 사용된다.

종류	활용 방법	활용 예시
1그룹	1. 어미가 く인 경우 いた로 바꾼다. 2. 어미가 ぐ인 경우 いだ로 바꾼다. 3. 어미가 う, つ, る인 경우 った로 바꾼다. 4. 어미가 す인 경우 した로 바꾼다. 5. 어미가 ぬ, む, ぶ인 경우 んだ로 바꾼다.	1. 書く 쓰다 → 書いた 썼다 2. 脱ぐ 벗다 → 脱いだ 벗었다 3. 知る 알다 → 知った 알았다 4. 話す 말하다 → 話した 말했다 5. 読む 읽다 → 読んだ 읽었다
2그룹	어미 る를 빼고 た를 붙인다.	食べる 먹다 → 食べた 먹었다 見る 보다 → 見た 봤다
3그룹	불규칙 동사 2개를 오른쪽과 같이 활용한다.	する 하다 → した 했다 来る 오다 → 来た 왔다

● 동사의 의지형과 청유형

의지형은 '~해야지'라는 의미이며, 청유형은 '~하자'라는 의미이다. 의지형과 청유형은 형태가 같지만, 의지형으로 사용될 때는 뒤에 ～と思う(~라고 생각하다) 또는 ～とする(~라고 하다)와 같은 표현을 붙여서, '~하려고 생각하다', '~하려고 하다'의 뜻으로 주로 사용한다.

종류	활용 방법	활용 예시
1그룹	어미 う단을 お단으로 바꾸고 う를 붙인다.	書く 쓰다 → 書こう 써야지, 쓰자 買う 사다 → 買おう 사야지, 사자
2그룹	어미 る를 빼고 よう를 붙인다.	食べる 먹다 → 食べよう 먹어야지, 먹자 見る 보다 → 見よう 봐야지, 보자
3그룹	불규칙 동사 2개를 오른쪽과 같이 활용한다.	する 하다 → しよう 해야지, 하자 来る 오다 → 来よう 와야지, 오자

● 동사의 명령형

명령형은 '~해' 라는 의미로, 다른 사람에게 무언가를 하라고 명령할 때 사용한다.

종류	활용 방법	활용 예시
1그룹	어미 う단을 え단으로 바꾼다.	書(か)く 쓰다 → 書(か)け 써 買(か)う 사다 → 買(か)え 사
2그룹	어미 る를 빼고 ろ를 붙인다.	食(た)べる 먹다 → 食(た)べろ 먹어 見(み)る 보다 → 見(み)ろ 봐
3그룹	불규칙 동사 2개를 오른쪽과 같이 활용한다.	する 하다 → しろ 해 来(く)る 오다 → 来(こ)い 와

● 동사의 부정 명령형

부정 명령형은 '~하지마' 라는 의미로, 다른 사람에게 무언가를 하지 말라고 금지시킬 때 사용한다.

종류	활용 방법	활용 예시
모든 동사	동사 사전형 뒤에 な를 붙인다.	書(か)く 쓰다 → 書(か)くな 쓰지마 買(か)う 사다 → 買(か)うな 사지마 食(た)べる 먹다 → 食(た)べるな 먹지마 見(み)る 보다 → 見(み)るな 보지마 する 하다 → するな 하지마 来(く)る 오다 → 来(く)るな 오지마

무료 온라인 실전모의고사·학습자료 제공
해커스일본어 japan.Hackers.com

해커스 JLPT 실전모의고사 N4

제1회 실전모의고사

잠깐! 실전모의고사 전 아래 사항을 꼭 확인하세요.
1. 휴대전화의 전원을 끄셨나요? 예 □
2. OMR, 연필, 지우개, 시계를 준비하셨나요? 예 □
   * OMR은 문제집 뒤에 있습니다.
3. 청해 실전모의고사용 MP3를 들을 준비가 되셨나요? 예 □

모든 준비가 완료되었으면 모의고사를 시작합니다.

※ 실전모의고사를 풀어본 후, 회차별 단어·문형(해설집 p.91)으로 단어와 문형을 복습해 보세요.

Language Knowledge (Vocabulary) もんだいようし

N4

げんごちしき（もじ・ごい）

（25ふん）

ちゅうい
Notes

1. しけんが はじまるまで、この もんだいようしを あけないで ください。
   Do not open this question booklet until the test begins.

2. この もんだいようしを もって かえる ことは できません。
   Do not take this question booklet with you after the test.

3. じゅけんばんごうと なまえを したの らんに、じゅけんひょうと おなじように かいて ください。
   Write your examinee registration number and name clearly in each box below as written on your test voucher.

4. この もんだいようしは、ぜんぶで 7ページ あります。
   This question booklet has 7 pages.

5. もんだいには かいとうばんごうの 1 、2 、3 … が あります。
   かいとうは、かいとうようしに ある おなじ ばんごうの ところに マークして ください。
   One of the row numbers 1, 2, 3 … is given for each question. Mark your answer in the same row of the answer sheet.

じゅけんばんごう　Examinee Registration Number	

なまえ　Name	

もんだい1 ＿＿の ことばは ひらがなで どう かきますか。
1・2・3・4から いちばん いい ものを ひとつ えらんで ください。

(れい) おとうとの 趣味は テニスです。
　　1 しゅみ　　2 しゅうび　　3 しゅうみ　　4 しゅび

(かいとうようし)　| (れい) | ● ② ③ ④ |

1 夏でも 林の 中は すずしいです。
　　1 うみ　　2 えだ　　3 くさ　　4 はやし

2 その りゆうを 答えました。
　　1 おしえました　　2 つたえました　　3 こたえました　　4 かんがえました

3 きた 人から さきに 座って ください。
　　1 すわって　　2 はいって　　3 とって　　4 のって

4 この ほうこうが 北です。
　　1 ひがし　　2 みなみ　　3 にし　　4 きた

5 わたしは 子どもの ころから こえが 低いです。
　　1 ほそい　　2 ふとい　　3 ひくい　　4 たかい

6 れっしゃは 何時に 到着しますか。
　　1 とうじゃく　　2 とじゃく　　3 とちゃく　　4 とうちゃく

7 公園に きれいな さくらが さいて いました。
　　1 こうえん　　2 ごうえん　　3 こうけん　　4 ごうけん

もんだい2　＿＿＿の　ことばは　どう　かきますか。1・2・3・4から　いちばん　いい　ものを　ひとつ　えらんで　ください。

（れい）　くるまで　にもつを　<u>はこびます</u>。
　　　　　1　運びます　　　2　送びます　　　3　追びます　　　4　通びます

　　　　（かいとうようし）　| （れい）　● ② ③ ④ |

[8]　りょこうで　その　<u>しま</u>に　行った　ことが　あります。
　　1　町　　　　2　村　　　　3　島　　　　4　森

[9]　本当に　いい　<u>けいけん</u>に　なりました。
　　1　経験　　　2　経済　　　3　径済　　　4　径験

[10]　まいばん　ねる　まえに　<u>どくしょ</u>を　します。
　　1　語書　　　2　読書　　　3　語本　　　4　読本

[11]　<u>あかい</u>　スカートを　はいて　いる　人が　サラさんです。
　　1　青い　　　2　白い　　　3　黒い　　　4　赤い

[12]　やまださんは　もうすぐ　かえって　くると　<u>おもいます</u>。
　　1　思います　　　2　意います　　　3　思ます　　　4　意ます

もんだい3 （　　）に　なにを　いれますか。1・2・3・4から　いちばん
　　　　　いい　ものを　ひとつ　えらんで　ください。

（れい）　ちちは　パソコンを　2（　　）もって　います。
　　　　　1　まい　　　　2　だい　　　　3　ほん　　　　4　さつ

　　　（かいとうようし）　（れい）　①　●　③　④

13　店の（　　）を　おこなって　おきゃくさんの　いけんを　聞きました。
　　1　プレゼント　　2　アンケート　　3　うそ　　4　じゃま

14　600円の　しょうひんを　買うとき　1000円を　はらったら、（　　）は　400円
　　です。
　　1　ちょきん　　2　おかね　　3　おつり　　4　ねだん

15　そろそろ　ごはんを　食べますから、テーブルの　上を（　　）ください。
　　1　かたづけて　　2　あらって　　3　さがして　　4　なおして

16　一年まえは　小さかった　うちの　犬も（　　）大きく　なりました。
　　1　ちっとも　　2　けっして　　3　しばらく　　4　だいぶ

17　むすめは　あまり　はなさない（　　）せいかくです。
　　1　すずしい　　2　おとなしい　　3　うるさい　　4　はげしい

18　今日　えいごの　クラスで　ならった　ないようを　（　　）します。
　　1　ちこく　　2　さんせい　　3　ふくしゅう　　4　よしゅう

19　まじめに　はたらく　ぶかを（　　）よろこんで　いた。
　　1　いのったら　　2　ねがったら　　3　ほめたら　　4　かざったら

20　その　ドラマは　げつようびの　9時から（　　）して　います。
　　1　ほうそう　　2　えいぎょう　　3　うんてん　　4　いんさつ

もんだい4 ＿＿＿の ぶんと だいたい おなじ いみの ぶんが あります。1・2・3・4から いちばん いい ものを ひとつ えらんで ください。

（れい） わたしは どくしょが すきです。
1　わたしは 公園を あるくのが すきです。
2　わたしは たべるのが すきです。
3　わたしは 本を よむのが すきです。
4　わたしは はしるのが すきです。

（かいとうようし）　（れい）　① ② ● ④

21　その わけを しって いますか。
1　その りゆうを しって いますか。
2　その はなしを しって いますか。
3　その 人を しって いますか。
4　その ばしょを しって いますか。

22　よやくが ひつようです。
1　よやくが とれます。
2　よやくが あります。
3　よやくが いります。
4　よやくが はじまります。

23　兄は とても よろこんで いました。
1　兄は とても かなしそうでした。
2　兄は とても うれしそうでした。
3　兄は とても はずかしそうでした。
4　兄は とても いそがしそうでした。

24　また　おきるのが　おそくなって　しまいました。
1　また　ちこくを　して　しまいました。
2　また　けんかを　して　しまいました。
3　また　ねぼうを　して　しまいました。
4　また　しっぱいを　して　しまいました。

もんだい5 つぎの ことばの つかいかたで いちばん いい ものを
1・2・3・4から ひとつ えらんで ください。

(れい) やめる
1 そうじを して、いらない ものは やめました。
2 さむいので、まどを やめました。
3 こうえんの ちかくに くるまを やめました。
4 りょこうに いく ことを やめました。

(かいとうようし) | (れい) | ① ② ③ ● |

25 きんじょ
1 ドアを ひらく ときは きんじょの ボタンを 押して ください。
2 田中(たなか)さんの きんじょに うつって いる 人は だれですか。
3 アレルギーで 目の きんじょが あかく なって います。
4 先月 きんじょに ひっこして きた 人と なかよく なりました。

26 けが
1 しあいで ほかの せんしゅと ぶつかって けがを しました。
2 へやの エアコンが けがを して とても あついです。
3 ひっこしちゅうに かべがみに けがが できました。
4 システムに けがが あって なおしました。

27 わかす
1 てんきが いいので 外で せんたくものを わかして います。
2 おふろを わかしましたから もう 入っても いいですよ。
3 家で 出た ごみを にわで わかしては いけません。
4 ひえた チャーハンを レンジで わかして 食べました。

28 すぐに

1 ゆうべは つかれて いて、かえると すぐに ねて しまいました。
2 この 会社は せかいで すぐに テレビを 作りました。
3 けんこうの ために すぐに 起きる ように して います。
4 わたしは アメリカに すんで すぐに 2年に なります。

Language Knowledge (Grammar)・Reading

問題用紙

N4

言語知識（文法)・読解

（55分）

注　意
Notes

1. 試験が始まるまで、この問題用紙を開けないでください。
   Do not open this question booklet until the test begins.
2. この問題用紙を持って帰ることはできません。
   Do not take this question booklet with you after the test.
3. 受験番号と名前を下の欄に、受験票と同じように書いてください。
   Write your examinee registration number and name clearly in each box below as written on your test voucher.
4. この問題用紙は、全部で15ページあります。
   This question booklet has 15 pages.
5. 問題には解答番号の 1 、 2 、 3 … があります。解答は、解答用紙にある同じ番号のところにマークしてください。
   One of the row numbers 1, 2, 3 … is given for each question. Mark your answer in the same row of the answer sheet.

| 受験番号　Examinee Registration Number | |

| 名　前　Name | |

もんだい1　（　　）に 何を 入れますか。1・2・3・4から いちばん いい ものを 一つ えらんで ください。

（例）　私は 去年から ジョギング（　　）して います。
　　　1　を　　　　　2　の　　　　　3　が　　　　　4　へ

（解答用紙）　（例）　● ② ③ ④

1　きのう たんじょうびだった（　　）さいふを プレゼントしました。
　　1　つまに　　　2　つまで　　　3　つまの　　　4　つまや

2　松本さんが どこに いる（　　）知って いますか。
　　1　は　　　　　2　と　　　　　3　か　　　　　4　を

3　A「これ、うちの 新商品なんだけど 食べた（　　）意見を 聞かせて くれない?」
　　B「うん、いいよ。」
　　1　ばかりで　　2　ところに　　3　はずで　　　4　あとで

4　もうすぐ テストを 始めます。席は 一つ（　　）空けて 座って ください。
　　1　になって　　2　にして　　　3　より　　　　4　ずつ

5　美術館に 行って きましたが、（　　）絵も すばらしくて かんどうしました。
　　1　どう　　　　2　どの　　　　3　どうやって　4　どのぐらい

6　井上「この 仕事、6時までに 終わりますかね。」
　　山田「集中して（　　）たぶん 2時間も かからないと 思います。」
　　1　やれば　　　2　やっても　　3　やっては　　4　やらないで

7 いっしょうけんめい 練習したので、今回の 試合は（　　）勝てると 思います。
　　1　ぜひ　　　　2　けっして　　　　3　いつか　　　　4　きっと

8 昔は 野菜が 嫌いでした。でも 大人に なって 野菜の（　　）に 気づきました。
　　1　おいしさ　　　　　　　　　　2　おいしい ほう
　　3　おいしい あいだ　　　　　　4　おいしい まま

9 山口「リンさんは しょうらい どんな 仕事が（　　）たいですか。」
　　リン「にほんごの 先生です。」
　　1　する　　　　2　した　　　　3　し　　　　4　して いる

10 駅の 前で まよって いる 人が いたので、道を（　　）。
　　1　教えて ありました　　　　2　おしえて しまいました
　　3　教えて あげました　　　　4　教えて くれました

11 A「最近、朝は すっかり（　　）ね。」
　　B「ええ、まだ 10月なのに、もう 冬みたいな 天気です。」
　　1　寒いでしょう　　　　　　　2　寒いかも しれません
　　3　寒いと いいです　　　　　4　寒く なりました

12 木村「中島さん、声が いつもと ちがいますね。かぜを ひきましたか。」
　　中島「はい。昨日 れいぼうを（　　）寝て しまったんです。」
　　1　つけずに　　　　　　　　　2　つけたまま
　　3　つけるか どうか　　　　　4　つける まえに

13 （会社で）
青木「課長、坂本さんが まだ 来て いません。」
課長「さっき 電話が ありましたが、今日は たいちょうが 悪くて（　　　）。」
青木「そうですか。心配ですね。」

1　休むそうです　　　　　　　　2　休んだようです
3　休んで ほしいです　　　　　4　休んだ ことが あります

もんだい2　★に　入る　ものは　どれですか。1・2・3・4から　いちばん　いい　ものを　一つ　えらんで　ください。

(問題例)

テーブルの ＿＿＿ ＿＿＿ ★ ＿＿＿ あります。

1　が　　　　　2　に　　　　　3　下　　　　　4　かばん

(答え方)

1. 正しい　文を　作ります。

テーブルの ＿＿＿ ＿＿＿ ★ ＿＿＿ あります。
3　下　　2　に　　4　かばん　　1　が

2. ★に　入る　番号を　黒く　塗ります。

(解答用紙)　| (例) | ① ② ③ ● |

---

[14] 竹内「石田さんは　カラオケが　好きですか。」
　　石田「人の　前で ＿＿＿ ＿＿＿ ★ ＿＿＿ ので、あまり　好きじゃ
　　　　ありません。」

　　1　はずかしい　　2　の　　　　　3　歌う　　　　　4　が

[15] この　店では　メニューを ＿＿＿ ＿＿＿ ★ ＿＿＿ らしいです。

　　1　はらう　　　　2　ときに　　　3　お金を　　　　4　注文する

[16] 授業に ＿＿＿ ＿＿＿ ★ ＿＿＿ いいと　思いますよ。

　　1　遅れるなら　　2　れんらくした　3　ほうが　　　　4　先生に

17 鈴木「趣味で　カメラを　始めたいんですが、なにか　おすすめは　ありますか。」
　　店の　人「初めての　人　____　____　__★__　____　おすすめです。」

1　が　　　　　　　　　　　　　2　こちらの　カメラ
3　使いやすい　　　　　　　　　4　でも

もんだい3 18 から 21 に 何を 入れますか。文章の 意味を 考えて、1・2・3・4から いちばん いい ものを 一つ えらんで ください。

下の 文章は、留学生の 作文です。

山登り

グエン テイ ホア

　私の しゅみは 山登りです。1か月に 2、3回 18 山に 登って います。でも、日本に 来る 前は 登った ことが ありませんでした。
　ある 日、日本人の ともだちに 山登りに 行こうと さそわれました。私は 運動が 苦手なので 最後まで 登る ことが できないだろうと 思いましたが、一度 19 。
　1時間ぐらい 登ると 20 つかれて きました。しかし やめたいとは 思いませんでした。道の とちゅうで きれいな 花や 景色を 見る ことが できて 楽しかったからです。おかげで さいごまで 登ることが できました。
　それから 山登りが 好きに なりました。行く 季節や 21 景色が ちがう ところが おもしろいです。これからも いろんな 山に 登りたいです。

18
1 に　　　　2 の　　　　3 と　　　　4 は

19
1 チャレンジする　ことに　しました
2 チャレンジする　ことに　なって　いました
3 チャレンジした　ばかりでした
4 チャレンジしやすいです

20
1 ずっと　　　2 だんだん　　3 ちっとも　　4 わざわざ

21
1 山に　ついて　2 山に　よると　3 山に　よって　4 山に　なって

もんだい4 つぎの（1）から（3）の文章を読んで、質問に答えてください。答えは、1・2・3・4から、いちばんいいものを一つえらんでください。

（1）
池田さんの机の上に、このメモと教科書が置いてあります。

池田さん

　昨日は教科書を貸してくれて、ありがとうございました。借りた教科書を置いておきます。

　池田さんが読みたいと言っていた本を持ってきましたので、それも一緒に置いておきますね。他にも読みたいと言っている友達がいるので、本は来週中に返してください。

太田

---

22 池田さんは、来週、何をしなければなりませんか。
1　太田さんに教科書を貸します。
2　太田さんに教科書を返します。
3　太田さんに本を貸します。
4　太田さんに本を返します。

(2)

　私は最近よく部屋のそうじをします。そうじをして汚かった部屋がきれいになるのを見ると、気持ちがすっきりします。昔はそうじをせず、母にしかられていました。でも、今は何も言われなくてもするようになりました。そうじをすると健康にいいと知ったからです。あるテレビ番組で、部屋が汚いと部屋の中の空気が悪くなり、健康によくないと言っていました。それを見てから、そうじをするようにしています。これからも続けるつもりです。

[23] 最近よく部屋のそうじをしますとありますが、なぜですか。
1　そうじをしないと、部屋がすぐに汚くなるから
2　そうじをすると、心が落ち着くから
3　そうじをしたほうがいいと母に言われたから
4　そうじをしないのは健康によくないと知ったから

(3)
(会社で)

これは山本さんから上野さんに届いたメールです。

上野さん

　今日は体調が悪いので休みます。すみませんが、代わりにセミナーの準備をお願いします。セミナーに参加する人30人分の飲み物を会社の近くのスーパーで買っておいてください。お弁当はもう予約してあります。セミナーで使う資料は、なおしたいことがあるので、まだコピーしなくていいです。明日私が会社に行って準備します。では、よろしくお願いします。

山本

---

24 このメールを読んで、上野さんは何をしなければなりませんか。

1　飲み物を30人分買います。
2　お弁当を30人分予約します。
3　セミナーで使う資料をなおします。
4　セミナーで使う資料をコピーします。

もんだい5　つぎの文章を読んで、質問に答えてください。答えは、1・2・3・4から、いちばんいいものを一つえらんでください。

　私が留学している大学では、留学生に日本語を教えたり、日本での生活を手伝ったりしてくれるボランティアの学生がいます。私を担当してくれているのは、2年生の木村さんです。最初はとても不安でした。日本語があまりできなかったからです。

　4月に木村さんと初めて会いました。その日から、毎週ボランティアの日に会って、日本語や日本の生活についていろいろ教えてもらいました。難しい日本語を使う銀行や病院などに一緒に行ってくれたり、授業の宿題を見てくれたりもしました。

　5月ごろになると、仲良くなりました。ボランティアの日以外にも会って、二人が好きなスポーツの話をするようになりました。木村さんは野球が好きだそうです。ある日、木村さんにさそわれて野球の試合を見に行きました。私の国では、野球がそんなに人気ではありません。私もよく知らなかったので、木村さんにルールや選手について教えてもらいながら見ました。木村さんのおかげで楽しく見ることができました。

　木村さんは、日本語以外にも、日本についていろいろ教えてくれています。しかし、私は自分の国について木村さんにあまり話したことがありません。次は私が（　　　）です。

25 なぜ不安でしたか。
1 日本に初めて来たから
2 木村さんに初めて会うから
3 日本語が得意ではなかったから
4 日本についてあまり知らなかったから

26 木村さんと仲良くなってから、何をしましたか。
1 木村さんに毎週ボランティアがあると教えてもらいました。
2 木村さんと一緒に銀行に行ったり、宿題をしたりしました。
3 木村さんとスポーツの話をしたり、一緒に試合を見に行ったりしました。
4 木村さんに自分の国について教えてあげました。

27 (　　　)に入れるのに、いちばんいい文はどれですか。
1 宿題を教えてもらいたい
2 野球について教えてあげたい
3 日本語を教えてもらいたい
4 私の国について教えてあげたい

もんだい6 右のページのお知らせを見て、下の質問に答えてください。答えは、1・2・3・4から、いちばんいいものを一つえらんでください。

28 ジーナさんは、「初めての料理教室」に参加しようと思っています。9月に行われるもので、料金は500円以下がいいです。また、終わる時間が15時より遅いものには行けません。ジーナさんが選べるものはどれですか。

1　①
2　②
3　③
4　④

29 ローラさんは「初めての料理教室」に参加したいと思っています。日曜日に行われるもので、作った料理を持って帰れるものがいいです。ローラさんが選べるものに申し込むとき、どうしなければなりませんか。

1　8月31日までに申し込んで、お金は9月3日に支払います。
2　8月31日までに申し込んで、お金は9月11日に支払います。
3　9月30日までに申し込んで、お金は10月9日に支払います。
4　9月30日までに申し込んで、お金は10月22日に支払います。

初めての料理教室

池山市地域センターでは、おいしい料理が学べる料理教室を開いています。初めての人もぜひ参加してください。

9月と10月の予定

教室の名前（料金）	月・日	時間
①日本料理教室（500円） 天ぷらとみそしるを作って食べます。	9/3（土）	10時～13時
②ふるさとの料理教室（500円） この地域で昔から食べられているなべ料理を作って食べます。	9/11（日）	14時～17時
③イタリア料理教室（800円） イタリアの料理スパゲッティを作って食べます。	9/24（土）	10時～13時
④パン教室（800円） おいしいパンと、いちごのジャムを作ります。	10/9（日）	13時～15時
⑤デザート教室（1000円） あまいりんごを使ったケーキを作ります。	10/22（土）	10時～12時

※④⑤は、作ったものを持って帰ることができます。

● 9月の教室に参加したい人は8月31日（水）まで、10月の教室に参加したい人は9月30日（金）までにお申し込みください。

● 料金は、教室の当日、スタッフへお支払いください。

● キャンセルは、教室の前の日までに電話でお知らせください。

池山市地域センター　電話：0410 - 33 - 1218

Listening

問題用紙

N4

聴解

(35分)

注意
Notes

1. 試験が始まるまで、この問題用紙を開けないでください。
   Do not open this question booklet until the test begins.

2. この問題用紙を持って帰ることはできません。
   Do not take this question booklet with you after the test.

3. 受験番号と名前を下の欄に、受験票と同じように書いてください。
   Write your examinee registration number and name clearly in each box below as written on your test voucher.

4. この問題用紙は、全部で17ページあります。
   This question booklet has 17 pages.

5. この問題用紙にメモをとってもいいです。
   You may make notes in this question booklet.

受験番号 Examinee Registration Number	

名前 Name	

もんだい 1

もんだい1では、まず しつもんを 聞いて ください。それから 話を 聞いて、もんだいようしの 1から4の 中から、いちばん いい ものを 一つ えらんで ください。

れい

1　カレーだけ

2　ピザだけ

3　カレーと のみもの

4　ピザと のみもの

1ばん

1　9時に　きょうしつ
2　10時に　きょうしつ
3　9時に　げんかんの　前
4　10時に　げんかんの　前

2ばん

3ばん

1　あお
2　しろ
3　くろ
4　あか

4ばん

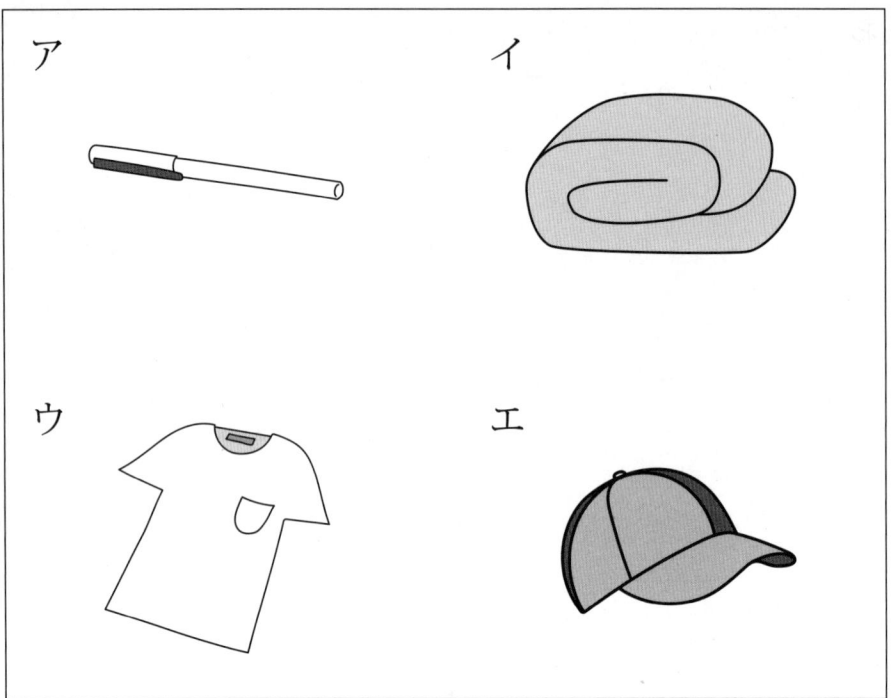

1 ア　イ
2 ア　ウ
3 イ　エ
4 ウ　エ

5ばん

6ばん

1　はくぶつかんゆき
2　こうえんゆき
3　だいがくゆき
4　すいぞくかんゆき

7ばん

1　3000円
2　3300円
3　3500円
4　3800円

8ばん

もんだい 2

もんだい2では、まず しつもんを 聞いて ください。そのあと、もんだいようしを 見て ください。読む 時間が あります。それから 話を 聞いて、もんだいようしの 1から4の 中から、いちばん いい ものを 一つ えらんで ください。

れい

1　へやが せまいから
2　やちんが たかいから
3　会社から とおいから
4　となりの 人が しんせつでは ないから

1ばん

1　コンサートを　見た
2　じんじゃに　行った
3　りょこうに　行った
4　ふるさとに　かえった

2ばん

1　つくえに　ものを　入れる
2　ペンで　こたえを　かく
3　さきに　かえる
4　トイレに　行く

3ばん

1　かようび
2　すいようび
3　きんようび
4　どようび

4ばん

1　きょうじゅ
2　せんぱい
3　あに
4　ともだち

5ばん

1　インターンシップを　する
2　会社(かいしゃ)で　はたらく
3　だいがくいんに　行(い)く
4　りゅうがくを　する

6ばん

1　外(そと)で　飲(の)むのは　あついから
2　外(そと)は　むしが　多(おお)いから
3　人(ひと)が　たくさん　いて　うるさいから
4　カフェが　遠(とお)くに　あるから

7ばん

1　9時20分
2　9時30分
3　9時40分
4　9時50分

もんだい3

もんだい3では、えを 見ながら しつもんを 聞いて ください。
➡（やじるし）の 人は 何と 言いますか。1から3の 中から、いちばん いい ものを 一つ えらんで ください。

れい

1ばん

2ばん

3ばん

4ばん

5 ばん

もんだい 4

もんだい4では、えなどが ありません。まず ぶんを 聞いて ください。それから、そのへんじを 聞いて、1から3の 中から、いちばん いい ものを 一つ えらんで ください。

- メモ -

무료 온라인 실전모의고사 · 학습자료 제공
해커스일본어 japan.Hackers.com

해커스 JLPT 실전모의고사 N4

제2회 실전모의고사

잠깐! 실전모의고사 전 아래 사항을 꼭 확인하세요.
1. 휴대전화의 전원을 끄셨나요? 예 □
2. OMR, 연필, 지우개, 시계를 준비하셨나요? 예 □
   * OMR은 문제집 뒤에 있습니다.
3. 청해 실전모의고사용 MP3를 들을 준비가 되셨나요? 예 □

모든 준비가 완료되었으면 모의고사를 시작합니다.

※ 실전모의고사를 풀어본 후, 회차별 단어·문형(해설집 p.91)으로 단어와 문형을 복습해 보세요.

Language Knowledge (Vocabulary)　もんだいようし

N4

げんごちしき（もじ・ごい）

（25ふん）

ちゅうい
Notes

1. しけんが　はじまるまで、この　もんだいようしを　あけないで　ください。
   Do not open this question booklet until the test begins.

2. この　もんだいようしを　もって　かえる　ことは　できません。
   Do not take this question booklet with you after the test.

3. じゅけんばんごうと　なまえを　したの　らんに、じゅけんひょうと　おなじように　かいて　ください。
   Write your examinee registration number and name clearly in each box below as written on your test voucher.

4. この　もんだいようしは、ぜんぶで　7ページ　あります。
   This question booklet has 7 pages.

5. もんだいには　かいとうばんごうの　1、2、3…が　あります。
   かいとうは、かいとうようしに　ある　おなじ　ばんごうの　ところに　マークして　ください。
   One of the row numbers 1, 2, 3 … is given for each question. Mark your answer in the same row of the answer sheet.

じゅけんばんごう　Examinee Registration Number	

なまえ　Name	

もんだい1 ＿＿＿の ことばは ひらがなで どう かきますか。
1・2・3・4から いちばん いい ものを ひとつ えらんで ください。

(れい)　おとうとの 趣味は テニスです。
　　　　1　しゅみ　　　2　しゅうび　　　3　しゅうみ　　　4　しゅび

(かいとうようし)　| (れい) | ● ② ③ ④ |

1　もうすぐ 始まります。
　　1　きまります　　2　しまります　　3　はじまります　　4　あつまります

2　列車は 人が いっぱいでした。
　　1　れっしゅ　　2　れっしゃ　　3　れつしゅ　　4　れつしゃ

3　テストの てんすうが 悪かった。
　　1　よかった　　2　わるかった　　3　たかかった　　4　ひくかった

4　山は 秋が うつくしいと おもいませんか。
　　1　なつ　　2　ふゆ　　3　あき　　4　はる

5　まいにち そこに 通って います。
　　1　かよって　　2　すわって　　3　おくって　　4　かえって

6　びょうきを なおす ほうほうが 発見されました。
　　1　ほけん　　2　ほっけん　　3　はけん　　4　はっけん

7　あかちゃんが 親指を 口に いれて ねて います。
　　1　おやゆび　　2　おやし　　3　しんゆび　　4　しんし

もんだい2 ＿＿＿の ことばは どう かきますか。1・2・3・4から いちばん いい ものを ひとつ えらんで ください。

(れい) くるまで にもつを はこびます。
　　　1 運びます　　2 送びます　　3 追びます　　4 通びます

(かいとうようし)　| (れい) | ● ② ③ ④ |

[8] くうこうから ホテルまで でんしゃで 行きます。
　　1 高校　　　2 高港　　　3 空校　　　4 空港

[9] じかんを はかって ください。
　　1 数って　　2 散って　　3 計って　　4 記って

[10] かみが のびたから みじかく 切りたいです。
　　1 長く　　　2 短く　　　3 太く　　　4 細く

[11] きのうは レストランで しょくじを しました。
　　1 飲事　　　2 飲寺　　　3 食事　　　4 食寺

[12] つくえの 上に ある かみを もって きて ください。
　　1 経　　　　2 絵　　　　3 紙　　　　4 級

もんだい3 （　　）に　なにを　いれますか。1・2・3・4から　いちばん
　　　　　いい　ものを　ひとつ　えらんで　ください。

（れい）　ちちは　パソコンを　2（　　）もって　います。
　　　　　1　まい　　　　2　だい　　　　3　ほん　　　　4　さつ

（かいとうようし）　（れい）　① ● ③ ④

13　とても　さむいですから（　　）を　つけても　いいですか。
　　1　クーラー　　2　ヒーター　　3　ドライヤー　　4　シャワー

14　びじゅつかんに　かざられて　いる　さくひんには（　　）ください。
　　1　かさないで　　2　おわらないで　　3　もたないで　　4　さわらないで

15　まいにち　やきゅうの　れんしゅうを　して　いますが、（　　）上手に　なりません。
　　1　いつか　　2　そろそろ　　3　なかなか　　4　もし

16　あの　ほしは（　　）に　かんけいなく　見ることが　できます。
　　1　きせつ　　2　むかし　　3　みらい　　4　がっき

17　少し　ねつが　ありますが、しっかり　ねれば（　　）だと　おもいます。
　　1　まじめ　　2　きれい　　3　にぎやか　　4　だいじょうぶ

18　ゆきが　ふって　こおった　みちを　歩いて　いたら、（　　）あぶなかったです。
　　1　すべって　　2　すわって　　3　とんで　　4　はこんで

19　だいがくで　木を　つかって　かぐを　つくる（　　）を　まなんで　います。
　　1　すいえい　　2　ぎじゅつ　　3　りょうり　　4　ぶんがく

20　おとうとと　50メートルを　走って、どっちが　はやいか（　　）しました。
　　1　きょうそう　　2　ゆうしょう　　3　れんらく　　4　そうだん

もんだい4 ＿＿＿の ぶんと だいたい おなじ いみの ぶんが あります。
1・2・3・4から いちばん いい ものを ひとつ えらんで
ください。

(れい)　わたしは どくしょが すきです。
　　　　1　わたしは 公園を あるくのが すきです。
　　　　2　わたしは たべるのが すきです。
　　　　3　わたしは 本を よむのが すきです。
　　　　4　わたしは はしるのが すきです。

　　　　(かいとうようし)　(れい)　① ② ● ④

---

[21]　ゆうべ、犬を つれて さんぽしました。
　　　1　きょうの よる、犬を つれて さんぽしました。
　　　2　きょうの ひる、犬を つれて さんぽしました。
　　　3　きのうの よる、犬を つれて さんぽしました。
　　　4　きのうの ひる、犬を つれて さんぽしました。

[22]　アンナさんは だいじな 友だちです。
　　　1　アンナさんは しずかな 友だちです。
　　　2　アンナさんは しんせつな 友だちです。
　　　3　アンナさんは すてきな 友だちです。
　　　4　アンナさんは たいせつな 友だちです。

[23]　先生が いきなり 立ち上がりました。
　　　1　先生が やっと 立ち上がりました。
　　　2　先生が さっき 立ち上がりました。
　　　3　先生が きゅうに 立ち上がりました。
　　　4　先生が ゆっくり 立ち上がりました。

24 せんぱいを えいがに さそいました。
1 せんぱいに 「えいがを 見に 行きませんか」と 言いました。
2 せんぱいに 「えいがを 見に 行きました」と 言いました。
3 せんぱいに 「えいがが おもしろかったです」と 言いました。
4 せんぱいに 「えいがが つまらなかったです」と 言いました。

もんだい5 つぎの ことばの つかいかたで いちばん いい ものを
1・2・3・4から ひとつ えらんで ください。

(れい) やめる
1 そうじを して、いらない ものは やめました。
2 さむいので、まどを やめました。
3 こうえんの ちかくに くるまを やめました。
4 りょこうに いく ことを やめました。

(かいとうようし)　(れい)　① ② ③ ●

25 こしょう
1 けさ、みちが こしょうして いて 会社に ちこくしました。
2 この りょうりは レシピを 見れば こしょうしないでしょう。
3 じこで 車が こしょうしたので、しゅうりしなければ いけません。
4 A「てんきが こしょうして いるね。」
　 B「うん、雨も ふりそうだよ。」

26 にこにこ
1 うんどうした あとだから むねが にこにこして います。
2 プレゼントを もらった 子どもたちは にこにこして いました。
3 ニュースを 見ながら ソファーで にこにこして いました。
4 兄に でんわを なんど かけても 出なくて にこにこしました。

27 したく
1 まいつき せいかつひの したくを 立てて います。
2 母と りょこうの したくを したので、わすれものは ないでしょう。
3 マスクを すると かぜの したくに なります。
4 はが いたいので、はいしゃの したくを とりました。

28 おぼえる

1 じぶんの　しょうらいを　しんけんに　おぼえて　いますか。
2 かれとは　いつも　えいごで　おぼえて　いますか。
3 このあいだ　行った　しょくどうの　なまえを　おぼえて　いますか。
4 かいぎで　はなした　ことを　メモに　おぼえて　いますか。

Language Knowledge (Grammar)・Reading

もんだいようし
問題用紙

N4

言語知識(文法)・読解

(55分)

注意
Notes

1. 試験が始まるまで、この問題用紙を開けないでください。
   Do not open this question booklet until the test begins.
2. この問題用紙を持って帰ることはできません。
   Do not take this question booklet with you after the test.
3. 受験番号と名前を下の欄に、受験票と同じように書いてください。
   Write your examinee registration number and name clearly in each box below as written on your test voucher.
4. この問題用紙は、全部で13ページあります。
   This question booklet has 13 pages.
5. 問題には解答番号の 1 、 2 、 3 … があります。
   解答は、解答用紙にある同じ番号のところにマークしてください。
   One of the row numbers 1 , 2 , 3 … is given for each question. Mark your answer in the same row of the answer sheet.

受験番号 Examinee Registration Number

名前 Name

もんだい1 （　　）に 何を 入れますか。1・2・3・4から いちばん いい ものを 一つ えらんで ください。

（例） 私は 去年から ジョギング（　　）して います。
1　を　　　　2　の　　　　3　が　　　　4　へ

（解答用紙）　（例）　● ② ③ ④

1　かわいた 洗濯物から せっけんの いい におい（　　）します。
1　を　　　　2　と　　　　3　が　　　　4　は

2　小さい ころから アニメ（　　）まんがが 好きで、日本に 興味が ありました。
1　や　　　　2　も　　　　3　しか　　　4　だけ

3　今日 初めて 試合に 出ます。きんちょう（　　）楽しみの ほうが 大きいです。
1　くらいは　2　からは　　3　ばかりは　4　よりは

4　A「社会学の レポートの テーマ、もう 決めた？」
　B「うん。世界の かんきょう問題（　　）書く つもりだよ。」
1　のことに　2　について　3　のあいだに　4　になって

5　谷村「森田さん、今日も アルバイト？（　　）ために 一生けんめい 働いて いるの？」
　森田「実は バイクが ほしいんだ。」
1　なにも　　2　なんの　　3　どの　　　4　どんな

6　（レストランで）
　A「メニューを 注文してから（　　）時間が たちましたね。」
　B「もう 30分以上 たって います。注文が 入って いるか 確認して みましょう。」
1　やっと　　2　もうすぐ　3　いつも　　4　ずいぶん

7 商品を レジに 持って 行って お金を（　　）と した ときに、財布を なくした ことに 気づきました。
　　1　はらう　　　2　はらって　　　3　はらおう　　　4　はらった

8 この 仕事は データを 入力するだけですが、データの 量が（　　）なかなか 終わりません。
　　1　多すぎて　　2　多いけど　　　3　多くなくて　　4　多くても

9 A「体の ぐあいは どうですか。」
　B「もう 大丈夫です。病院で もらった 薬を（　　）すっかり よく なりました。」
　　1　飲んだら　　2　飲んだり　　　3　飲むそうで　　4　飲みに

10 市民体育館を 使うときは 一週間前までに かならず 予約を（　　）らしいです。
　　1　しようと しない　　　　　　2　して いかない
　　3　しても かまわない　　　　　4　しないと いけない

11 ホテルに 電話して 4人で 泊まれる へやが（　　）聞きました。
　　1　あった ほうが　　　　　　　2　あるか どうか
　　3　あるなら　　　　　　　　　　4　あっても いいと

12 （店で）
店員「こちらが 最近 よく 売れて いる 商品です。」
山本「へえ、この くつ、とても（　　）。」
店員「はい、一日中 はいて いても 足が つかれません。はいて みますか。」
　　1　歩きやすかったです　　　　　2　歩きやすかったかもしれません
　　3　歩きやすそうです　　　　　　4　歩きやすく なります

13 A「この アプリを ダウンロードしたんですけど、使い方が わからないので
　　（　　）。」
　B「いいですよ。この メールに 返事を してからでも いいですか。」
　1 教えて もらえませんか　　　　2 教えて あげませんか
　3 教えて ほしかったんですか　　4 教えて くれたんですか

もんだい2　★ に 入る ものは どれですか。1・2・3・4から いちばん いい ものを 一つ えらんで ください。

(問題例)

テーブルの ＿＿＿ ＿＿＿ ★ ＿＿＿ あります。

1　が　　　　2　に　　　　3　下　　　　4　かばん

(答え方)

1. 正しい 文を 作ります。

テーブルの ＿＿＿ ＿＿＿ ★ ＿＿＿ あります。
3　下　 2　に　 4　かばん　 1　が

2. ★ に 入る 番号を 黒く 塗ります。

(解答用紙)　(例)　① ② ③ ●

14　撮った 写真の サイズ ＿＿＿ ★ ＿＿＿ ＿＿＿ みんなに 送りました。

　1　あと　　　　2　変えた　　　　3　を　　　　4　で

15　このあと すぐ 他の 会議で この 会議室を 使います ＿＿＿ ＿＿＿ ★ ＿＿＿ ください。

　1　おいて　　　　　　　　　　　2　つけた ままに して
　3　エアコンは　　　　　　　　　4　から

16　母から 牛乳を ＿＿＿ ＿＿＿ ★ ＿＿＿ 忘れて いた。

　1　頼まれた　　2　買って くる　　3　ように　　4　のに

17 リーダーは ＿＿＿ ＿＿＿ ★ ＿＿＿ わかりますか。

1 する　　　　　　　　　2 ことに なって いる
3 だれが　　　　　　　　4 か

もんだい3　 18 から 21 に 何を 入れますか。文章の 意味を 考えて、1・2・3・4から いちばん いい ものを 一つ えらんで ください。

下の 文章は、留学生の 作文です。

初めての 美術館の 思い出

メリッサ・カーン

　私は 今まで 美術に あまり 興味が ありませんでした。でも、先週 友達 18 誘われて 美術館に 行って、その 考えが 変わりました。
　最初に 見たのは、動物を テーマに した 絵の コーナーでした。とくに ねこの 絵が かわいくて、ずっと 見て しまいました。その ねこは 19 。どうしたら こんな 絵が かけるのか ふしぎでした。 20 、海外の 有名な 画家の 作品も 見ました。
　絵を 見た 後は、美術館の カフェに 行きました。ケーキを 21 、作品に ついて 話しました。話したい ことが いっぱいで あまり ケーキが 減りませんでした。そんな 私を 見て 友達が 笑って いました。美術館は 新しい 発見が たくさん ある 場所でした。

18
1　を　　　　　2　に　　　　　3　と　　　　　4　も

19
1　生きて いる つもりでした　　2　生きて いる はずでした
3　生きて いる ものでした　　　4　生きて いる ようでした

20
1　それから　　2　そのため　　3　すると　　4　けれども

21
1　食べるために　2　食べたところ　3　食べながら　4　食べてから

もんだい4 つぎの(1)から(3)の文章を読んで、質問に答えてください。答えは、1・2・3・4から、いちばんいいものを一つえらんでください。

(1)
これは、山上さんからリンダさんに届いたメールです。

リンダさん
　先日はありがとうございました。次の会議ですが、予定していた来週火曜日の午後に急な出張が入り、伺うことが難しくなりました。同じ日の午前中に変更することは可能でしょうか。午前中であれば、時間はいつでもいいです。都合のよい時間を教えてください。
　　　　　　　　　　　　　　　　　　　　　　　　　　　　　　　　　　　　　山上

[22] このメールを読んで、リンダさんは何をしなければなりませんか。
1　出張の日にちを来週の火曜日に変えることができるか山上さんに知らせます。
2　来週の火曜日の午前中で、会議が行える時間を山上さんに知らせます。
3　出張の日にちと時間が決まったら、山上さんに知らせます。
4　来週の火曜日の午後に、会議が行えなくなった理由を山上さんに知らせます。

(2)

「すみません。」

昨日スーパーで、前にいたお客さんが、店員さんからおつりをもらうときに言った言葉です。私はびっくりしました。
①

「すみません」は謝るときに使うからです。私の国では感謝を伝える言葉を言います。

次の日、学校で先生に聞きました。すると、「『すみません』には感謝の意味もあります。」と教えてくれました。そして、「『すみません』と言ってもいいし、『ありがとうございます』と言ってもいいですよ。」と言いました。

同じ言葉でも違う意味を持っていて、おもしろいと思いました。
②

[23] ①びっくりしましたとありますが、なぜですか。
1 お客さんが店員さんに謝ったと思ったから
2 店員さんがお客さんに謝ったと思ったから
3 お客さんが店員さんに感謝を伝えたと思ったから
4 店員さんがお客さんに感謝を伝えたと思ったから

[24] 「私」は何を②おもしろいと思いましたか。
1 「すみません」が謝るときにだけ使えること
2 「ありがとうございます」が謝るときに使えること
3 「すみません」が感謝を伝えるときにも謝るときにも使えること
4 「ありがとうございます」が感謝を伝えるときにも謝るときにも使えること

もんだい5 つぎの文章を読んで、質問に答えてください。答えは、
1・2・3・4から、いちばんいいものを一つえらんでください。

　私は将来ホテルで働くために、日本の学校で勉強しています。この話をすると、①ほとんどの人に驚かれます。そして、「英語や他の外国語を勉強したほうがいいんじゃない？」と言われることもあります。私のように日本でホテルについて学ぶ留学生はあまり多くないようです。

　私が高校生のとき、初めての家族旅行で日本に来ました。そのとき泊まったホテルでの出来事が今も心に残っています。私たちが夕食を食べに外に出ようとしていたときのことです。ホテルの人が「このあと雨が降るそうです。傘をお貸ししましょうか。」と言い、親切に傘を貸してくれました。このことにとても感動しました。

　もちろん、他の国のホテルでもこのようなサービスがあると思います。でも、日本で経験したその出来事が私には特別で忘れられないものです。だから、日本で勉強することを決めました。

　言語については心配ありません。英語は小学生のときから習っていましたし、日本語も日本に住んで自然とのびました。それに、簡単な中国語もできます。

　卒業したら国に帰ってホテルに就職するつもりです。そして、私が感動したような経験をお客さんに届けたいです。それが②私の夢です。

25 どうして①ほとんどの人に驚かれますか。
1 日本に来て、ホテルで働きながら勉強をしているから
2 日本では、外国語を勉強する人が少ないから
3 日本に来て、私と同じ勉強をする留学生が少ないから
4 日本では、ホテルについて勉強する人が少ないから

26 「私」はどうして日本に留学したと言っていますか。
1 初めて泊まったホテルが日本のホテルで思い出に残っているため
2 日本のホテルには他の国よりもいいサービスがあるため
3 日本のホテルでしか受けることができないサービスを学ぶため
4 日本のホテルで受けたサービスがいい思い出になっているため

27 ②私の夢は何だと言っていますか。
1 言語をもっと勉強して、国に帰ってホテルに就職すること
2 国に帰ってホテルに就職して、お客さんに感動してもらうこと
3 家族旅行で泊まったホテルに就職して、お客さんに喜んでもらうこと
4 日本でホテルに就職して、たくさんのお客さんに来てもらうこと

もんだい6　右のページのお知らせを見て、下の質問に答えてください。答えは、
　　　　　　1・2・3・4から、いちばんいいものを一つえらんでください。

[28] アリーさんは今日行われるツアーに参加したいと思っています。説明は日本語でも英語でもいいです。9時50分に博物館に着きました。アリーさんが申し込めるのはどれですか。

　　1　10時からの当日ツアー
　　2　11時からの英語ツアー
　　3　14時からの当日ツアー
　　4　15時からの英語ツアー

[29] ニコラさんは12人で団体ツアーに申し込もうと思っています。一人いくらずつ払いますか。

　　1　500円
　　2　450円
　　3　400円
　　4　350円

くるま博物館　ガイドツアーのお知らせ

　くるま博物館では自動車の歴史や、世界に数台しかないめずらしい車を紹介するガイドツアーを行っています。ぜひご参加ください。

【ガイドツアーについて】

①当日ツアー

他のお客様と一緒に2～20人で回ります。

一日に2回、10時と14時に行います。参加費は500円です。

②英語ツアー

英語が話せるスタッフが英語で説明します。

他のお客様と一緒に2～20人で回ります。

一日に2回、11時と15時に行います。参加費は500円です。

③団体ツアー

10～20人の団体で申し込めます。他のお客様と一緒に回ることはありません。

時間は10時から17時で、お好きな時間をお選びください。

参加費は一人450円です。15人以上で申し込むと、さらに50円割引いたします。

【申し込みについて】

①当日ツアー

当日、ツアーが始まる15分前までに、受付でお申し込みください。

②英語ツアー／③団体ツアー

お電話でお申し込みください。英語ツアーはツアーの3日前までに、団体ツアーは前日までにお願いします。

くるま博物館

電話：098-765-4321

Listening

問題用紙 (もんだいようし)

N4

聴解 (ちょうかい)

(35分) (ふん)

注意 (ちゅうい)
Notes

1. 試験が始まるまで、この問題用紙を開けないでください。
   Do not open this question booklet until the test begins.

2. この問題用紙を持って帰ることはできません。
   Do not take this question booklet with you after the test.

3. 受験番号と名前を下の欄に、受験票と同じように書いてください。
   Write your examinee registration number and name clearly in each box below as written on your test voucher.

4. この問題用紙は、全部で17ページあります。
   This question booklet has 17 pages

5. この問題用紙にメモをとってもいいです。
   You may make notes in this question booklet.

受験番号 (じゅけんばんごう) Examinee Registration Number

名前 (なまえ) Name

もんだい1

もんだい1では、まず しつもんを 聞いて ください。それから 話を 聞いて、もんだいようしの 1から4の 中から、いちばん いい ものを 一つ えらんで ください。

れい

1　カレーだけ
2　ピザだけ
3　カレーと のみもの
4　ピザと のみもの

1ばん

1　600円
2　800円
3　1000円
4　1200円

2ばん

1　ア　イ
2　イ　ウ
3　ウ　エ
4　ア　エ

3ばん

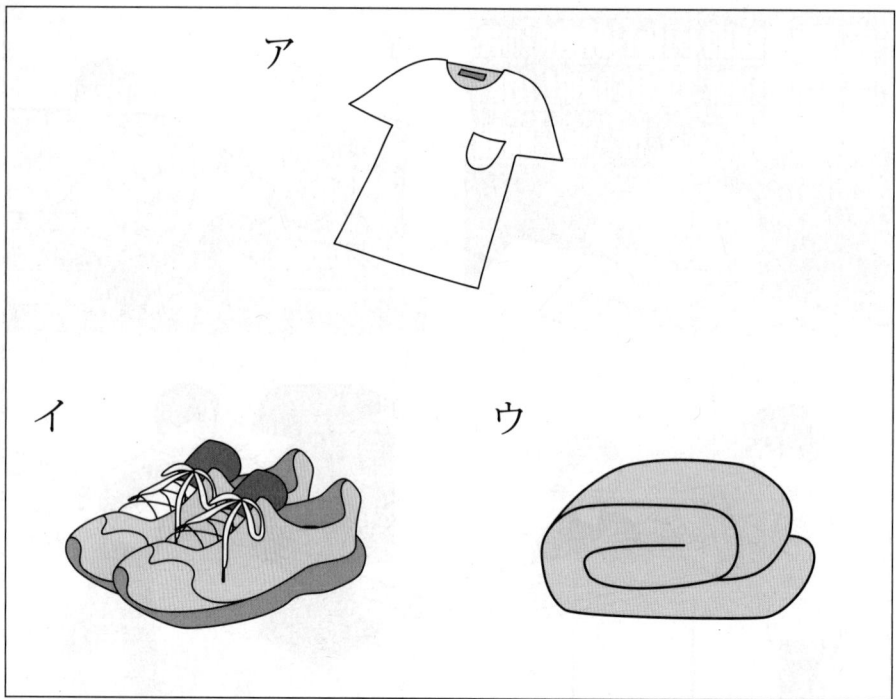

1 ア
2 イ
3 イ ウ
4 ア イ ウ

4ばん

5ばん

1 じてんしゃ
2 くるま
3 バス
4 でんしゃ

6ばん

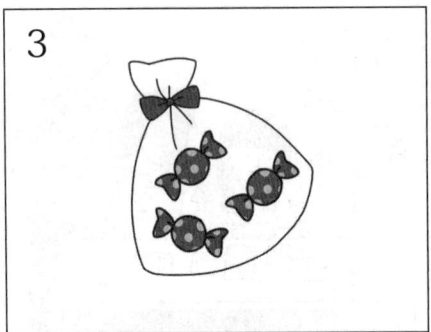

7ばん

8ばん

1 カフェの　2かい
2 カフェの　3がい
3 としょかんの　2かい
4 としょかんの　3がい

もんだい2

もんだい2では、まず しつもんを 聞いて ください。そのあと、もんだいようしを 見て ください。読む 時間が あります。それから 話を 聞いて、もんだいようしの 1から4の 中から、いちばん いい ものを 一つ えらんで ください。

れい

1 へやが せまいから
2 やちんが たかいから
3 会社から とおいから
4 となりの 人が しんせつでは ないから

1ばん

1　18日(にち)
2　19日(にち)
3　25日(にち)
4　26日(にち)

2ばん

1　げんきは　いいが　ミスが　おおい　ひと
2　げんきが　なくて　ミスが　おおい　ひと
3　げんきが　よくて　ミスが　すくない　ひと
4　げんきは　ないが　ミスが　すくない　ひと

3ばん

1　おなかが　すいて　いないから
2　ダイエットを　して　いるから
3　おなかが　いたいから
4　しごとを　しないと　いけないから

4ばん

1　どようびの　あさ
2　どようびの　よる
3　にちようびの　あさ
4　にちようびの　よる

5ばん

1 うどんが おいしく なかった こと
2 メニューが よめなかった こと
3 食べたい ものが たのめなかった こと
4 てんいんが しんせつじゃ なかった こと

6ばん

1 さとう
2 しお
3 す
4 あぶら

7ばん

1 ボランティア
2 サッカー
3 ギター
4 りょこう

もんだい3

もんだい3では、えを 見ながら しつもんを 聞いて ください。
➡ (やじるし)の 人は 何と 言いますか。1から3の 中から、いちばん
いい ものを 一つ えらんで ください。

れい

1ばん

2ばん

3ばん

4ばん

5ばん

もんだい4

もんだい4では、えなどが ありません。まず ぶんを 聞いて ください。それから、そのへんじを 聞いて、1から3の 中から、いちばん いい ものを 一つ えらんで ください。

- メモ -

무료 온라인 실전모의고사·학습자료 제공
해커스일본어 japan.Hackers.com

해커스 **JLPT** 실전모의고사 N4

제3회 실전모의고사

잠깐! 실전모의고사 전 아래 사항을 꼭 확인하세요.
1. 휴대전화의 전원을 끄셨나요? 예 □
2. OMR, 연필, 지우개, 시계를 준비하셨나요? 예 □
    *OMR은 문제집 뒤에 있습니다.
3. 청해 실전모의고사용 MP3를 들을 준비가 되셨나요? 예 □

모든 준비가 완료되었으면 모의고사를 시작합니다.

※ 실전모의고사를 풀어본 후, 회차별 단어·문형(해설집 p.91)으로 단어와 문형을 복습해 보세요.

Language Knowledge (Vocabulary) もんだいようし

N4

げんごちしき（もじ・ごい）

（25ふん）

ちゅうい
Notes

1. しけんが はじまるまで、この もんだいようしを あけないで ください。
   Do not open this question booklet until the test begins.

2. この もんだいようしを もって かえる ことは できません。
   Do not take this question booklet with you after the test.

3. じゅけんばんごうと なまえを したの らんに、じゅけんひょうと おなじように かいて ください。
   Write your examinee registration number and name clearly in each box below as written on your test voucher.

4. この もんだいようしは、ぜんぶで 7ページ あります。
   This question booklet has 7 pages.

5. もんだいには かいとうばんごうの 1、2、3 … が あります。
   かいとうは、かいとうようしに ある おなじ ばんごうの ところに マークして ください。
   One of the row numbers 1, 2, 3 … is given for each question. Mark your answer in the same row of the answer sheet.

じゅけんばんごう Examinee Registration Number	

なまえ Name	

もんだい1　＿＿＿の　ことばは　ひらがなで　どう　かきますか。
　　　　　1・2・3・4から　いちばん　いい　ものを　ひとつ　えらんで
　　　　　ください。

(れい)　おとうとの　趣味は　テニスです。
　　　　1　しゅみ　　　2　しゅうび　　　3　しゅうみ　　　4　しゅび

(かいとうようし)　｜(れい)　｜●　②　③　④｜

1　この　アニメは　9時に　放送されます。
　　1　ほそう　　　2　ほぞう　　　3　ほうそう　　　4　ほうぞう

2　すみませんが、持って　ください。
　　1　まって　　　2　たって　　　3　もって　　　4　とって

3　首が　いたくて　うごかせません。
　　1　くび　　　2　あし　　　3　うで　　　4　かた

4　きむらさんとは　一度　会った　ことが　あります。
　　1　いっかい　　　2　いっど　　　3　いちかい　　　4　いちど

5　その　いけんは　正しいと　思います。
　　1　ただしい　　　2　おかしい　　　3　むずかしい　　　4　めずらしい

6　何を　読んで　いますか。
　　1　のんで　　　2　よんで　　　3　えらんで　　　4　はこんで

7　いい　品物を　見つけました。
　　1　しなもつ　　　2　ひんもつ　　　3　ひんもの　　　4　しなもの

もんだい2 ＿＿＿の ことばは どう かきますか。1・2・3・4から いちばん いい ものを ひとつ えらんで ください。

(れい) くるまで にもつを はこびます。
　　　1 運びます　　2 送びます　　3 追びます　　4 通びます

(かいとうようし) （れい） ● ② ③ ④

8 あたらしい 友だちが できて、うれしいです。
　1 親しい　　2 新しい　　3 優しい　　4 楽しい

9 たいようの ひかりが まぶしくて めが あけられません。
　1 雪　　2 日　　3 風　　4 光

10 ビルの おくじょうで やさいを そだてて います。
　1 屋上　　2 室上　　3 室場　　4 屋場

11 えいごの しけんまでに たんごを あんきします。
　1 暗覚　　2 案覚　　3 暗記　　4 案記

12 しごとを おえて、今から きたくします。
　1 線て　　2 線えて　　3 終て　　4 終えて

もんだい3 （   ）に なにを いれますか。1・2・3・4から いちばん
いい ものを ひとつ えらんで ください。

（れい）　ちちは パソコンを 2（　　）もって います。
　　　　1　まい　　　　2　だい　　　　3　ほん　　　　4　さつ

（かいとうようし）　| （れい） | ① ● ③ ④ |

---

[13]　デートに 出かける 前に（　　）を 見て けしょうを しました。
　　　1　かがみ　　　2　まくら　　　3　くし　　　4　めがね

[14]　りゅうがくは 自分を せいちょうさせる よい（　　）です。
　　　1　マーク　　　2　スタート　　3　チャンス　　4　アイデア

[15]　ずっと 使って いた パソコンが（　　）から、しゅうりに 出しました。
　　　1　きれた　　　2　こわれた　　3　やぶれた　　4　はがれた

[16]　なやみが ある ときは わたしに いつでも（　　）して ください。
　　　1　へんじ　　　2　さんせい　　3　やくそく　　4　そうだん

[17]　きょうじゅに おねがいして べつの がっかの こうぎも（　　）います。
　　　1　うけて　　　2　きこえて　　3　わたして　　4　かけて

[18]　みんなが りかいできるように（　　）かんたんな ことばで せつめいして ください。
　　　1　ほとんど　　2　だいぶ　　　3　すっかり　　4　なるべく

[19]　おばけが（　　）ので、ホラーえいがも 見られません。
　　　1　つよい　　　2　あぶない　　3　こわい　　　4　かたい

[20]　あさと ばんは とても ひえるので、（　　）を つけて います。
　　　1　どうぐ　　　2　だんぼう　　3　でんき　　　4　おふろ

もんだい4 　＿＿＿の　ぶんと　だいたい　おなじ　いみの　ぶんが　あります。1・2・3・4から　いちばん　いい　ものを　ひとつ　えらんで　ください。

(れい)　わたしは　どくしょが　すきです。
1　わたしは　公園を　あるくのが　すきです。
2　わたしは　たべるのが　すきです。
3　わたしは　本を　よむのが　すきです。
4　わたしは　はしるのが　すきです。

(かいとうようし)　(れい)　① ② ● ④

21　えが　すきな　そぼは　よく　びじゅつかんに　行きます。
1　えが　すきな　おばあさんは　よく　びじゅつかんに　行きます。
2　えが　すきな　おばさんは　よく　びじゅつかんに　行きます。
3　えが　すきな　おかあさんは　よく　びじゅつかんに　行きます。
4　えが　すきな　おねえさんは　よく　びじゅつかんに　行きます。

22　この　会社は　じどうしゃを　せいさんして　います。
1　この　会社は　じどうしゃを　うって　います。
2　この　会社は　じどうしゃを　かって　います。
3　この　会社は　じどうしゃを　つくって　います。
4　この　会社は　じどうしゃを　かして　います。

23　雨が　ぽつぽつ　ふって　います。
1　雨が　ずっと　ふって　います。
2　雨が　かなり　ふって　います。
3　雨が　ちょうど　ふって　います。
4　雨が　すこし　ふって　います。

[24] めんせつで　わたしの　けってんを　聞かれました。
1　めんせつで　わたしの　いい　ところを　聞かれました。
2　めんせつで　わたしの　よく　ない　ところを　聞かれました。
3　めんせつで　わたしの　やりたい　ことを　聞かれました。
4　めんせつで　わたしの　やりたく　ない　ことを　聞かれました。

もんだい5　つぎの　ことばの　つかいかたで　いちばん　いい　ものを
　　　　　1・2・3・4から　ひとつ　えらんで　ください。

(れい)　やめる
　　1　そうじを　して、いらない　ものは　やめました。
　　2　さむいので、まどを　やめました。
　　3　こうえんの　ちかくに　くるまを　やめました。
　　4　りょこうに　いく　ことを　やめました。

(かいとうようし)　| (れい) | ① ② ③ ● |

25　とちゅう
　　1　テストの　とちゅうで　きょうしつを　出る　ことは　できません。
　　2　この　えいがは　友だちの　とちゅうで　とても　人気でした。
　　3　としょかんは　町の　とちゅうに　たてられる　ことに　なりました。
　　4　えいぎょうチームの　とちゅうで　だれが　いちばん　年下ですか。

26　すく
　　1　学校の　子どもの　かずが　どんどん　すいて　います。
　　2　かぜが　ふいて　ろうそくの　火が　すいて　しまいました。
　　3　ねつが　すくまでは　おとなしく　ねて　いた　ほうが　いいですよ。
　　4　道が　すいて　いるから　もくてきちまで　早く　つきそうです。

27　にあう
　　1　明日　友だちに　にあって　えいがを　見に　行きます。
　　2　わたしと　妹は　しまいなのに　顔が　にあって　いません。
　　3　たなかさんは　白い　ドレスが　とても　にあって　います。
　　4　だんだん　フランスの　せいかつにも　にあって　きました。

28 ふべん

1 ひっこした 家は えきから とおくて ちょっと ふべんです。
2 しごとで ふべんな しっぱいを して せんぱいに おこられました。
3 わたしは バレーなどの ボールを 使う スポーツが ふべんです。
4 こんかいの たいかいで 1いになるのは ふべんだと 思います。

Language Knowledge (Grammar)・Reading

問題用紙
もんだいようし

N4

言語知識（文法）・読解
げんごちしき ぶんぽう どっかい

（55分）
ふん

注意
ちゅうい
Notes

1. 試験が始まるまで、この問題用紙を開けないでください。
   しけん はじ もんだいようし あ
   Do not open this question booklet until the test begins.

2. この問題用紙を持って帰ることはできません。
   もんだいようし も かえ
   Do not take this question booklet with you after the test.

3. 受験番号と名前を下の欄に、受験票と同じように書いてください。
   じゅけんばんごう なまえ した らん じゅけんひょう おな か
   Write your examinee registration number and name clearly in each box below as written on your test voucher.

4. この問題用紙は、全部で15ページあります。
   もんだいようし ぜんぶ
   This question booklet has 15 pages.

5. 問題には解答番号の 1 、2 、3 … があります。
   もんだい かいとうばんごう
   解答は、解答用紙にある同じ番号のところにマークしてください。
   かいとう かいとうようし おな ばんごう
   One of the row numbers 1 , 2 , 3 … is given for each question. Mark your answer in the same row of the answer sheet.

受験番号 Examinee Registration Number	
じゅけんばんごう

名前 Name	
なまえ

もんだい1 （　　）に 何を 入れますか。1・2・3・4から いちばん いい ものを 一つ えらんで ください。

（例） 私は 去年から ジョギング（　　）して います。
　　　1　を　　　　2　の　　　　3　が　　　　4　へ

（解答用紙）　（例）　● ② ③ ④

1　むかしは よく 泣いて 両親（　　）こまらせて いました。
　　1　は　　　　2　を　　　　3　に　　　　4　で

2　学生「先生、作文の 宿題は いつ（　　）出したら いいですか。」
　　先生「来週の 火曜日の 授業で 出して ください。」
　　1　まで　　　2　までに　　　3　より　　　4　よりも

3　きのう 読んだ 本（　　）、黄色は 人の 注意を ひく 色だそうです。
　　1　から　　　2　ほど　　　3　によると　　　4　について

4　A「苦手な 食べ物は ある？」
　　B「ケーキ（　　）チョコレートかな。」
　　A「そうなんだ。甘い 物が 好きじゃ ないんだね。」
　　1　とか　　　2　など　　　3　も　　　4　くらい

5　（会社で）
　　A「平井さん、新しい 商品の アイデア、とても よかったです。」
　　B「ありがとうございます。（　　）せいこうさせます。」
　　1　やはり　　　2　けっして　　　3　かならず　　　4　それほど

6　息子が（　　）あいだに そうじと せんたくを 終わらせる つもりです。
　　1　寝て　　　2　寝た　　　3　寝て いる　　　4　寝て いて

7 わたしが 通っている 学校では 学生が 給食を じゅんびする （　　　）。たんとうは じゅんばんに 回って きます。
1 ほうが いいです　　　　2 ことに します
3 ところです　　　　　　　4 ことに なって います

8 （会社で）
安井「川西さん、（　　　）資料、もう プリントしましたか。」
川西「えっと、どれの ことですか。」
安井「今日の 会議で 使う ちょうさレポートです。」
1 あの　　　2 あんな　　　3 そういう　　　4 そのくらいの

9 数日前に 自転車の かぎを なくしました。いくら（　　　）見つかりません。
1 探したので　　2 探しては　　3 探さないで　　4 探しても

10 A「駅の 前に ある ラーメン屋、（　　　）よ。」
B「え、なくなったんですか。おいしかったのに ざんねんですね。」
1 なくなりそうです　　　　2 なくなったらしいです
3 なくなるかもしれないです　4 なくなってもいいです

11 娘が ずっと（　　　）クリスマスに ゲームを 買って あげようと 思います。
1 ほしかったから　　　　　2 ほしく なれば
3 ほしがって いたから　　　4 ほしく なければ

12 A「旅行で 一番 行きたい 国は どこですか。」
B「行って みたい ところが たくさん あって、（　　　）。」
1 決めさせました　　　　　2 決めさせません
3 決められました　　　　　4 決められません

13 （家で）
母親「お姉ちゃんは　どこ？」
息子「部屋に　いるよ。最近、自分の　部屋に（　　）居間に　出て　こないね。」
父親「一人で　いたい　時期なのかもしれないな。」

1　いて　ばかりいて　　　　　　　　2　いて　ほしくて
3　いにくくて　　　　　　　　　　　4　いるか　どうか

もんだい2 ___★___ に 入る ものは どれですか。1・2・3・4から いちばん いい ものを 一つ えらんで ください。

(問題例)

テーブルの ___ ___ ___★___ ___ あります。
1 が　　　　2 に　　　　3 下　　　　4 かばん

(答え方)

1. 正しい 文を 作ります。

   | テーブルの ___ ___ ___★___ ___ あります。 |
   | 3 下　2 に　4 かばん　1 が |

2. ___★___ に 入る 番号を 黒く 塗ります。

   (解答用紙)　| (例) | ① ② ③ ● |

---

[14] 友達 ___ ___ ___★___ ___ に 値札が ついた ままでした。
1 まで　　　2 に　　　3 言われる　　　4 ジャケット

[15] このままでは 授業に ___ ___ ___★___ ___ 。
1 だろうと　　　　　　2 間に合わない
3 走って 学校に 向かった　　　4 思って

16 A「れんらくは メールと 電話、どちらの ほうが いいですか。」
　 B「メール ＿＿＿ ＿＿＿ ★ ＿＿＿ ですよ。楽な ほうで かまいません。」
　 1 電話でも　　2 どっちでも　　3 でも　　4 いい

17 A「たなは どうやって 組み立てたら いいですか。」
　 B「この 説明書に ＿＿＿ ＿＿＿ ★ ＿＿＿ 、よく 読んで 作って ください。」
　 1 から　　2 あります　　3 方法が　　4 書いて

もんだい3 18 から 21 に 何を 入れますか。文章の 意味を 考えて、1・2・3・4から いちばん いい ものを 一つ えらんで ください。

下の 文章は、留学生の 作文です。

電車の 旅

ルイス トーマス

　冬休みに 友達と 電車で 旅行に 行きました。この 旅では、3日間 いくらでも 電車に 乗れる きっぷを 買いました。 18 、行き先を 決めずに 乗って、気に なった 駅で 降りる 自由な 旅を 楽しみました。
　しばらく 電車に 19 、窓から きれいな 海が 見えました。私たちは そこで 降りる ことに しました。電車を 降りて 出口に 向かいましたが、そこには 駅員 さんが いませんでした。ほかの 人は 出口に ある 箱の 中に きっぷを 入れ て 20 。私たちは 何度も 使える きっぷなので、そのまま 通りました。
　日本では 利用する 人が 少ない 駅で、このような 場合が あるそうです。私の 国 21 見た ことが なかったので、とても おどろきました。

18
1　すると　　　2　ところが　　　3　それで　　　4　それなら

19
1　乗（の）って　いると　　　　2　乗（の）って　いるより
3　乗（の）って　いるなら　　　4　乗（の）って　いるので

20
1　出て　あります　　　2　出て　いきました
3　出て　おきました　　4　出るでしょう

21
1　では　　　2　には　　　3　でだけ　　　4　にだけ

もんだい4 つぎの(1)から(3)の文章を読んで、質問に答えてください。答えは、1・2・3・4から、いちばんいいものを一つえらんでください。

(1)
これは山本さんから佐藤さんに届いたメールです。

佐藤さん

　来月のキャンプ旅行についてです。今日テントを予約しようと思ってキャンプ場に連絡しましたが、サイズが小さいものと大きいものがあるそうです。小さいテントは4人まで、大きいテントは8人まで入ることができます。どちらのテントを準備すればいいでしょうか。参加する人数が決まったら、教えてください。

　　　　　　　　　　　　　　　　　　　　　　　　　　　　　　　　　　　　山本

---

[22] このメールを読んで、佐藤さんは何をしなければなりませんか。
1 テントのサイズを決めて、自分でテントを予約します。
2 4人用と8人用のテントがあることを、みんなに知らせます。
3 テントは4人用と8人用のどちらがいいか、山本さんに伝えます。
4 キャンプ旅行に何人参加するのか、山本さんに確認します。

(2)

　キムさんはいつも笑顔でその日にあったいいことを話してくれます。私はどうしてキムさんばかりにいいことが起こるのか不思議でした。

　しかし、そうではありませんでした。昨日キムさんと学生寮に帰るとき、電車がじこで止まっていて歩いて帰ることになりました。私は嫌だと思いましたが、キムさんは「街を散歩するいいチャンスだね」と言いました。それを聞いて、私も考え方を変えようと思いました。いいことは自分で探すものなのです。

23　考え方を変えようとありますが、私はどのようにするつもりですか。
1　いいことがあったら、他の人に話すようにします。
2　いいことがあっても、他の人に話さないようにします。
3　よくないことの後には、いいことが起こると考えるようにします。
4　よくないことのなかで、いいことを探すようにします。

（3）
店のレジに店長からのメモがあります。

北川さん

　今日の午後、鈴木さんというお客さんがお店に来ます。鈴木さんが来たら、シャツをもらって新しいものに交換してください。さっき鈴木さんから電話があって買ったシャツを着ようとしたら、一番上のボタンがとれていたと言われました。わたす前にシャツにボタンがぜんぶあるか、確認することを忘れないでください。私は今日午後から休みなので代わりによろしくお願いします。

---

24 店長は北川さんに何を頼んでいますか。
1　今日の午後に鈴木さんにシャツをわたすこと
2　今日の午後に鈴木さんに電話をすること
3　今日の午後にシャツのボタンをつけること
4　鈴木さんに店長が休みだと伝えること

もんだい5 つぎの文章を読んで、質問に答えてください。答えは、1・2・3・4から、いちばんいいものを一つえらんでください。

　私は3か月前にアパートに引っ越しました。以前は実家で家族と暮らしていましたが、会社が遠くて通うのが大変だったので引っ越すことに決めました。アパートは実家よりもとてもせまいです。それに家事はすべて自分でやらないといけません。不便に感じることもあって慣れるまで時間がかかりましたが、家事もだんだん楽になってきました。

　アパートの近くに公園があって、私はよくそこでランニングをしたり本を読んだりしています。ある週末、その公園のベンチで本を読んでいたとき、ギターの音が聞こえてきました。音のするほうに行ってみると男の人がいました。その演奏がとてもすばらしくて、ずっと聞いていました。

　もともとギターが大好きで、実家にいた頃は仕事が忙しくても弾いていましたが、引っ越してからはギターを弾かなくなりました。今住んでいるアパートはかべがうすくて、大きいギターの音は迷惑になるからです。公園の男の人を見て、私も公園でギターを弾いてみようと思いました。その次の週、実家に行ってギターを持ってきました。

　初めて公園でギターを弾いたときは、他の人たちの前で弾くのがはずかしかったですが、今では毎週末の楽しみになっています。聞きに来てくれた人にほめられることが増えてうれしいです。

[25] 「私」はなぜ①引っ越しましたか。
1 家族といっしょに住むのが大変だったから
2 会社に通うのに時間がかかっていたから
3 実家がせまくて、生活するのが不便だったから
4 実家の近くにランニングできる公園がなかったから

[26] ②ギターを弾かなくなりましたとありますが、どうしてですか。
1 ギターを弾くよりも、ランニングや読書のほうが好きだから
2 仕事が忙しくて、ギターを弾く時間がないから
3 ギターの音がアパートに住んでいる人に聞こえてしまうから
4 引っ越すときに実家にギターを忘れてきてしまったから

[27] ③楽しみとありますが、何が楽しみですか。
1 公園で男の人のギターの演奏を聞くこと
2 男の人といっしょにギターを練習すること
3 公園で他の人にギターの演奏を聞いてもらうこと
4 ギターの演奏を聞いてくれる人が増えていくこと

もんだい6 　右のページのお知らせを見て、下の質問に答えてください。答えは、1・2・3・4から、いちばんいいものを一つえらんでください。

[28] グリーンさんは春川市に住む留学生です。漢字が好きなので14時からの書道体験に申し込もうと思っています。でも、その前に他の体験もしたいです。グリーンさんが書道体験の前に申し込めるのはどれですか。

1　①
2　②
3　③
4　②、③

[29] オウさんは友達と特別体験に参加したいです。友達は14時15分までにセンターに着くので、先に特別体験を申し込んでおくつもりです。16時までに終わるもので、値段は二人で200円以下のものがいいです。オウさんはどれに申し込みますか。

1　①
2　②
3　③
4　④

★春川市民センター日本文化体験★

日本のいろんな文化が体験できます。

　ホールでは、かぶきやうきよえなどの伝統文化や、けん玉や折り紙などの昔の遊びを紹介しています。

　また、それ以外に４つの特別体験も準備しています。

①だんご体験 もちもちのだんごを作ります。あんこのだんごは甘くておいしいです。 時間…13:00、15:00 体験時間…１時間30分 場所…調理室 料金…300円	②まっちゃ体験 本物のまっちゃにチャレンジしてみてください。おかしも出ます。 時間…13:30、14:30、15:30 体験時間…40分 場所…101教室 料金…100円
③ゆかた体験 ゆかたを一人で簡単に着る方法を覚えたい方におすすめです。 時間…13:00、14:00、15:00 体験時間…50分 場所…201教室 料金…200円	④書道体験 ふでを使って、漢字をかっこよく書いてみましょう。 時間…14:00、15:30 体験時間…１時間 場所…103教室 料金…100円

※特別体験は受付で12時までに申し込みをしないと参加できません。

Listening

問題用紙
もんだいようし

N4

聴解
ちょうかい

（35分）
ふん

注意
ちゅうい
Notes

1. 試験が始まるまで、この問題用紙を開けないでください。
   Do not open this question booklet until the test begins.

2. この問題用紙を持って帰ることはできません。
   Do not take this question booklet with you after the test.

3. 受験番号と名前を下の欄に、受験票と同じように書いてください。
   Write your examinee registration number and name clearly in each box below as written on your test voucher.

4. この問題用紙は、全部で16ページあります。
   This question booklet has 16 pages.

5. この問題用紙にメモをとってもいいです。
   You may make notes in this question booklet.

受験番号 Examinee Registration Number	

名前 Name	

もんだい 1

もんだい1では、まず しつもんを 聞いて ください。それから 話を 聞いて、もんだいようしの 1から4の 中から、いちばん いい ものを 一つ えらんで ください。

れい

1　カレーだけ
2　ピザだけ
3　カレーと のみもの
4　ピザと のみもの

1ばん

1　じゃがいもと　ベーコン
2　じゃがいもと　とりにく
3　たまねぎと　ベーコン
4　たまねぎと　とりにく

2ばん

3ばん

1　ア　イ
2　イ　ウ
3　ウ　エ
4　イ　エ

4ばん

1　3時に　だい一かいぎしつ
2　3時に　だい二かいぎしつ
3　4時に　だい一かいぎしつ
4　4時に　だい二かいぎしつ

5ばん

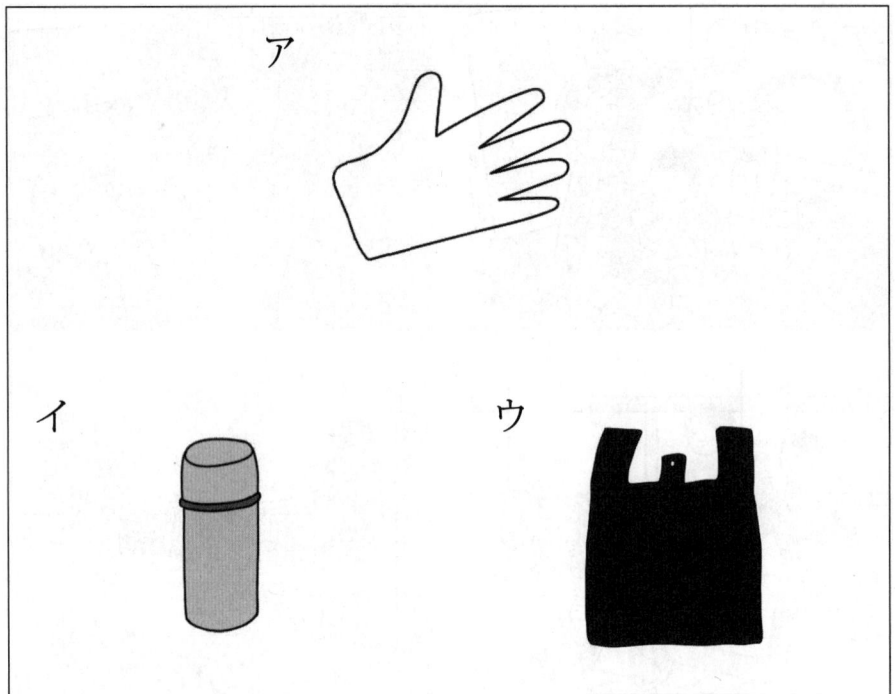

1 ア イ
2 イ ウ
3 ア ウ
4 ア イ ウ

6ばん

7ばん

8ばん

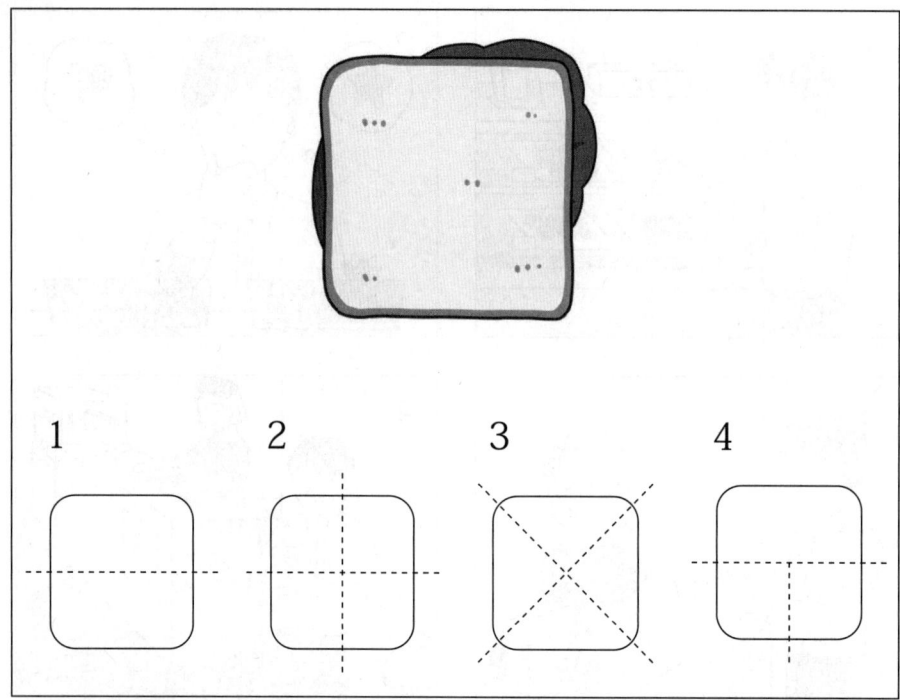

もんだい2

もんだい2では、まず しつもんを 聞いて ください。そのあと、もんだいようしを 見て ください。読む 時間が あります。それから 話を 聞いて、もんだいようしの 1から4の 中から、いちばん いい ものを 一つ えらんで ください。

れい

1　へやが　せまいから
2　やちんが　たかいから
3　会社から　とおいから
4　となりの　人が　しんせつでは　ないから

1ばん

1　えいごの　しけんを　うける
2　かいがいりょこうに　行く
3　しあいを　見に　行く
4　こくないりょこうに　行く

2ばん

1　みじかい　かみが　はやって　いるから
2　すきな　アイドルが　かみを　きったから
3　かみを　かわかすのに　じかんが　かかるから
4　かみが　ながくて　あついから

3ばん

1　8かから　13かまで
2　8かから　17かまで
3　13かから　17かまで
4　14かから　17かまで

4ばん

1　天気が　よかったこと
2　どうぶつえんで　ライオンを　見たこと
3　さくらが　きれいだったこと
4　さくらを　見ながら　ごはんを　食べたこと

5ばん

1　19日(にち)　午前(ごぜん)
2　19日(にち)　午後(ごご)
3　20日(か)　午前(ごぜん)
4　20日(か)　午後(ごご)

6ばん

1　わからない　ことを　聞(き)く　人(ひと)
2　ざんぎょうを　する　人(ひと)
3　ならった　ことを　メモする　人(ひと)
4　しごとを　がんばる　人(ひと)

7ばん

1 さいきん
2 大学生の とき
3 小学生の とき
4 中学生の とき

もんだい3

もんだい3では、えを 見ながら しつもんを 聞いて ください。
➡ (やじるし)の 人は 何と 言いますか。1から3の 中から、いちばん いい ものを 一つ えらんで ください。

れい

1ばん

2ばん

3ばん

4ばん

5ばん

もんだい4

もんだい4では、えなどが ありません。まず ぶんを 聞いて ください。それから、そのへんじを 聞いて、1から3の 中から、いちばん いい ものを 一つ えらんで ください。

- メモ -

무료 온라인 실전모의고사·학습자료 제공
해커스일본어 japan.Hackers.com

해커스 **JLPT** 실전모의고사 N4

정답표
OMR 구성 및 작성법
OMR

정답표 | 제1회 실전모의고사

언어지식(문자·어휘)

문제 1
1	4
2	3
3	1
4	4
5	3
6	4
7	1

문제 2
8	3
9	1
10	2
11	4
12	1

문제 3
13	2
14	3
15	1
16	4
17	2
18	3
19	3
20	1

문제 4
21	1
22	3
23	2
24	3

문제 5
25	4
26	1
27	2
28	1

언어지식(문법)

문제 1
1	1
2	3
3	4
4	4
5	2
6	1
7	4
8	1
9	3
10	3
11	4
12	2
13	1

문제 2
14	4
15	3
16	2
17	2

문제 3
18	4
19	1
20	2
21	3

독해

문제 4
22	4
23	4
24	1

문제 5
25	3
26	3
27	4

문제 6
28	1
29	3

청해

문제 1
1	4
2	4
3	1
4	1
5	2
6	3
7	3
8	2

문제 2
1	4
2	3
3	1
4	2
5	2
6	3
7	4

문제 3
1	1
2	3
3	3
4	2
5	1

문제 4
1	1
2	2
3	2
4	3
5	1
6	2
7	3
8	3

정답표 | 제2회 실전모의고사

언어지식(문자·어휘)

문제 1
번호	답
1	3
2	2
3	2
4	3
5	1
6	4
7	1

문제 2
번호	답
8	4
9	3
10	2
11	3
12	3

문제 3
번호	답
13	2
14	4
15	3
16	1
17	4
18	1
19	2
20	1

문제 4
번호	답
21	3
22	4
23	3
24	1

문제 5
번호	답
25	3
26	2
27	2
28	3

언어지식(문법)

문제 1
번호	답
1	3
2	1
3	4
4	2
5	2
6	4
7	3
8	1
9	1
10	4
11	2
12	3
13	1

문제 2
번호	답
14	2
15	2
16	1
17	2

문제 3
번호	답
18	2
19	4
20	1
21	3

독해

문제 4
번호	답
22	2
23	1
24	3

문제 5
번호	답
25	3
26	4
27	2

문제 6
번호	답
28	3
29	2

청해

문제 1
번호	답
1	3
2	4
3	2
4	1
5	1
6	4
7	3
8	4

문제 2
번호	답
1	3
2	1
3	1
4	3
5	2
6	1
7	2

문제 3
번호	답
1	2
2	1
3	3
4	3
5	3

문제 4
번호	답
1	1
2	2
3	3
4	2
5	1
6	3
7	1
8	3

정답표 | 제3회 실전모의고사

언어지식(문자 · 어휘)

문제 1
1	3
2	3
3	1
4	4
5	1
6	2
7	4

문제 2
8	2
9	4
10	1
11	3
12	4

문제 3
13	1
14	3
15	2
16	4
17	1
18	4
19	3
20	2

문제 4
21	1
22	3
23	4
24	2

문제 5
25	1
26	4
27	3
28	1

언어지식(문법)

문제 1
1	2
2	2
3	3
4	1
5	3
6	3
7	4
8	1
9	4
10	2
11	3
12	4
13	1

문제 2
14	1
15	4
16	2
17	2

문제 3
18	3
19	1
20	2
21	1

독해

문제 4
22	3
23	4
24	1

문제 5
25	2
26	3
27	3

문제 6
28	3
29	2

청해

문제 1
1	2
2	3
3	4
4	1
5	1
6	4
7	2
8	4

문제 2
1	2
2	3
3	4
4	3
5	2
6	1
7	2

문제 3
1	3
2	1
3	1
4	3
5	2

문제 4
1	3
2	1
3	3
4	2
5	1
6	2
7	3
8	2

OMR 구성 및 작성법

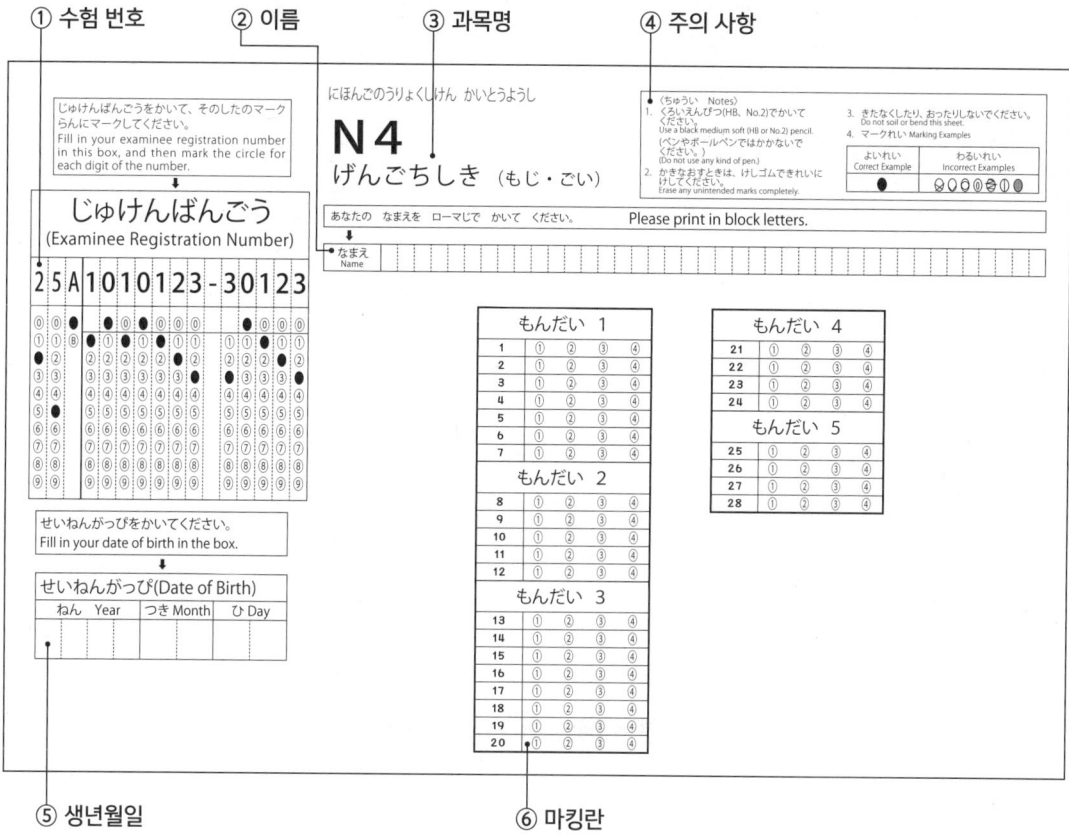

① 수험 번호 수험자의 수험 번호가 적혀 있는 칸입니다. 수험표의 수험 번호와 OMR의 수험 번호가 일치하는지 확인하세요.

② 이름 수험자의 이름이 적혀 있는 칸입니다. 수험표의 영문 이름과 OMR의 영문 이름이 일치하는지 확인하세요.

③ 과목명 시험 과목의 이름입니다. 시험 시작 전, 모든 과목의 OMR이 한꺼번에 배부되므로 잘못된 과목의 OMR을 사용하지 않도록 꼭 과목명을 확인하세요.

④ 주의 사항 OMR 작성 시의 주의 사항입니다. 꼭 숙지해서 마킹하세요.

> 〈해석〉
> 1. 검정 연필(HB, No.2)로 써 주세요. (펜이나 볼펜으로는 쓰지 마세요.)
> 2. 고쳐 쓸 때는 지우개로 깨끗이 지워 주세요.
> 3. OMR을 더럽히거나 접지 마세요.
> 4. 마킹 예시 | 올바른 예 | 잘못된 예 |

⑤ 생년월일 수험자의 생년월일을 기입하는 칸입니다. 생년월일 8자리를 기입해 주세요. 오늘 날짜를 작성하지 않도록 주의하세요.

⑥ 마킹란 정답을 마킹하는 칸입니다. 마킹란은 문제1, 문제2와 같이 문제별로 구분되어 있습니다. 올바른 문제와 문항에 정답을 마킹하세요.

무료 온라인 실전모의고사·학습자료 제공
해커스일본어 japan.Hackers.com

제1회 실전모의고사 언어지식(문자·어휘)

N4
げんごちしき (もじ・ごい)

제1회 실전모의고사 언어지식(문법)・독해

にほんごのうりょくしけん かいとうようし

N4
げんごちしき（ぶんぽう）・どっかい

あなたの なまえを ローマじで かいて ください。

Please print in block letters.

なまえ
Name

〈ちゅうい　Notes〉
1. くろいえんぴつ(HB、No.2)でかいて ください。
　Use a black medium soft (HB or No.2) pencil.
　(ペンやボールペンではかかないで ください。)
　(Do not use any kind of pen.)
2. かきなおすときは、けしゴムできれいに けしてください。
　Erase any unintended marks completely.
3. きたなくしたり、おったりしないでください。
　Do not soil or bend this sheet.
4. マークれい Marking Examples

よいれい Correct Example	わるいれい Incorrect Examples
●	⊘ ⊖ ⊘ ◐ ①

じゅけんばんごう
(Examinee Registration Number)

25A1010123-30123

せいねんがっぴをかいてください。
Fill in your date of birth in the box.

せいねんがっぴ(Date of Birth)
ねん Year	つき Month	ひ Day

もんだい 1

1	①	②	③	④
2	①	②	③	④
3	①	②	③	④
4	①	②	③	④
5	①	②	③	④
6	①	②	③	④
7	①	②	③	④
8	①	②	③	④
9	①	②	③	④
10	①	②	③	④
11	①	②	③	④
12	①	②	③	④
13	①	②	③	④

もんだい 2

14	①	②	③	④
15	①	②	③	④
16	①	②	③	④
17	①	②	③	④

もんだい 3

18	①	②	③	④
19	①	②	③	④
20	①	②	③	④
21	①	②	③	④

もんだい 4

22	①	②	③	④
23	①	②	③	④
24	①	②	③	④

もんだい 5

25	①	②	③	④
26	①	②	③	④
27	①	②	③	④

もんだい 6

28	①	②	③	④
29	①	②	③	④

제1회 실전모의고사 정해

にほんごのうりょくしけん かいとうようし

N4
ちょうかい

무료 온라인 실전모의고사·학습자료 제공
해커스일본어 japan.Hackers.com

제2회 실전모의고사 언어지식(문자·어휘)

にほんごのうりょくしけん かいとうようし

N4
げんごちしき (もじ・ごい)

〈ちゅうい Notes〉
1. くろいえんぴつ(HB、No.2)でかいて ください。
   Use a black medium soft (HB or No.2) pencil.
   (ペンやボールペンではかかないで ください。)
   (Do not use any kind of pen.)
2. かきなおすときは、けしゴムできれいに けしてください。
   Erase any unintended marks completely.
3. きたなくしたり、おったりしないでください。
   Do not soil or bend this sheet.
4. マークれい Marking Examples

よいれい Correct Example	わるいれい Incorrect Examples
●	⊘ ○ ◐ ◑ ⦵ ○

あなたの なまえを ローマじで かいて ください。 Please print in block letters.

なまえ
Name

じゅけんばんごうをかいて、そのしたのマークらんにマークしてください。
Fill in your examinee registration number in this box, and then mark the circle for each digit of the number.

じゅけんばんごう
(Examinee Registration Number)

2 5 A 1 0 1 0 1 2 3 – 3 0 1 2 3

せいねんがっぴをかいてください。
Fill in your date of birth in the box.

せいねんがっぴ(Date of Birth)

ねん Year	つき Month	ひ Day

もんだい 1

1	①	②	③	④
2	①	②	③	④
3	①	②	③	④
4	①	②	③	④
5	①	②	③	④
6	①	②	③	④
7	①	②	③	④

もんだい 2

8	①	②	③	④
9	①	②	③	④
10	①	②	③	④
11	①	②	③	④
12	①	②	③	④

もんだい 3

13	①	②	③	④
14	①	②	③	④
15	①	②	③	④
16	①	②	③	④
17	①	②	③	④
18	①	②	③	④
19	①	②	③	④
20	①	②	③	④

もんだい 4

21	①	②	③	④
22	①	②	③	④
23	①	②	③	④
24	①	②	③	④

もんだい 5

25	①	②	③	④
26	①	②	③	④
27	①	②	③	④
28	①	②	③	④

제2회 실전모의고사 언어지식(문법) · 독해

N4
げんごちしき (ぶんぽう・どっかい)

にほんごのうりょくしけん かいとうようし

あなたの なまえを ローマじで かいて ください。

なまえ
Name

(ちゅうい Notes)
1. くろいえんぴつ(HB、No.2)でかいて ください。
   Use a black medium soft (HB or No.2) pencil.
   (ペンやボールペンではかかないで ください。)
   (Do not use any kind of pen.)
2. かきなおすときは、けしゴムできれいに けしてください。
   Erase any unintended marks completely.
3. きたなくしたり、おったりしないでください。
   Do not soil or bend this sheet.
4. マークれい Marking Examples

よいれい Correct Example	わるいれい Incorrect Examples
●	⊘ ○ ◐ ○ ◑ ○

Please print in block letters.

じゅけんばんごう
(Examinee Registration Number)

25A1010123-30123

じゅけんばんごうをかいて、そのしたのマークらんにマークしてください。
Fill in your examinee registration number in this box, and then mark the circle for each digit of the number.

せいねんがっぴをかいてください。
Fill in your date of birth in the box.

せいねんがっぴ(Date of Birth)
ねん Year	つき Month	ひ Day

	もんだい 1			
1	①	②	③	④
2	①	②	③	④
3	①	②	③	④
4	①	②	③	④
5	①	②	③	④
6	①	②	③	④
7	①	②	③	④
8	①	②	③	④
9	①	②	③	④
10	①	②	③	④
11	①	②	③	④
12	①	②	③	④
13	①	②	③	④

	もんだい 2			
14	①	②	③	④
15	①	②	③	④
16	①	②	③	④
17	①	②	③	④

	もんだい 3			
18	①	②	③	④
19	①	②	③	④
20	①	②	③	④
21	①	②	③	④

	もんだい 4			
22	①	②	③	④
23	①	②	③	④
24	①	②	③	④

	もんだい 5			
25	①	②	③	④
26	①	②	③	④
27	①	②	③	④

	もんだい 6			
28	①	②	③	④
29	①	②	③	④

제2회 실전모의고사 정해

にほんごのうりょくしけん かいとうようし

N4
ちょうかい

あなたの なまえを ローマじで かいて ください。 Please print in block letters.

| なまえ Name | |

〈ちゅうい Notes〉
1. くろいえんぴつ(HB、No.2)でかいて ください。
   Use a black medium soft (HB or No.2) pencil.
   (ペンやボールペンではかかないで ください。)
   (Do not use any kind of pen.)
2. かきなおすときは、けしゴムできれいに けしてください。
   Erase any unintended marks completely.
3. きたなくしたり、おったりしないでください。
   Do not soil or bend this sheet.
4. マークれい Marking Examples

よいれい Correct Example	わるいれい Incorrect Examples
●	⊘⊖◐⊙⊃◑

じゅけんばんごう
(Examinee Registration Number)

25A10123-30123

せいねんがっぴをかいてください。
Fill in your date of birth in the box.

せいねんがっぴ(Date of Birth)
ねん Year	つき Month	ひ Day

もんだい 1

	1	2	3	4
れい	①	②	●	④
1	①	②	③	④
2	①	②	③	④
3	①	②	③	④
4	①	②	③	④
5	①	②	③	④
6	①	②	③	④
7	①	②	③	④
8	①	②	③	④

もんだい 2

	1	2	3	4
れい	①	●	③	④
1	①	②	③	④
2	①	②	③	④
3	①	②	③	④
4	①	②	③	④
5	①	②	③	④
6	①	②	③	④
7	①	②	③	④

もんだい 3

	1	2	3
れい	①	●	③
1	①	②	③
2	①	②	③
3	①	②	③
4	①	②	③
5	①	②	③

もんだい 4

	1	2	3
れい	①	②	③
1	①	②	③
2	①	②	③
3	●	②	③
4	①	②	③
5	①	②	③
6	①	②	③
7	①	②	③
8	①	②	③

무료 온라인 실전모의고사·학습자료 제공
해커스일본어 japan.Hackers.com

제3회 실전모의고사 언어지식(문자·어휘)

N4
げんごちしき (もじ・ごい)

にほんごのうりょくしけん かいとうようし

あなたの なまえを ローマじで かいて ください。

Please print in block letters.

なまえ
Name

〈ちゅうい〉Notes
1. くろいえんぴつ(HB、No.2)でかいて ください。
   Use a black medium soft (HB or No.2) pencil.
   (ペンやボールペンではかかないで ください。)
   (Do not use any kind of pen)
2. かきなおすときは、けしゴムできれいに けしてください。
   Erase any unintended marks completely.
3. きたなくしたり、おったりしないでください。
   Do not soil or bend this sheet.
4. マークれい Marking Examples

よいれい Correct Example	わるいれい Incorrect Examples
●	⊘ ○ ◐ ● ◑ ⦿

じゅけんばんごう (Examinee Registration Number)

2 5 A 1 0 1 0 1 2 3 - 3 0 1 2 3

じゅけんばんごうをかいて、そのしたのマーク らんにマークしてください。
Fill in your examinee registration number in this box, and then mark the circle for each digit of the number.

せいねんがっぴをかいてください。
Fill in your date of birth in the box.

せいねんがっぴ(Date of Birth)

ねん Year	つき Month	ひ Day

もんだい 1

1	① ② ③ ④
2	① ② ③ ④
3	① ② ③ ④
4	① ② ③ ④
5	① ② ③ ④
6	① ② ③ ④
7	① ② ③ ④

もんだい 2

8	① ② ③ ④
9	① ② ③ ④
10	① ② ③ ④
11	① ② ③ ④
12	① ② ③ ④

もんだい 3

13	① ② ③ ④
14	① ② ③ ④
15	① ② ③ ④
16	① ② ③ ④
17	① ② ③ ④
18	① ② ③ ④
19	① ② ③ ④
20	① ② ③ ④

もんだい 4

21	① ② ③ ④
22	① ② ③ ④
23	① ② ③ ④
24	① ② ③ ④

もんだい 5

25	① ② ③ ④
26	① ② ③ ④
27	① ② ③ ④
28	① ② ③ ④

제3회 실전모의고사 언어지식(문법)・독해

N4
げんごちしき (ぶんぽう)・どっかい

にほんごのうりょくしけん かいとうようし

じゅけんばんごう (Examinee Registration Number)

25A1010123-30123

せいねんがっぴをかいてください。
Fill in your date of birth in the box.

せいねんがっぴ(Date of Birth)		
ねん Year	つき Month	ひ Day

あなたの なまえを ローマじで かいて ください。
Please print in block letters.

なまえ Name	

〈ちゅうい Notes〉
1. くろいえんぴつ(HB、No.2)でかいて ください。
   (ペンやボールペンではかかないで ください。)
   (Do not use any kind of pen.)
2. かきなおすときは、けしゴムできれいに けしてください。
   Erase any unintended marks completely.
3. きたなくしたり、おったりしないでください。
   Do not soil or bend this sheet.
4. マークれい Marking Examples

よいれい Correct Example	わるいれい Incorrect Examples
●	⊘ ⊙ ● ◐ ○ ●

もんだい 1

1	① ② ③ ④
2	① ② ③ ④
3	① ② ③ ④
4	① ② ③ ④
5	① ② ③ ④
6	① ② ③ ④
7	① ② ③ ④
8	① ② ③ ④
9	① ② ③ ④
10	① ② ③ ④
11	① ② ③ ④
12	① ② ③ ④
13	① ② ③ ④

もんだい 2

14	① ② ③ ④
15	① ② ③ ④
16	① ② ③ ④
17	① ② ③ ④

もんだい 3

18	① ② ③ ④
19	① ② ③ ④
20	① ② ③ ④
21	① ② ③ ④

もんだい 4

22	① ② ③ ④
23	① ② ③ ④
24	① ② ③ ④

もんだい 5

25	① ② ③ ④
26	① ② ③ ④
27	① ② ③ ④

もんだい 6

| 28 | ① ② ③ ④ |
| 29 | ① ② ③ ④ |

해커스일본어 japan.Hackers.com

무료 동영상 강의(학습용MP3·학습자료 제공

제3회 실전모의고사 청해

N4
ちょうかい

〈ちゅうい Notes〉
1. くろいえんぴつ(HB、No.2)でかいてください。
   Use a black medium soft (HB or No.2) pencil.
   (ペンやボールペンではかかないでください。)
   (Do not use any kind of pen.)
2. かきなおすときは、けしゴムできれいにけしてください。
   Erase any unintended marks completely.
3. きたなくしたり、おったりしないでください。
   Do not soil or bend this sheet.
4. マークれい Marking Examples

よいれい Correct Example	わるいれい Incorrect Examples
●	⊘ ○ ◐ ◑ ◒ ●

あなたの なまえを ローマじで かいて ください。
Please print in block letters.

なまえ
Name

じゅけんばんごう
(Examinee Registration Number)

25A1010123-30123

せいねんがっぴをかいてください。
Fill in your date of birth in the box.

せいねんがっぴ(Date of Birth)
ねん Year	つき Month	ひ Day

もんだい1
れい	①	②	③	●
1	①	②	③	④
2	①	②	③	④
3	①	②	③	④
4	①	②	③	④
5	①	②	③	④
6	①	②	③	④
7	①	②	③	④
8	①	②	③	④

もんだい2
れい	①	●	③	④
1	①	②	③	④
2	①	②	③	④
3	①	②	③	④
4	①	②	③	④
5	①	②	③	④
6	①	②	③	④
7	①	②	③	④

もんだい3
れい	①	②	●
1	①	②	③
2	①	②	③
3	①	②	③
4	①	②	③
5	①	②	③

もんだい4
れい	①	●	③
1	①	②	③
2	①	②	③
3	①	②	③
4	①	②	③
5	①	②	③
6	①	②	③
7	①	②	③
8	①	②	③

-メモ-

-メモ-

해커스일본어 japan.Hackers.com

일본어 인강ㆍ교재 MP3ㆍ온라인 모의고사ㆍ
JLPT N5/N4 단어+문형 암기장

일본어 교육 **1위** 해커스일본어

한경비즈니스 선정 2020 한국브랜드선호도 교육(온·오프라인 일본어) 부문 1위

일본어도 역시,
1위 해커스에서 끝내자!

일본어 교육 **1위** 해커스의
체계적인 커리큘럼

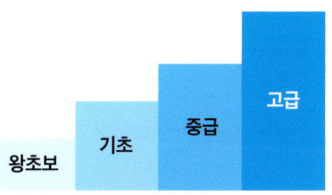

히라가나부터 JLPT까지!
최단기 목표달성 가능

76배가 넘는
폭발적인 성장률

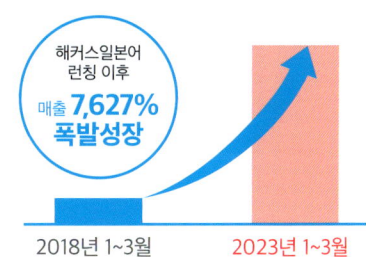

해커스일본어 런칭 이후
매출 **7,627%** 폭발성장

2018년 1~3월 → 2023년 1~3월

데일리
무료 학습자료

- ✓ 일본어 레벨테스트
- ✓ 매일 일본어 단어
- ✓ 매일 일본어 한자
- ✓ JLPT 필수어휘

다양하고 재미있는
단계별 학습시스템

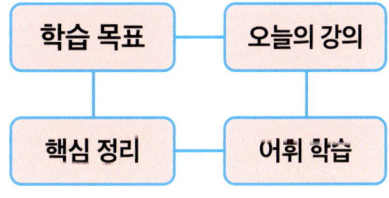

[7,627%] 해커스일본어 인강 섹션 매출액 기준 성장률([2018년 1~3월]vs[2023년 1~3월])

일본어 교육 1위 해커스일본어
japan.Hackers.com

해커스일본어 사이트 바로 가기 ▶

해커스일본어를 선택한 선배들의
일본어 실력 수직상승 비결!

해커스일본어와 함께라면
일본어 실력상승의 주인공은 바로 여러분입니다.

"

답답한 마음을 마치 사이다같이 뚫어주는 꿀팁!

해커스일본어 수강생 이*희

해커스일본어를 통해 공부하기 시작하니 그동안 잃었던 방향을 찾고 꽉 막힌 미로 속에서 지도를 찾은 기분이었고, 덕분에 혼자 공부를 하면서도 아주 만족하면서 공부를 할 수 있었던 것 같습니다. 특히나 **혼자 책으로 공부했다면 절대 몰랐을 여러 선생님들의 설명들이 답답한 마음을 마치 사이다같이 뚫어주셔서** 꿀팁들이 나올 때마다 마음속으로 정말 환호를 질렀습니다.

해커스일본어 수강생 오*혜

일본어 왕초보도 JLPT 자격증을 취득할 수 있었습니다.

한자의 뜻과 외우는 방법과 그 한자의 발음 등을 하나하나 자세하게 설명해 주셨고 그림과 함께 이해하기 쉽도록 강의를 진행해 주셨어요. 덕분에 한자가 들어간 단어를 보면 어느 정도 왜 이 단어가 만들어졌는지, 정확하겐 모르지만 대충 어떠한 단어겠거니 하는 유추가 가능해졌고 그게 JLPT의 시험에 많은 도움이 되었습니다.

한자를 보면 바로 나올 정도로 기억이 오래가요!

해커스일본어 수강생 감*환

해커스일본어 강의 덕에 한자들을 단순 암기로 접근하는 것이 아닌 그림으로 연상시켜 외우게 되었습니다. 그 결과, **한자에 대한 부담과 스트레스는 줄어들었고 한 번 외운 한자가 단순 암기로 했을 때보다 기억에 훨씬 더 오래 남게 되었습니다.**

해커스일본어 수강생 황*희

일본어 한자 걱정 따위는 하지 않게 되었습니다!

강사님이 **꼭 알아두면 좋은 한자나 닮아서 헷갈릴 수 있는 한자 등 중요한 부분만 딱딱 짚어서**, 가끔 재밌는 예시도 들어주시면서 쉽게 설명해 주셔서 외우기 어려운 한자들도 쏙쏙 잘 이해되더라구요! 강사님 덕분에 한자를 외우는데 점점 재미도 들리기 시작했고, 한자 때문에 막막하기만 하던 독해 실력도 늘어나서 일석이조 같다는 생각이 들었습니다.

"

해커스일본어
japan.Hackers.com

해커스 JLPT 실전모의고사 N4

무료 온라인 실전모의고사·학습자료 제공
해커스일본어 japan.Hackers.com

목차

해커스 JLPT 실전모의고사 N4

제1회 실전모의고사 정답·해석·해설　　　　4

제2회 실전모의고사 정답·해석·해설　　　　34

제3회 실전모의고사 정답·해석·해설　　　　62

부록
회차별 단어·문형　　　　92

JLPT 빈출 단어·문형　　　　101

제1회 실전모의고사

언어지식(문자·어휘)

문제 1
1	4
2	3
3	1
4	4
5	3
6	4
7	1

문제 2
8	3
9	1
10	2
11	4
12	1

문제 3
13	2
14	3
15	1
16	4
17	2
18	3
19	3
20	1

문제 4
21	1
22	3
23	2
24	3

문제 5
25	4
26	1
27	2
28	1

언어지식(문법)

문제 1
1	1
2	3
3	4
4	4
5	2
6	1
7	4
8	1
9	3
10	3
11	4
12	2
13	1

문제 2
14	4
15	3
16	2
17	2

문제 3
18	4
19	1
20	2
21	3

독해

문제 4
22	4
23	4
24	1

문제 5
25	3
26	3
27	4

문제 6
28	1
29	3

청해

문제 1
1	4
2	4
3	1
4	1
5	2
6	3
7	3
8	2

문제 2
1	4
2	3
3	1
4	2
5	2
6	3
7	4

문제 3
1	1
2	3
3	3
4	2
5	1

문제 4
1	1
2	2
3	2
4	3
5	1
6	2
7	3
8	3

언어지식(문자·어휘) p.25

문제 1의 디렉션

문제1 _____ 의 말은 히라가나로 어떻게 씁니까? 1·2· 3·4에서 가장 알맞은 것을 하나 골라 주세요.

---

1 난이도 중

여름에도 <u>林</u> 속은 시원해요.
1 바다　　　　　2 가지
3 풀　　　　　　**4 숲**

해설 林는 4 はやし로 발음한다.
어휘 林 はやし 圐숲　夏 なつ 圐여름　~でも 困~에도
中 なか 圐속, 안　すずしい い형시원하다　海 うみ 圐바다
枝 えだ 圐가지　草 くさ 圐풀

TIP 石(いし, 돌), 雲(くも, 구름), 森(もり, 숲)와 같은 자연 관련 명사가 자주 출제되므로 함께 알아 둔다.

---

2 난이도 중상

그 이유를 대답했습니다<u>答えました</u>.
1 가르쳤습니다　　2 전했습니다
3 대답했습니다　　4 생각했습니다

해설 答えました는 3 こたえました로 발음한다.
어휘 答える こたえる 图대답하다　その 그　りゆう 圐이유
教える おしえる 图가르치다　伝える つたえる 图전하다
考える かんがえる 图생각하다

---

3 난이도 중

온 사람부터 먼저 <u>앉아座って</u> 주세요.
1 앉아　　　　　2 들어가
3 들어　　　　　4 타

해설 座って는 1 すわって로 발음한다.
어휘 座る すわる 图앉다　くる 图오다　人 ひと 圐사람
~から 困~부터　さきに 閉먼저　~てください ~해 주세요
入る はいる 图들어가다　取る とる 图들다, 잡다　乗る のる 图타다

---

4 난이도 중

이 방향이 북쪽<u>北</u>입니다.
1 동쪽　　　　　2 남쪽
3 서쪽　　　　　**4 북쪽**

해설 北는 4 きた로 발음한다.

어휘 北 きた 圐북쪽　この 이　ほうこう 圐방향　東 ひがし 圐동쪽
南 みなみ 圐남쪽　西 にし 圐서쪽

---

5 난이도 상

저는 아이 때부터 목소리가 <u>낮습低</u>니다.
1 가늘　　　　　2 두껍습
3 낮습　　　　4 높습

해설 低いは 3 ひくい로 발음한다.
어휘 低い ひくい い형낮다　子ども こども 圐아이　ころ 圐때, 시절
~から 困~부터　こえ 圐목소리　細い ほそい い형가늘다
太い ふとい い형두껍다　高い たかい い형높다

---

6 난이도 상

열차는 몇 시에 <u>도착到着</u>합니까?
1 (없는 단어)　　　2 (없는 단어)
3 (없는 단어)　　　**4 도착**

해설 到着는 4 とうちゃく로 발음한다. とう가 장음인 것에 주의한다.
어휘 到着 とうちゃく 圐도착　れっしゃ 圐열차　何時 なんじ 몇 시

---

7 난이도 중

<u>공원公園</u>에 예쁜 벚꽃이 피어 있었습니다.
1 공원　　　　2 (없는 단어)
3 공헌　　　　　4 (없는 단어)

해설 公園은 1 こうえん으로 발음한다. こう가 탁음이 아닌 것에 주의한다.
어휘 公園 こうえん 圐공원　きれいだ な형예쁘다　さくら 圐벚꽃
さく 图피다　貢献 こうけん 圐공헌

문제 2의 디렉션

문제2 _____ 말은 어떻게 씁니까? 1·2·3·4에서 가장 알맞은 것을 하나 골라 주세요.

---

8 난이도 상

여행으로 그 <u>섬しま</u>에 간 적이 있습니다.
1 거리　　　　　2 마을
3 섬　　　　　4 숲

해설 しまは 3 島로 표기한다.
어휘 島 しま 圐섬　りょこう 圐여행　行く いく 图가다

~ことがある ~(한) 적이 있다　町 まち 圏 거리, 시가
村 むら 圏 마을, 동네　森 もり 圏 숲

9　난이도 중상

정말 좋은 경험けいけん이 되었습니다.
1 경험　　　　　　2 경제
3 (없는 단어)　　　4 (없는 단어)

해설 けいけん은 1 経験으로 표기한다. 3, 4는 없는 단어이다. 経(けい, 지나다)를 선택지 3과 4의 径(けい, 지름길)와 구별해서 알아 둔다.

어휘 経験 けいけん 圏 경험　本当に ほんとうに 囲 정말　いい い형 좋다
なる 통 되다　経済 けいざい 圏 경제

10　난이도 중상

매일 밤 자기 전에 독서どくしょ를 합니다.
1 (없는 단어)　　　2 독서
3 (없는 단어)　　　4 (없는 단어)

해설 どくしょ는 2 読書로 표기한다. 読(どく, 읽다)를 선택지 1, 3의 語 (ご, 언어)와 구별해서 알아 두고, 書(しょ, 글)를 선택지 3, 4의 本(ほん, 책)과 구별해서 알아 둔다.

어휘 読書 どくしょ 圏 독서　まいばん 圏 매일 밤　ねる 통 자다
まえ 圏 전, 앞

11　난이도 중

빨간あかい 치마를 입고 있는 사람이 사라 씨입니다.
1 파란　　　　　　2 하얀
3 까만　　　　　　4 빨간

해설 あかい는 4 赤い로 표기한다.

어휘 赤い あかい い형 빨갛다　スカート 圏 치마
はく 통 (치마, 바지를) 입다　青い あおい い형 파랗다
白い しろい い형 하얗다　黒い くろい い형 까맣다

12　난이도 중상

야마다 씨는 이제 곧 돌아올 거라고 생각합니다おもいます.
1 생각합니다　　　2 (없는 단어)
3 (없는 단어)　　　4 (없는 단어)

해설 おもいます는 1 思います로 표기한다. 2, 3, 4는 없는 단어이다.

어휘 思う おもう 통 생각하다　もう 囲 이제　すぐ 囲 곧
かえる 통 돌아오다

문제 3의 디렉션

문제3 (　　) 에 무엇이 들어갑니까? 1·2·3·4에서 가장 알맞은 것을 하나 골라 주세요.

13　난이도 상

가게의 (　　) 를 해서 손님의 의견을 물었습니다.
1 선물　　　　　　2 설문 조사
3 거짓말　　　　　4 방해

해설 손님의 의견을 물었다고 했으므로 アンケートをおこなっておきゃくさんのいけんを聞きました(설문 조사를 해서 손님의 의견을 물었습니다)가 자연스럽다. 따라서 2 アンケート(설문 조사)가 정답이다.

어휘 店 みせ 圏 가게　おこなう 통 하다, 시행하다　おきゃくさん 圏 손님
いけん 圏 의견　聞く きく 통 묻다, 듣다　プレゼント 圏 선물
アンケート 圏 설문 조사, 앙케트　うそ 圏 거짓말　じゃま 圏 방해

14　난이도 중

600엔인 상품을 살 때 1000엔을 지불하면, (　　) 은 400엔입니다.
1 저금　　　　　　2 돈
3 거스름돈　　　　4 가격

해설 600엔 상품을 사기 위해 1000엔을 지불하는 상황을 가정하고 있으므로 600円のしょうひんを買うとき1000円をはらったら、おつりは400円です(600엔인 상품을 살 때 1000엔을 지불하면, 거스름돈은 400엔입니다)가 자연스럽다. 따라서 3 おつり(거스름돈)가 정답이다.

어휘 円 えん 圏 엔(일본의 화폐 단위)　しょうひん 圏 상품
買う かう 통 사다　はらう 통 지불하다　~たら ~하면
ちょきん 圏 저금　おかね 圏 돈　おつり 圏 거스름돈
ねだん 圏 가격

15　난이도 중상

슬슬 밥을 먹을 거니까, 테이블 위를 (　　) 주세요.
1 정리해　　　　　2 씻어
3 찾아　　　　　　4 고쳐

해설 밥을 먹으려고 한다고 했으므로 そろそろごはんを食べますから、テーブルの上をかたづけてください(슬슬 밥을 먹을 거니까, 테이블 위를 정리해 주세요)가 자연스럽다. 따라서 1 かたづけて(정리해)가 정답이다.

어휘 そろそろ 囲 슬슬　ごはん 圏 밥　食べる たべる 통 먹다
~から 조 ~니까　テーブル 圏 테이블　上 うえ 圏 위
~てください ~해 주세요　かたづける 통 정리하다
あらう 통 씻다　さがす 통 찾다　なおす 통 고치다

16 난이도 중상

일 년 전에는 작았던 우리 집 개도 (　　) 커졌습니다.

1 조금도 2 결코
3 당분간 **4 상당히**

해설 개가 일 년 전에는 작았지만 커졌다고 했으므로 一年まえは小さかったうちの犬もだいぶ大きくなりました(일 년 전에는 작았던 우리 집 개도 상당히 커졌습니다)가 자연스럽다. 따라서 4 だいぶ(상당히)가 정답이다.

어휘 まえ 圏 전, 앞　小さい ちいさい い형 작다　うち 圏 우리 집
犬 いぬ 圏 개　大きい おおきい い형 크다　ちっとも 囲 조금도
けっして 囲 결코　しばらく 囲 당분간　だいぶ 囲 상당히

TIP だいぶ(상당히)는 비슷한 의미의 부사인 けっこう(꽤), かなり(제법)로 바뀌어 출제될 수도 있으므로 함께 알아 둔다.

17 난이도 상

딸은 그다지 이야기하지 않는 (　　) 성격입니다.

1 선선한 **2 조용한**
3 시끄러운 4 세찬

해설 딸이 그다지 이야기하지 않는 성격이라고 했으므로 あまりはなさないおとなしいせいかく(그다지 이야기하지 않는 조용한 성격)가 자연스럽다. 따라서 2 おとなしい(조용한)가 정답이다. 3 うるさい(시끄러운)는 あまりはなさない(그다지 이야기하지 않는)와 상반된 내용이므로 오답이다.

어휘 むすめ 圏 딸　あまり 囲 그다지　はなす 图 이야기하다
せいかく 圏 성격　すずしい い형 선선하다
おとなしい い형 조용하다　うるさい い형 시끄럽다
はげしい い형 세차다, 격심하다

18 난이도 중상

오늘 영어 클래스에서 배운 내용을 (　　) 합니다.

1 지각 2 찬성
3 복습 4 예습

해설 ならったないよう(배운 내용)를 보면, 배운 것은 과거의 일이기 때문에 ふくしゅう(복습)를 사용하는 것이 자연스럽다. 따라서 3 ふくしゅう(복습)가 정답이다.

어휘 今日 きょう 圏 오늘　えいご 圏 영어　クラス 圏 클래스
ならう 图 배우다　ないよう 圏 내용　ちこく 圏 지각
さんせい 圏 찬성　ふくしゅう 圏 복습　よしゅう 圏 예습

19 난이도 중상

성실하게 일하는 부하를 (　　) 기뻐하고 있었다.

1 빌었더니 2 바랐더니
3 칭찬했더니 4 장식했더니

해설 부하가 기뻐했다고 했으므로 まじめにはたらくぶかをほめたらよろこんでいた(성실하게 일하는 부하를 칭찬했더니 기뻐하고 있었다)가 자연스럽다. 따라서 3 ほめたら(칭찬했더니)가 정답이다.

어휘 まじめだ な형 성실하다　はたらく 图 일하다　ぶか 圏 부하
よろこぶ 图 기뻐하다　いのる 图 빌다, 기도하다　~たら ~(했)더니
ねがう 图 바라다　ほめる 图 칭찬하다　かざる 图 장식하다

20 난이도 중상

그 드라마는 월요일 9시부터 (　　) 하고 있습니다.

1 방송 2 영업
3 운전 4 인쇄

해설 드라마가 월요일 9시부터라고 했으므로 そのドラマはげつようびの９時からほうそう(그 드라마는 월요일 9시부터 방송)가 자연스럽다. 따라서 1 ほうそう(방송)가 정답이다.

어휘 ドラマ 圏 드라마　げつようび 圏 월요일　~時 ~じ ~시
~から 国 ~부터　ほうそう 圏 방송　えいぎょう 圏 영업
うんてん 圏 운전　いんさつ 圏 인쇄

문제 4의 디렉션

문제4 ＿＿＿＿의 문장과 대체로 같은 의미의 문장이 있습니다. 1·2·3·4에서 가장 알맞은 것을 하나 골라 주세요.

21 난이도 상

그 까닭을 알고 있습니까?

1 그 이유를 알고 있습니까?
2 그 이야기를 알고 있습니까?
3 그 사람을 알고 있습니까?
4 그 장소를 알고 있습니까?

해설 제시문에 사용된 わけ가 '까닭'이라는 의미이므로, 의미가 같은 りゆう(이유)를 사용한 1 そのりゆうをしっていますか(그 이유를 알고 있습니까)가 정답이다.

어휘 わけ 圏 까닭, 이유　しる 图 알다　りゆう 圏 이유　はなし 圏 이야기
人 ひと 圏 사람　ばしょ 圏 장소

22 난이도 중상

예약이 필요합니다.

1 예약을 잡을 수 있습니다.
2 예약이 있습니다.
3 예약이 필요합니다.
4 예약이 시작됩니다.

해설 제시문에 사용된 ひつようです가 '필요합니다'라는 의미이므로, 의미가 같은 いります(필요합니다)를 사용한 3 よやくがいります(예약이 필요합니다)가 정답이다.

어휘 よやく 몡예약 ひつようだ な형필요하다
よやくをとる 예약을 잡다 いる 동필요하다 はじまる 동시작되다

TIP ひつようだ(필요하다)와 비슷한 의미의 표현인 なくてはならない(없어서는 안 된다)가 유의 표현으로 출제될 수도 있으므로 함께 알아 둔다.

23 난이도 상

형은 매우 기뻐하고 있었습니다.
1 형은 매우 슬퍼 보였습니다.
2 형은 매우 기뻐 보였습니다.
3 형은 매우 부끄러워 보였습니다.
4 형은 매우 바빠 보였습니다.

해설 제시문 兄はとてもよろこんでいました(형은 매우 기뻐하고 있었습니다)와 가장 의미가 비슷한 2 兄はとてもうれしそうでした(형은 매우 기뻐 보였습니다)가 정답이다.

어휘 兄 あに 몡형 とても 凰매우 よろこぶ 동기뻐하다
～ている ~하고 있다 かなしい い형슬프다 ～そうだ ~해 보이다
うれしい い형기쁘다 はずかしい い형부끄럽다
いそがしい い형바쁘다

24 난이도 상

또 일어나는 것이 늦어져 버렸습니다.
1 또 지각을 해 버렸습니다.
2 또 싸움을 해 버렸습니다.
3 또 늦잠을 자 버렸습니다.
4 또 실패를 해 버렸습니다.

해설 제시문 またおきるのがおそくなってしまいました(또 일어나는 것이 늦어져 버렸습니다)와 가장 의미가 비슷한 3 またねぼうをしてしまいました(또 늦잠을 자 버렸습니다)가 정답이다.

어휘 また 凰또 おきる 동일어나다 おそい い형늦다
～くなる ~해지다 ～てしまう ~해 버리다 ちこく 몡지각
けんか 몡싸움 ねぼうをする 늦잠을 자다 しっぱい 몡실패

문제 5의 디렉션

문제 5 다음 말의 사용법으로 가장 좋은 것을 1·2·3·4에서 하나 고르세요.

25 난이도 중상

근처
1 문을 열 때는 근처의 버튼을 눌러 주세요.
2 다나카 씨의 근처에 찍혀 있는 사람은 누구입니까?
3 알레르기로 눈 근처가 빨개져 있습니다.
4 지난 달 근처에 이사 온 사람과 사이가 좋아졌습니다.

해설 きんじょ(근처)는 집이나 건물, 혹은 구/군 등 동네가 인접한 경우에 사용하며, 사람의 바로 옆과 같은 매우 가까운 거리를 나타낼 때는 사용하지 않는다. 4의 先月きんじょにひっこしてきた人となかよくなりました(지난 달 근처에 이사 온 사람과 사이가 좋아졌습니다)를 보면 인접한 집으로 이사를 온 것이므로 4가 정답이다. 참고로, 1은 手前(바로 앞), 2는 隣(옆), 3은 周り(주변)를 사용하는 것이 올바른 문장이다. 사람의 바로 옆이나 눈 주변과 같은 매우 가까운 거리를 나타내는 경우에는 手前(바로 앞), 隣(옆), 周り(주변), そば(곁) 등을 사용하는 것을 알아 둔다.

어휘 きんじょ 몡근처, 이웃집 ドア 몡문 ひらく 동열다 とき 몡때
ボタン 몡버튼 押す おす 동누르다 ～てください ~해 주세요
うつる 동찍히다 ～ている ~해 있다, ~하고 있다 人 ひと 몡사람
だれ 누구 アレルギー 알레르기 目 め 몡눈
あかい い형빨갛다 ～くなる ~해지다 先月 せんげつ 몡지난 달
ひっこす 동이사하다 ～てくる ~해 오다
なかよくなる 사이가 좋아지다

26 난이도 중상

부상
1 시합에서 다른 선수와 부딪혀서 부상을 입었습니다.
2 방의 에어컨이 부상을 입어서 매우 덥습니다.
3 이사 중에 벽지에 부상이 생겼습니다.
4 시스템에 부상이 있어 고쳤습니다.

해설 けが(부상)는 사람이나 동물이 몸에 상처를 입는 경우에 사용한다. 1의 ほかのせんしゅとぶつかってけがをしました(다른 선수와 부딪혀서 부상을 입었습니다)에서 사람의 몸과 사용되었으므로 1이 정답이다. 참고로, 2는 故障(고장), 3은 傷(흠집), 4는 不具合(결함)를 사용하는 것이 올바른 문장이다.

어휘 けが 몡부상, 상처 しあい 몡시합 ほかの 다른
せんしゅ 몡선수 ぶつかる 동부딪히다 けがをする 부상을 입다
へや 몡방 エアコン 몡에어컨 とても 凰매우 あつい い형덥다
ひっこし 몡이사 ～ちゅう ~중 かべがみ 몡벽지
できる 동생기다 システム 몡시스템 なおす 동고치다

27 난이도 중상

데우다
1 날씨가 좋으니까 밖에서 세탁물을 데우고 있습니다.
2 목욕물을 데웠으니까 이제 들어가도 돼요.
3 집에서 나온 쓰레기를 마당에서 데우면 안 됩니다.
4 식은 볶음밥을 전자레인지로 데워서 먹었습니다.

해설 わかす(데우다)는 열을 가해 물, 우유와 같은 액체를 뜨겁게 하는 경우에 사용하며, 볶음밥과 같은 고체를 뜨겁게 할 때는 사용하지 않는다. 2의 おふろをわかしました(목욕물을 데웠으)에서 액체인 목욕물과 사용되었으므로 2가 정답이다. 참고로, 1은 ほす(말리다), 3은 もやす(태우다), 4는 고체를 뜨겁게 하는 것이므로 あたためる(데우다)를 사용하는 것이 올바른 문장이다.

어휘 わかす 图데우다, 끓이다　てんき 图날씨　~ので 图~니까
　　 外 そと 图밖　せんたくもの 图세탁물　おふろ 图목욕물, 목욕
　　 ~から 图~니까, ~때문에　もう 图이제　入る はいる 图들어가다
　　 家 いえ 图집　出る でる 图나오다　ごみ 图쓰레기
　　 にわ 图마당, 정원　~てはいけない ~하면 안 된다
　　 ひえる 图식다　チャーハン 图볶음밥　レンジ 图전자레인지
　　 食べる たべる 图먹다

> TIP おゆ(따뜻한 물), おちゃ(차) 등 액체를 데울 때에는 わかす(데우다, 끓이다),
> べんとう(도시락), ごはん(밥) 등 고체를 데울 때에는 あたためる(데우다, 따뜻
> 하게 하다)를 사용해야 함을 알아 둔다.

해설 すぐに(곧바로)는 어떤 행동이 지체 없이 빠르게 연속해서 이루어
지는 경우에 사용한다. 1의 ゆうべはつかれていて、かえるとす
ぐにねてしまいました(어젯밤은 지쳐 있어서, 돌아가서는 곧바로
자 버렸습니다)에서 돌아간다는 행동과 잔다는 행동이 연속해서 이
루어졌으므로 1이 정답이다. 참고로, 2는 最初に(처음으로), 3은
早く(일찍), 4는 もうすぐ(이제 곧)를 사용하는 것이 올바른 문장
이다.

어휘 すぐに 图곧바로　ゆうべ 图어젯밤　つかれる 图지치다
　　 かえる 图돌아가다　ねる 图자다　~てしまう ~해 버리다
　　 会社 かいしゃ 图회사　せかい 图세계　テレビ 图텔레비전
　　 作る つくる 图만들다　けんこう 图건강　~ために ~위해서
　　 起きる おきる 图일어나다　~ようにする ~하도록 하다
　　 アメリカ 图미국　すむ 图살다　~年 ~ねん ~년

28 난이도 상

곧바로

1 어젯밤은 지쳐 있어서, 돌아가서는 **곧바로** 자 버렸습니다.
2 이 회사는 세계에서 곧바로 텔레비전을 만들었습니다.
3 건강을 위해서 곧바로 일어나도록 하고 있습니다.
4 저는 미국에 산 지 곧바로 2년이 됩니다.

言語知識(문법) p.35

문제 1의 디렉션

문제1 (　　) 에 무엇을 넣습니까? 1·2·3·4 에서 가장 알맞은 것을 하나 골라주세요.

1 난이도 중

어제 생일이었던 (　　) 지갑을 선물했습니다.

1 아내에게　　　　 2 아내에서
3 아내의　　　　　　 4 아내나

해설 빈칸 뒤에서 지갑을 선물했다고 했으므로, 선물을 받을 대상을 나
타내는 'に(에게)'를 사용하는 것이 자연스럽다. 따라서 1 つまに
(아내에게)가 정답이다.

어휘 きのう 图어제　たんじょうび 图생일　さいふ 图지갑
　　 プレゼント 图선물　つま 图아내　~に 图~에게　~で 图~에서
　　 ~の 图~의　~や 图~(이)나

2 난이도 중

마쓰모토 씨가 어디에 있는 (　　) 알고 있습니까?

1 은　　　　　　　　 2 과
3 지　　　　　　　　4 을

해설 빈칸 앞에서 '어디에 있는'이라고 하고, 빈칸 뒤에서 '알고 있습니

까'라고 했으므로, 의문을 나타내는 'か(지)'를 사용하는 것이 자연
스럽다. 따라서 3 か(지)가 정답이다.

어휘 どこ 图어디　知る しる 图알다　~は 图~은　~と 图~과
　　 ~か 图~지　~を 图~을

3 난이도 중

A "이거, 우리 신상품인데 먹은 (　　) 의견을 들려주지 않을
래?"
B "응, 좋아."

1 참이어서　　　　　　 2 곳에
3 것이어서　　　　　　 **4 후에**

해설 모든 선택지가 빈칸 앞의 食べた(먹은)에 접속할 수 있다. 신상품
을 먹고 의견을 들려달라고 했으므로, 어떤 시점 이후를 나타내는
'あとで(후에)'를 사용하는 것이 자연스럽다. 따라서 4 あとで(후
에)가 정답이다. 1의 ~ばかりだ는 '~참이다', 3의 ~はずだ는
'~(일) 것이다'라는 의미임을 알아 둔다.

어휘 これ 图이거　うち 图우리　新商品 しんしょうひん 图신상품
　　 ~けど ~인데　食べる たべる 图먹다　意見 いけん 图의견
　　 聞かせる きかせる 图들려주다　~てくれる ~해 주다
　　 いい い형좋다　~ばかりだ ~참이다　ところ 图곳
　　 ~はずだ ~(일) 것이다　~あとで ~한 후에

4 난이도 중

이제 곧 시험을 시작합니다. 자리는 하나 (　　) 비우고 앉아 주세요.
1 가 되어서　　2 로 해서
3 보다　　**4 씩**

해설 빈칸 앞에서 '자리는 하나'라고 하고, 빈칸 뒤에 '비우고 앉아 주세요'라고 했으므로, 일정한 간격을 나타내는 'ずつ(씩)'를 사용하는 것이 자연스럽다. 따라서 4 ずつ(씩)가 정답이다.

어휘 もう 🖫이제　すぐ 🖫곧　テスト 🖫시험, 테스트
始める はじめる 🖫시작하다　席 せき 🖫자리
空ける あける 🖫비우다　座る すわる 🖫앉다
~てください ~해 주세요　~になる ~가 되다
~にする ~로 하다　~より 🖫~보다　~ずつ 🖫~씩

TIP ~ずつ(~씩)는 ~個(~こ, ~개), ~枚(~まい, ~장) 등의 수량 표현과 자주 사용되므로 제시문에 이와 같은 표현이 있는지 유의한다.

5 난이도 중

미술관에 다녀왔습니다만, (　　) 그림도 훌륭해서 감동했습니다.
1 어떻게　　**2 어느**
3 어떻게 해서　　4 어느 정도

해설 빈칸 앞에서 '미술관에 다녀왔습니다만'이라고 하고, 빈칸 뒤에서 '그림도 훌륭해서'라고 했으므로, 그림이라는 대상을 나타낼 수 있는 'どの(어느)'를 사용하는 것이 자연스럽다. 따라서 2 どの(어느)가 정답이다.

어휘 美術館 びじゅつかん 🖫미술관　行ってくる いってくる 다녀오다
絵 え 🖫그림　すばらしい い🖫훌륭하다　かんどう 🖫감동
どう 🖫어떻게　どの 어느　どうやって 어떻게 해서, 어떻게
どのぐらい 어느 정도

6 난이도 중상

이노우에 "이 일, 6시까지 끝날까요?"
야마다 "집중해서 (　　) 아마 2시간도 걸리지 않을 것이라고 생각합니다."
1 하면　　2 해도
3 해서는　　4 하지 않고

해설 빈칸 앞에서 '집중해서'라고 하고, 빈칸 뒤에서 '아마 2시간도 걸리지 않을 것이라고 생각합니다'라고 했으므로, 가정을 나타내는 'ば(하면)'를 사용하는 것이 자연스럽다. 따라서 1 やれば(하면)가 정답이다.

어휘 この 이　仕事 しごと 🖫일　~時 ~じ ~시　~まで 🖫~까지
終わる おわる 🖫끝나다　集中 しゅうちゅう 🖫집중
たぶん 🖫아마　~時間 ~じかん ~시간　かかる 🖫걸리다
~と思う ~とおもう ~라고 생각하다　やる 🖫하다　~ば ~하면

~ても ~해도　~ては ~해서는　~ないで ~하지 않고

7 난이도 중상

열심히 연습했기 때문에, 이번 시합은 (　　) 이길 수 있을 거라고 생각합니다.
1 제발　　2 결코
3 언젠가　　**4 반드시**

해설 빈칸 앞에서 '이번 시합은'이라고 하고, 빈칸 뒤에서 '이길 수 있을 거라고 생각합니다'라고 했으므로, 강한 확신을 나타내는 'きっと(반드시)'를 사용하는 것이 자연스럽다. 따라서 4 きっと(반드시)가 정답이다.

어휘 いっしょうけんめい 열심히　練習 れんしゅう 🖫연습
~ので 🖫~때문에　今回 こんかい 🖫이번　試合 しあい 🖫시합
勝つ かつ 🖫이기다　思う おもう 🖫생각하다　ぜひ 🖫제발, 꼭
けっして 🖫결코　いつか 🖫언젠가　きっと 🖫반드시

TIP きっと(반드시)와 비슷한 의미의 부사인 かならず(꼭)도 출제될 수도 있으므로 함께 알아 둔다.

8 난이도 중상

옛날에는 야채를 싫어했습니다. 그러나 어른이 되고 야채의 (　　) 을 깨달았습니다.
1 맛있음　　2 맛있는 편
3 맛있는 사이　　4 맛있는 채

해설 빈칸 앞에서 '야채의'라고 하고, 빈칸 뒤에 '을 깨달았습니다'라고 했으므로, '맛있다'라는 형용사를 명사 형태로 바꿔 주는 'さ(~함)'를 사용하는 것이 자연스럽다. 따라서 1 おいしさ(맛있음)가 정답이다. 2의 ほう는 '~편', 3의 あいだ는 '~사이', 4의 まま는 '~(한) 채'라는 의미의 문형임을 알아 둔다.

어휘 昔 むかし 🖫옛날　野菜 やさい 🖫야채
嫌いだ きらいだ 🖫싫어하다　でも 🖫그러나　大人 おとな 🖫어른
気づく きづく 🖫깨닫다　~さ ~함　~ほう ~편　~あいだ ~사이
~まま ~(한) 채

9 난이도 중상

야마구치 "린 씨는 장래 어떤 일을 (　　) 싶습니까?"
린　　　 "일본어 선생님입니다."
1 하다　　2 했다
3 하고　　4 하고 있다

해설 빈칸 뒤의 たい(~하고 싶다)는 동사 ます형과 접속할 수 있으므로 する와 사용하는 경우 したい(하고 싶)로 연결된다. 따라서 3 し(하고)가 정답이다.

어휘 しょうらい 🖫장래　どんな 어떤　仕事 しごと 🖫일
~たい ~하고 싶다　にほんご 🖫일본어
先生 せんせい 🖫선생(님)

10 난이도 상

역 앞에서 헤매고 있는 사람이 있었기 때문에, 길을 (   ).

1 가르쳐져 있었습니다　　2 가르쳐 버렸습니다
3 가르쳐 주었습니다　　4 가르쳐 주었습니다

해설 빈칸 앞의 道を(길을)를 보면 선택지 3 **教えてあげました**(가르쳐 주었습니다), 4 教えてくれました(가르쳐 주었습니다)가 정답의 후보이다. 선택지 3의 てあげる는 내가 남에게 무언가를 해 줄 때 사용하는 표현이므로, 駅の前でまよっている人(역 앞에서 헤매고 있는 사람)에게 길을 가르쳐 주는 상황에서 사용할 수 있다. 따라서 3 **教えてあげました**(가르쳐 주었습니다)가 정답이다. 4의 てくれる는 남이 나에게 무언가를 해 줄 때 사용하는 표현이므로, 역 앞에서 헤매고 있는 사람에게 내가 길을 가르쳐 주는 상황에서는 적절하지 않다. 1의 てある는 '~해져 있다', 2의 てしまう는 '~해 버리다', 4의 てくれる는 남이 '(나에게) ~해 주다'라는 의미의 문형임을 알아 둔다.

어휘 駅 えき 몡역　前 まえ 몡앞, 전　まよう 툉헤매다
~ので 조~때문에　道 みち 몡길　教える おしえる 툉가르치다
~てある ~해져 있다　~てしまう ~해 버리다
~てあげる ~해 주다　~てくれる (나에게) ~해 주다

11 난이도 중상

A "최근, 아침은 완전히 (   )."
B "네, 아직 10월인데, 벌써 겨울 같은 날씨입니다."

1 춥겠지요　　　　　2 추울지도 모르겠네요
3 추우면 좋아요　　　**4 추워졌네요**

해설 빈칸 앞에서 '최근, 아침은 완전히'라고 하고, B가 '네, 아직 10월인데, 벌써 겨울 같은 날씨입니다'라고 했으므로, 날씨가 변화했음을 나타내는 '〜くなる(~해지다)'를 사용하는 것이 자연스럽다. 따라서 4 **寒くなりました**(추워졌네요)가 정답이다. 1의 でしょう는 '~하겠지요', 2의 かもしれない는 '~(할)지도 모른다', 3의 といい는 '~하면 좋다'라는 의미의 문형임을 알아 둔다.

어휘 最近 さいきん 몡최근　朝 あさ 몡아침　すっかり 凰완전히
まだ 凰아직　~のに 조~인데　もう 凰벌써　冬 ふゆ 몡겨울
~みたいな ~같은　天気 てんき 몡날씨　寒い さむい い형춥다
~でしょう ~하겠지요　~かもしれない ~(할)지도 모른다
~といい ~하면 좋다　~くなる ~해지다

12 난이도 상

기무라 "나카지마 씨, 목소리가 평소와 다르네요. 감기에 걸렸습니까?"
나카지마 "네. 어제 냉방을 (   ) 자 버렸습니다."

1 켜지 않고　　　　**2 켠 채로**
3 켜는지 어떤지　　4 켜기 전에

해설 빈칸 앞에서 '어제 냉방을'이라고 하고, 빈칸 뒤에서 '자 버렸습니다'라고 했으므로 선택지 1 つけずに(켜지 않고), 2 つけたまま(켠 채로), 4 つけるまえに(켜기 전에)가 정답의 후보이다. 대화문에서 기무라가 목소리가 평소와 다르다며 감기에 걸렸는지 묻고 있으므로, 에어컨을 켠 상태가 유지되었음을 나타내는 'たまま(~한 채로)'를 사용하는 것이 자연스럽다. 따라서 2 **つけたまま**(켠 채로)가 정답이다. 1의 ずには '~하지 않고', 3의 かどうかは '~인지 어떤지', 4의 まえには '~전에'라는 의미의 문형임을 알아 둔다.

어휘 声 こえ 몡목소리　いつも 몡평소　ちがう 툉다르다
かぜをひく 감기에 걸리다　昨日 きのう 몡어제　れいぼう 몡냉방
寝る ねる 툉자다　~てしまう ~해 버리다　つける 툉켜다
~ずに ~하지 않고　~まま (한) 채로　~かどうか ~인지 어떤지
~まえに ~전에

13 난이도 상

(회사에서)
아오키 "과장님, 사카모토 씨가 아직 오지 않았습니다."
과장 　"아까 전화가 있었는데, 오늘은 몸 상태가 좋지 않아서 (   )."
아오키 "그렇습니까? 걱정이네요."

1 쉰다고 합니다　　2 쉬었던 것 같습니다
3 쉬어 줬으면 좋겠습니다　4 쉰 적이 있습니다

해설 빈칸 앞에서 '오늘은 몸 상태가 좋지 않아서'라고 하고, 대화문에서 아오키가 '사카모토 씨가 아직 오지 않았습니다'라고 했으므로 전해 들은 내용을 나타내는 'そうだ(~라고 한다)'를 사용하는 것이 자연스럽다. 2 休んだようです(쉬었던 것 같습니다)는 과거에 관한 추측이므로, 사카모토 씨가 아직 오지 않은 현재의 상태와 시제가 맞지 않아 오답이다. 따라서 1 **休むそうです**(쉰다고 합니다)가 정답이다. 2의 ようだ는 '~인 것 같다', 3의 てほしい는 '~해 줬으면 좋겠다', 4의 ことがある는 '~(한) 적이 있다'라는 의미의 문형임을 알아 둔다.

어휘 会社 かいしゃ 몡회사　課長 かちょう 몡과장(님)　まだ 凰아직
来る くる 툉오다　さっき 몡아까　電話 でんわ 몡전화
今日 きょう 몡오늘　たいちょう 몡몸 상태
悪い わるい い형좋지 않다, 나쁘다　心配 しんぱい 몡걱정
休む やすむ 툉쉬다　~そうだ ~라고 한다　~ようだ ~인 것 같다
~てほしい ~해 줬으면 좋겠다　~ことがある ~(한) 적이 있다

문제 2의 디렉션

문제2 ＿＿★＿＿ 에 들어갈 것은 어느 것입니까? 1·2·3·4에서 가장 알맞은 것을 하나 골라 주세요.

14 난이도 중상

다케우치 "이시다 씨는 노래방을 좋아합니까?"
이시다 　"다른 사람 앞에서 노래하는 것 ★이 부끄러워서, 별로 좋아하지 않습니다."

1 부끄러워　　　2 것
3 노래하는　　　**4 이**

해설 선택지 2의 の는 선택지 3의 歌う와 접속하여 歌うの(노래하는 것)라는 표현이 된다. 그러므로 선택지 3 歌う와 2 の를 우선 연결할 수 있다. 이후 나머지 선택지를 의미가 통하게 배열하면 3 歌う 2 の 4 が 1 はずかしい(노래하는 것이 부끄러워)가 된다. 전체 문맥과도 자연스럽게 연결되므로 4 が(이)가 정답이다.

어휘 カラオケ 영 노래방 好きだ すきだ な형 좋아하다
人 ひと 영 (다른) 사람 前 まえ 영 앞 ~ので 조 ~해서
あまり 별로 はずかしい い형 부끄럽다 の 영 것
歌う うたう 동 노래하다 ~が 조 ~이

15 난이도 중

이 가게에서는 메뉴를 <u>주문할 때에</u> ★<u>돈을</u> <u>지불하는</u> 것 같습니다.

1 지불하는   2 때에
3 돈을   4 주문할

해설 빈칸 뒤의 らしい(것 같다)는 동사 보통형과 접속할 수 있으므로 1 はらう(지불하다) 또는 4 注文する(주문하다)를 가장 마지막 빈칸에 배열하여 'はらうらしいです(지불하는 것 같습니다)' 혹은 '注文するらしいです(주문하는 것 같습니다)'를 만든다. 이후 나머지 선택지를 의미가 통하게 배열하면 4 注文する 2 ときに 3 お金を 1 はらう(주문할 때에 돈을 지불하는) 혹은 3 お金を 1 はらう 2 ときに 4 注文する(돈을 지불할 때에 주문하는)가 된다. '주문할 때에 돈을 지불하는'으로 배열하는 것이 전체 문맥과도 자연스럽게 연결되므로 3 お金を(돈을)가 정답이다.

어휘 店 みせ 영 가게 メニュー 영 메뉴 ~らしい ~것 같다
はらう 동 지불하다 とき 영 때 お金 おかね 영 돈
注文 ちゅうもん 영 주문

16 난이도 중상

수업에 <u>늦는다면</u> <u>선생님에게</u> ★<u>연락하는</u> 편이 좋다고 생각합니다.

1 늦는다면   **2 연락하는**
3 편이   4 선생님에게

해설 빈칸 뒤의 いい(좋다)는 선택지 2의 동사 た형과 선택지 3의 ほうが와 접속하여 ほうがいい(~하는 편이 좋다)라는 문형이 된다. 그러므로 선택지 2 れんらくした와 3 ほうが를 우선 연결한 후 마지막 빈칸에 배열하여 'れんらくしたほうがいい(연락하는 편이 좋다)'를 만든다. 이후 나머지 선택지를 의미가 통하게 배열하면 1 遅れるなら 4 先生に 2 れんらくした 3 ほうが(늦는다면 선생님에게 연락하는 편이)가 된다. 전체 문맥과도 자연스럽게 연결되므로 2 れんらくした(연락하는)가 정답이다.

어휘 授業 じゅぎょう 영 수업 ~ほうがいい ~하는 편이 좋다
思う おもう 동 생각하다 遅れる おくれる 동 늦다 ~なら ~하면
れんらく 영 연락 先生 せんせい 영 선생(님)

TIP ~なら(~(라)면) 뒤에는 조언이나 충고하는 내용이 올 수 있으므로, ~ほうがいい(~하는 편이 좋다), ~たらいい(~하면 된다), ~たらどう?(~하면 어때?)와 같은 조언이나 충고하는 표현이 있다면 ~なら 뒤로 배치한다.

17 난이도 중

스즈키 "취미로 카메라를 시작하고 싶은데, 뭔가 추천이 있습니까?"
가게 사람 "처음인 <u>사람이라도</u> <u>사용하기 편한</u> ★<u>이쪽의 카메라</u> <u>가</u> 추천입니다."

1 가   **2 이쪽의 카메라**
3 사용하기 편한   4 이라도

해설 빈칸 앞의 人는 명사이므로 조사와 접속할 수 있다. 그러므로 1 が(이) 또는 4 でも(이라도)를 첫 번째 빈칸에 넣어서 '人が(사람이)' 혹은 '人でも(사람이라도)'를 만든다. 이후 나머지 선택지들을 의미가 통하게 배열하면 1 が 3 使いやすい 2 こちらのカメラ 4 でも(이 사용하기 편한 이쪽의 카메라라도) 혹은 4 でも 3 使いやすい 2 こちらのカメラ 1 が(이라도 사용하기 편한 이쪽의 카메라가)가 된다. 빈칸 앞뒤를 보면 '사람이라도 사용하기 편한 이쪽의 카메라가 추천입니다.'로 연결하는 것이 전체 문맥과도 자연스럽게 연결되므로 2 こちらのカメラ(이쪽의 카메라)가 정답이다.

어휘 趣味 しゅみ 영 취미 カメラ 영 카메라 始める はじめる 동 시작하다
~たい ~하고 싶다 おすすめ 영 추천 ある 동 있다
店 みせ 영 가게 人 ひと 영 사람 初めて はじめて 부 처음
~が 조 ~가 こちら 영 이쪽 使う つかう 동 사용하다
~やすい ~하기 편하다 ~でも 조 ~라도

문제 3의 디렉션

문제3 [18] 부터 [21] 에 무엇을 넣습니까? 문장의 의미를 생각해서, 1·2·3·4 에서 가장 알맞은 것을 하나 골라 주세요.

18-21

아래의 글은, 유학생의 작문입니다.

등산

응우옌 테이 호아

저의 취미는 등산입니다. [18]한 달에 2, 3회 [18] 산에 오르고 있습니다. 하지만, 일본에 오기 전에는 오른 적이 없었습니다.

[19]어느 날, 일본인 친구에게 등산하러 가자고 권유받았습니다. 저는 운동을 잘 못해서 끝까지 오를 수 없을 거라고 생각했습니다만, 한번 [19].

[20]1시간 정도 오르니 [20] 지치기 시작했습니다. 하지만 그만두고 싶다고는 생각하지 않았습니다. 길 도중에 예쁜 꽃이나 경치를 볼 수 있어서 즐거웠기 때문입니다. 덕분에 마지막까지 오를 수 있었습니다.

그 뒤로 등산이 좋아졌습니다. [21]가는 계절이나 [21] 경치가 다른 점이 재미있습니다. 앞으로도 다양한 산에 오르고 싶습니다.

어휘 下した 圏아래 文章 ぶんしょう 圏글
　　 留学生 りゅうがくせい 圏유학생 作文 さくぶん 圏작문
　　 山登り やまのぼり 圏등산 しゅみ 圏취미
　　 ~か月 ~かげつ ~달, 개월 ~回 ~かい ~회 山 やま 산
　　 登る のぼる 동오르다 でも 하지만 日本 にほん 圏일본
　　 来る くる 오다 前 まえ 圏전, 앞 ~ことがある ~(한) 적이 있다
　　 日 ひ 圏날 日本人 にほんじん 圏일본인 ともだち 圏친구
　　 ~に行く ~にいく ~하러 가다 さそう 동권유하다
　　 運動 うんどう 圏운동 苦手だ にがてだ な형잘 못하다
　　 ~ので 조~해서 最後 さいご 圏끝 ~まで 조~까지
　　 ~ことができる ~(할) 수 있다 ~だろう ~일 것이다
　　 思う おもう 동생각하다 一度 いちど 圏한번
　　 ~時間 ~じかん ~시간 ~ぐらい ~정도 つかれる 동지치다
　　 しかし 접하지만 やめる 동그만두다 道 みち 圏길
　　 とちゅう 圏도중 きれいだ な형예쁘다 花 はな 圏꽃
　　 景色 けしき 圏경치 見る みる 동보다 楽しい たのしい い형즐겁다
　　 ~から 조~때문에 それから 접그 뒤로, 그리고
　　 好きだ すきだ な형좋아하다 行く いく 동가다 季節 きせつ 圏계절
　　 おもしろい い형재미있다 これから 앞으로 いろんな 다양한

18 난이도 상

1 에	2 의
3 와	**4 는**

해설 빈칸 앞에서 '한 달에 2, 3회'라고 하고, 빈칸 뒤에서 '산에 오르고 있습니다'라고 했으므로, 산에 오르는 횟수를 강조하는 의미를 나타내는 'は(는)'를 사용하는 것이 자연스럽다. 따라서 4 は(는)가 정답이다.

어휘 ~に 조~에 ~の 조~의 ~と 조~와 ~は 조~는

19 난이도 상

| **1 도전하기로 했습니다** |
| 2 도전하게 되어 있었습니다 |
| 3 도전한 지 얼마 되지 않았습니다 |
| 4 도전하기 쉽습니다 |

해설 빈칸 앞 문장에서 '어느 날, 일본인 친구에게 등산하러 가자고 권유받았습니다'라고 했으므로, 권유를 받고 어떤 결심을 했는지 나타내는 '~ことにする(~하기로 하다)'를 사용하는 것이 자연스럽다. 따라서 1 チャレンジすることにしました(도전하기로 했습니다)가 정답이다. 문형 ~ことになっている(~하게 되어 있다)는 어떤 규칙이나 규정을 지켜야 한다는 의미를 나타낼 때 사용하므로 2 チャレンジすることになっていました는 정답이 될 수 없다. 2의 ことになっている는 '~하게 되어 있다', 3의 ばかりだ는 '~(한)지 얼마 되지 않다', 4의 やすい는 '~하기 쉽다'라는 의미임을 알아 둔다.

어휘 チャレンジ 圏도전 ~ことにする ~하기로 하다
　　 ~ことになっている ~하게 되어 있다
　　 ~ばかりだ ~(한)지 얼마 되지 않다 ~やすい ~하기 쉽다

20 난이도 상

1 쭉	**2 점점**
3 조금도	4 일부러

해설 빈칸 앞에서 '1시간 정도 오르니'라고 하고, 빈칸 뒤에서 '지치기 시작했습니다'라고 했으므로, 시간의 흐름에 따른 변화를 나타내는 'だんだん(점점)'을 사용하는 것이 자연스럽다. 따라서 2 だんだん(점점)이 정답이다.

어휘 ずっと 뮈쭉 だんだん 뮈점점 ちっとも 뮈조금도
　　 わざわざ 뮈일부러

TIP 빈칸 뒤에 ~てくる(~해 오다), ~ていく(~해 가다), ~くなる(~해지다)와 같은 변화를 의미하는 표현이 있는 경우, だんだん(점점), しだいに(점차)와 같은 표현을 사용한 선택지가 정답일 가능성이 높다.

21 난이도 상

1 산에 대해	2 산에 따르면
3 산에 따라	4 산이 되어

해설 빈칸 앞에서 '가는 계절이나'라고 하고, 빈칸 뒤에서 '경치가 다른 점이 재미있습니다'라고 했으므로, 조건이나 상황을 나타내는 '~によって(~에 따라)'를 사용하는 것이 자연스럽다. 따라서 3 山によって(산에 따라)가 정답이다. 1 については는 '~에 대해', 2 によると는 '~에 따르면', 4의 になる는 '~이 되다'라는 의미임을 알아 둔다.

어휘 ~について ~에 대해 ~によると ~에 따르면
　　 ~によって ~에 따라 ~になる ~이 되다

독해 p.42

문제 4의 디렉션

문제4 다음의 (1)부터 (3)의 글을 읽고, 질문에 답해 주세요. 답은, 1·2·3·4에서 가장 알맞은 것을 하나 골라 주세요.

22 난이도 중

이케다 씨의 책상 위에, 이 메모와 교과서가 놓여 있습니다.

> 이케다 씨
> 　어제는 교과서를 빌려줘서, 감사했습니다. 빌린 교과서를 놓아두겠습니다.
> 　이케다 씨가 읽고 싶다고 말했었던 책을 가져왔으니, 그것도 함께 놓아두겠습니다. 그 밖에도 읽고 싶다고 말하고 있는 친구가 있으니, 책은 다음 주 중으로 돌려주세요.
> 　　　　　　　　　　　　　　　　　　　오타

이케다 씨는, 다음 주, 무엇을 하지 않으면 안 됩니까?
1 오타 씨에게 교과서를 빌려줍니다.
2 오타 씨에게 교과서를 돌려줍니다.
3 오타 씨에게 책을 빌려줍니다.
4 오타 씨에게 책을 돌려줍니다.

해설 지문의 후반부에서 本は来週中に返してください(책은 다음 주 중으로 돌려주세요)라고 언급하고 있으므로 4 太田さんに本を返します(오타 씨에게 책을 돌려줍니다)가 정답이다. 1은 어제 한 일이고, 2는 오타 씨가 이케다 씨에게 교과서를 돌려준 것이며, 3은 오타 씨가 이케다 씨에게 빌려주는 것이므로 오답이다.

어휘 机 つくえ 몡 책상　上 うえ 몡 위　メモ 몡 메모
教科書 きょうかしょ 몡 교과서　置く おく 동 놓다
~てある ~해져 있다　昨日 きのう 몡 어제　貸す かす 동 빌려주다
~てくれる (나에게) ~해 주다　借りる かりる 동 빌리다
~ておく ~해 두다　読む よむ 동 읽다　言う いう 동 말하다
本 ほん 몡 책　持つ もつ 동 가지다　~ので 죄 ~으니
一緒に いっしょに 뮈 함께　他にも ほかにも 그 밖에도
友達 ともだち 몡 친구　来週 らいしゅう 몡 다음 주　~中 ~ちゅう ~중
返す かえす 동 돌려주다　~てください ~해 주세요

23 난이도 중

> 저는 <u>최근 자주 방 청소를 합니다</u>. 청소를 해서 더러웠던 방이 깨끗해지는 것을 보면, 기분이 상쾌해집니다. 옛날에는 청소를 하지 않아, 어머니에게 꾸중을 들었습니다. 하지만, 지금은 아무 말도 듣지 않고도 하게 되었습니다. 청소를 하면 건강에 좋다고 알게 되었기 때문입니다. 어느 텔레비전 프로그램에서, 방이 더러우면 방 안의 공기가 나빠져, 건강에 좋지 않다고 말하고 있었습니다. 그것을 보고 나서, 청소를 하도록 하고 있습니다. 앞으로도 계속할 예정입니다.

<u>최근 자주 방 청소를 합니다</u>라고 되어 있습니다만, 왜입니까?
1 청소를 하지 않으면, 방이 금방 더러워지기 때문에
2 청소를 하면, 마음이 차분해지기 때문에
3 청소를 하는 편이 좋다고 어머니에게 들었기 때문에
4 청소를 하지 않는 것은 건강에 좋지 않다고 알게 되었기 때문에

해설 지문의 후반부에서 あるテレビ番組で、部屋が汚いと部屋の中の空気が悪くなり、健康によくないと言っていました。それを見てから、そうじをするようにしています(어느 텔레비전 프로그램에서, 방이 더러우면 방 안의 공기가 나빠져, 건강에 좋지 않다고 말하고 있었습니다. 그것을 보고 나서, 청소를 하도록 하고 있습니다)라고 언급하고 있으므로 4 そうじをしないのは健康によくないと知ったから(청소를 하지 않는 것은 건강에 좋지 않다고 알게 되었기 때문에)가 정답이다.

어휘 最近 さいきん 몡 최근　よく 뮈 자주　部屋 へや 몡 방
そうじ 몡 청소　汚い きたない い형 더럽다　きれいだ な형 깨끗하다
見る みる 동 보다　気持ち きもち 몡 기분　すっきり 뮈 상쾌하게
昔 むかし 몡 옛날　~ず ~하지 않아　母 はは 몡 어머니
しかる 동 꾸중하다　でも 죕 하지만　今 いま 몡 지금
言う いう 동 말하다　~ようになる ~하게 되다
健康 けんこう 몡 건강　知る しる 동 알게 되다, 깨닫다
~から 죄 ~때문에　テレビ 몡 텔레비전　番組 ばんぐみ 몡 프로그램
中 なか 몡 안, 속　空気 くうき 몡 공기　悪い わるい い형 나쁘다
よい い형 좋다　~てから ~하고 나서　これから 앞으로
続ける つづける 동 계속하다　~つもりだ ~(할) 예정이다
すぐに 뮈 금방　心 こころ 몡 마음　落ち着く おちつく 동 차분해지다
~ほうがいい ~하는 편이 좋다

TIP ~ようにしている(~하도록 하고 있다)나 ~と思う(~라고 생각하다)와 같은 표현이 사용된 문장은 필자의 생각을 드러내고 있을 가능성이 높으므로 특히 꼼꼼히 읽고 해석한다.

24 난이도 중

(회사에서)

이것은 야마모토 씨로부터 우에노 씨에게 도착한 이메일입니다.

> 우에노 씨
> 　오늘은 몸 상태가 좋지 않아서 쉬겠습니다. 죄송합니다만, 대신에 세미나 준비를 부탁합니다. 세미나에 참가하는 사람 30인분의 음료를 회사 근처의 슈퍼에서 사 둬 주세요. 도시락은 이미 예약되어 있습니다. 세미나에서 사용할 자료는, 고치고 싶은 것이 있기 때문에, 아직 복사하지 않아도 됩니다. 내일 제가 회사에 가서 준비하겠습니다. 그럼, 잘 부탁합니다.
> 　　　　　　　　　　　　　　　　　　　야마모토

이 이메일을 읽고, 우에노 씨는 무엇을 하지 않으면 안 됩니까?

1 음료를 30인분 삽니다.
2 도시락을 30인분 예약합니다.
3 세미나에서 사용할 자료를 고칩니다.
4 세미나에서 사용할 자료를 복사합니다.

해설 지문의 중반부에서 セミナーに参加する人30人分の飲み物を会社の近くのスーパーで買っておいてください(세미나에 참가하는 사람 30인분의 음료를 회사 근처의 슈퍼에서 사 둬 주세요)라고 언급하고 있으므로 1 飲み物を30人分買います(음료를 30인분 삽니다)가 정답이다. 2는 이미 예약되어 있다고 했고, 3, 4는 내일 야마모토 씨가 하겠다고 했으므로 오답이다.

어휘 会社 かいしゃ 명 회사 ~から 조 ~로부터
届く とどく 동 (편지, 물건이) 도착하다 メール 명 이메일
今日 きょう 명 오늘 体調 たいちょう 명 몸 상태
悪い わるい い형 좋지 않다 休む やすむ 동 쉬다
代わり かわり 명 대신 セミナー 명 세미나 準備 じゅんび 명 준비
参加 さんか 명 참가 ~人分 ~にんぶん ~인분
飲み物 のみもの 명 음료 近く ちかく 명 근처 スーパー 명 슈퍼
買う かう 동 사다 ~ておく ~해 두다 ~てください ~해 주세요
弁当 べんとう 명 도시락 もう 부 이미 予約 よやく 명 예약
~てある ~되어 있다 使う つかう 동 사용하다 資料 しりょう 명 자료
なおす 동 고치다 ~ので 조 ~때문에 まだ 부 아직
コピー 명 복사 明日 あした 명 내일 行く いく 동 가다
では 접 그럼

문제 5의 디렉션

문제 5 다음의 글을 읽고, 질문에 답해 주세요. 답은, 1·2·3·4 에서 가장 알맞은 것을 하나 골라 주세요.

25-27

제가 유학하고 있는 대학에서는, 유학생에게 일본어를 가르치거나, 일본에서의 생활을 도와주거나 해 주는 자원봉사 학생이 있습니다. 저를 담당해 주고 있는 것은, 2학년인 기무라 씨입니다. 처음에는 매우 <u>불안했습니다</u>. [25]일본어를 그다지 할 수 없었기 때문입니다.

4월에 기무라 씨와 처음으로 만났습니다. 그 날부터, 매주 자원봉사 날에 만나서, 일본어나 일본 생활에 대해 여러 가지 가르쳐 받았습니다. 어려운 일본어를 사용하는 은행이나 병원 등에 함께 가 주거나, 수업의 숙제를 봐 주기도 했습니다.

5월 무렵이 되자, 사이가 좋아졌습니다. 자원봉사 날 이외에도 만나서, [26]둘이 좋아하는 스포츠 이야기를 하게 되었습니다. 기무라 씨는 야구를 좋아한다고 합니다. 어느 날, [26]기무라 씨에게 권유받아서 야구 시합을 보러 갔습니다. 우리나라에서는, 야구가 그렇게 인기 있지 않습니다. 저도 잘 몰랐기 때문에, 기무라 씨가 규칙이나 선수에 대해 가르쳐 주면서 봤습니다. 기무라 씨 덕분에 즐겁게 볼 수 있었습니다.

[27]기무라 씨는, 일본어 이외에도, 일본에 대해 여러 가지 가르쳐 주고 있습니다. 하지만, 저는 우리나라에 대해 기무라 씨에게 그다지 이야기한 적이 없습니다. 다음은 제가 (　　　) 니다.

어휘 留学 りゅうがく 명 유학 大学 だいがく 명 대학
留学生 りゅうがくせい 명 유학생 日本語 にほんご 명 일본어
教える おしえる 동 가르치다
~たり~たりする ~하거나 ~하거나 하다 日本 にほん 명 일본
生活 せいかつ 명 생활 手伝う てつだう 동 도와주다, 돕다
~てくれる (나에게) ~해 주다 ボランティア 명 자원봉사
学生 がくせい 명 학생 担当 たんとう 명 담당
~年生 ~ねんせい ~학년 最初 さいしょ 명 처음 とても 부 매우
不安だ ふあんだ な형 불안하다 あまり 부 그다지
~から 조 ~때문에 ~月 ~がつ ~월 初めて はじめて 부 처음으로
~から 조 ~부터 毎週 まいしゅう 명 매주 日 ひ 명 날
~について ~에 대해 いろいろ 부 여러 가지
~てもらう ~해 받다 難しい むずかしい い형 어렵다
使う つかう 동 사용하다 銀行 ぎんこう 명 은행
病院 びょういん 명 병원 ~など ~등 一緒に いっしょに 부 함께
行く いく 동 가다 授業 じゅぎょう 명 수업 宿題 しゅくだい 명 숙제
見る みる 동 보다 ごろ 명 무렵
仲良くなる なかよくなる 사이가 좋아지다 以外 いがい 명 이외
好きだ すきだ な형 좋다 スポーツ 명 스포츠 話 はなし 명 이야기
~ようになる ~하게 되다 野球 やきゅう 명 야구
~そうだ ~라고 한다 さそう 동 권유하다 試合 しあい 명 시합
~に行く ~にいく ~하러 가다 国 くに 명 나라
人気 にんき 명 인기 よく 부 잘 知る しる 동 알다
~ので 조 ~때문에 ルール 명 규칙 選手 せんしゅ 명 선수
~ながら ~하면서 ~おかげで ~덕분에
楽しい たのしい い형 즐겁다 しかし 접 하지만
自分の国 じぶんのくに 우리나라, 자신의 나라
話す はなす 동 이야기하다 ~ことがない ~(한) 적이 없다
次 つぎ 명 다음

---

25 난이도 중상

왜 불안했습니까?

1 일본에 처음으로 왔기 때문에
2 기무라 씨와 처음으로 만나기 때문에
3 일본어를 잘하지 않기 때문에
4 일본에 대해 그다지 몰랐기 때문에

해설 밑줄의 뒷문장에서 日本語があまりできなかったからです(일본어를 그다지 할 수 없었기 때문입니다)라고 언급하고 있으므로, 3 日本語が得意ではなかったから(일본어를 잘하지 않기 때문에)가 정답이다.

어휘 得意だ とくいだ な형 잘하다

> **TIP** 4번 선택지의 日本(일본), あまり(그다지)와 같이 본문에 쓰인 단어 및 어구가 오답 선택지에 그대로 사용되어 혼동을 주기도 한다. 따라서, 각 선택지를 정확하게 읽고 정답의 단서가 되는 내용과 정확히 일치하는 것을 정답으로 고른다.

26 난이도 중상

기무라 씨와 사이가 좋아지고 나서, 무엇을 했습니까?
1 기무라 씨가 매주 자원봉사가 있다고 가르쳐 주었습니다.
2 기무라 씨와 함께 은행에 가거나, 숙제를 하거나 했습니다.
3 기무라 씨와 스포츠 이야기를 하거나, 함께 시합을 보러 가거나 했습니다.
4 기무라 씨에게 우리나라에 대해 가르쳐 주었습니다.

해설 세 번째 단락에서 二人が好きなスポーツの話をするようになりました(둘이 좋아하는 스포츠 이야기를 하게 되었습니다)라고 언급하고 있고, 木村さんにさそわれて野球の試合を見に行きました(기무라 씨에게 권유받아서 야구 시합을 보러 갔습니다)라고 언급하고 있으므로, 3 木村さんとスポーツの話をしたり、一緒に試合を見に行ったりしました(기무라 씨와 스포츠 이야기를 하거나, 함께 시합을 보러 가거나 했습니다)가 정답이다.

어휘 ~てから ~하고 나서 ~てあげる (남에게) ~해 주다

27 난이도 중상

(   ) 에 넣을 것으로, 가장 알맞은 문장은 어느 것입니까?
1 숙제를 가르쳐 받고 싶습
2 야구에 대해 가르쳐 주고 싶습
3 일본어를 가르쳐 받고 싶습
4 우리나라에 대해 가르쳐 주고 싶습

해설 빈칸 앞부분에서 木村さんは、日本語以外にも、日本についていろいろ教えてくれています。しかし、私は自分の国について木村さんにあまり話したことがありません(기무라 씨는, 일본어 이외에도, 일본에 대해 여러 가지 가르쳐 주고 있습니다. 하지만, 저는 우리나라에 대해 기무라 씨에게 그다지 이야기한 적이 없습니다)을 보면, 私の国について教えてあげたいです(우리나라에 대해 가르쳐 주고 싶습니다)가 문맥상 가장 자연스럽다. 따라서 4 私の国について教えてあげたい(우리나라에 대해 가르쳐 주고 싶습)가 정답이다.

문제 6의 디렉션

문제 6 오른쪽 페이지의 안내를 보고, 아래의 질문에 답해 주세요. 답은, 1·2·3·4에서, 가장 알맞은 것을 하나 골라 주세요.

28-29

첫 요리 교실

이케야마 시 지역 센터에서는, 맛있는 요리를 배울 수 있는 요리 교실을 열고 있습니다. 처음인 사람도 꼭 참가해 주세요.

9월과 10월 예정

교실의 이름 (요금)	월·일	시간
①일본 요리 교실 ([28]500엔) 튀김과 된장국을 만들어 먹습니다.	[28]9/3(토)	[28]10시~13시
②고향 요리 교실 ([28]500엔) 이 지역에서 옛날부터 먹고 있는 전골 요리를 만들어 먹습니다.	[28][29]9/11(일)	14시~17시
③이탈리아 요리 교실 (800엔) 이탈리아의 요리 스파게티를 만들어 먹습니다.	[28]9/24(토)	10시~13시
④빵 교실 (800엔) 맛있는 빵과, 딸기 잼을 만듭니다.	[29]10/9(일)	13시~15시
⑤디저트 교실 (1000엔) 달콤한 사과를 사용한 케이크를 만듭니다.	10/22(토)	10시~12시

※ [29]④⑤는, 만든 것을 가지고 돌아갈 수 있습니다.

● 9월의 교실에 참가하고 싶은 사람은 8월 31일(수)까지, [29]10월의 교실에 참가하고 싶은 사람은 9월 30일(금)까지 신청해 주세요.
● [29]요금은, 교실 당일, 스태프에게 지불해 주세요.
● 취소는, 교실의 전날까지 전화로 알려 주세요.

이케야마 시 지역 센터 전화 : 0410-33-1218

어휘 初めて はじめて [부]첫, 처음 料理 りょうり [명]요리
教室 きょうしつ [명]교실 市 し [명]시(행정구역) 地域 ちいき [명]지역
センター [명]센터 おいしい [い형]맛있다 学ぶ まなぶ [동]배우다
開く ひらく [동]열다 ぜひ [부]꼭 参加 さんか [명]참가
~てください ~해 주세요 ~月 ~がつ ~월 予定 よてい [명]예정
名前 なまえ [명]이름 料金 りょうきん [명]요금
円 えん [명]엔(일본의 화폐 단위) 時間 じかん [명]시간 ~時 ~じ ~시
日本 にほん [명]일본 天ぷら てんぷら [명]튀김 みそしる [명]된장국
作る つくる [동]만들다 食べる たべる [동]먹다 ふるさと [명]고향
昔 むかし [명]옛날 ~から ~부터
なべ料理 なべりょうり [명]전골 요리 イタリア [명]이탈리아
スパゲッティ [명]스파게티 パン [명]빵 おいしい [い형]맛있다
いちご [명]딸기 ジャム [명]잼 デザート [명]디저트
あまい [い형]달콤하다 りんご [명]사과 使う つかう [동]사용하다
ケーキ [명]케이크 持つ もつ [동]가지다, 들다
帰る かえる [동]돌아가다 ~まで ~까지 ~までに ~까지
申し込む もうしこむ [동]신청하다 当日 とうじつ [명]당일
スタッフ [명]스태프 支払う しはらう [동]지불하다
キャンセル [명]취소 前 まえ [명]전, 앞 日 ひ [명]날
電話 でんわ [명]전화 知らせる しらせる [동]알리다

28 난이도 중상

지나 씨는, '첫 요리 교실'에 참가하려고 생각하고 있습니다. 9월에 시행되는 것으로, 요금은 500엔 이하가 좋습니다. 또, 끝나는 시간이 15시보다 늦는 것에는 갈 수 없습니다. 지나 씨가 고를 수 있는 것은 어느 것입니까?

1 ①
2 ②
3 ③
4 ④

해설 질문에서 제시된 조건 (1) 9月に行われるもの(9월에 시행되는 것), (2) 料金は500円以下(요금은 500엔 이하), (3) 終わる時間が15時より遅いものには行けません(끝나는 시간이 15시보다 늦는 것에는 갈 수 없습니다)에 따라 지문을 보면
(1) 9월에 시행되는 것 : 9月と10月の予定(9월과 10월 예정) 표의 月・日(월・일)을 보면 9월에 시행되는 것은 ①, ②, ③이다.
(2) 요금은 500엔 이하 : 料金(요금)을 보면 ①, ②, ③ 중에서 요금이 500엔 이하인 것은 ①, ②이다.
(3) 끝나는 시간이 15시보다 늦는 것에는 갈 수 없습니다 : 時間(시간)을 보면 끝나는 시간이 15시 이전인 것은 ①이다.
따라서, 1 ①이 정답이다.

어휘 思う おもう 동 생각하다   行う おこなう 동 시행하다
以下 いか 명 이하   また 부 또   終わる おわる 동 끝나다
~より 조 ~보다   遅い おそい い형 늦다   行く いく 동 가다
選ぶ えらぶ 동 고르다

29 난이도 상

로라 씨는 '첫 요리 교실'에 참가하고 싶다고 생각하고 있습니다. 일요일에 진행되는 것으로, 만든 요리를 가지고 돌아갈 수 있는 것이 좋습니다. 로라 씨가 고를 수 있는 것으로 신청할 때, 어떻게 하지 않으면 안 됩니까?

1 8월 31일까지 신청하고, 돈은 9월 3일에 지불합니다.
2 8월 31일까지 신청하고, 돈은 9월 11일에 지불합니다.
3 9월 30일까지 신청하고, 돈은 10월 9일에 지불합니다.
4 9월 30일까지 신청하고, 돈은 10월 22일에 지불합니다.

해설 질문에서 제시된 조건 (1) 日曜日に行われるもの(일요일에 진행되는 것), (2) 作った料理を持って帰れるもの(만든 요리를 가지고 돌아갈 수 있는 것)에 따라 지문을 보면
(1) 일요일에 진행되는 것 : 9月と10月の予定(9월과 10월 예정) 표의 月・日(월・일)을 보면 일요일에 진행되는 것은 ②, ④이다.
(2) 만든 요리를 가지고 돌아갈 수 있는 것 : 표 아래의 ※의 내용을 보면 ④⑤는, 作ったものを持って帰ることができます(④⑤는, 만든 것을 가지고 돌아갈 수 있습니다)라고 언급하고 있으므로 ②, ④ 중에서 가지고 돌아갈 수 있는 것은 ④이다.
표의 아랫부분을 보면 10月の教室に参加したい人は9月30日(金)までにお申し込みください(10월의 교실에 참가하고 싶은 사람은 9월 30일(금)까지 신청해 주세요)라고 언급하고 있고, 料金は、教室の当日、スタッフへお支払いください(요금은, 교실 당일, 스태프에게 지불해 주세요)라고 언급하고 있다. ④를 신청하기 위해서는 9월 30일(금)까지 신청하고, ④가 열리는 당일인 10월 9일(일)에 돈을 지불해야 한다. 따라서 3 9月30日までに申し込んで、お金は10月9日に支払います(9월 30일까지 신청하고, 돈은 10월 9일에 지불합니다)가 정답이다.

어휘 日曜日 にちようび 명 일요일   とき 명 때   ~日 ~にち ~일
お金 おかね 명 돈

TIP ※, *와 같은 기호가 있는 주의 사항이나 부연 설명 등을 기재한 부분에 정답의 단서가 포함되어 있을 가능성이 크므로 특히 꼼꼼히 읽고 해석한다.

청해 p.53

문항별 분할 파일 바로 듣기

☞ 문제 1의 디렉션과 예제를 들려줄 때 1번부터 8번까지의 문제의 선택지를 미리 읽고 내용을 재빨리 파악해 둡니다. 음성에서 では、始めます(그러면, 시작합니다)가 들리면, 곧바로 문제 풀 준비를 합니다.

문제 1의 디렉션과 예제

もんだい1では、まずしつもんを聞いてください。それから話を聞いて、もんだいようしの1から4の中から、いちばんいいものを一つえらんでください。では練習しましょう。

女の人が男の人に電話をしています。女の人は何を買って帰りますか。

女: これから帰るけど、晩ご飯買って帰ろうか。
男: あ、ありがとう。
女: 何が食べたい?
男: カレーはどう?
女: カレーはこの間食べたばかりじゃない。
男: じゃあ、ピザは?
女: それいいね。飲み物も買って帰るね。

女の人は何を買って帰りますか。

いちばんいいものは４ばんです。解答用紙のもんだい１のれいのところを見てください。いちばんいいものは４ばんですから、答えはこのように書きます。では、始めます。
1 カレーだけ
2 ピザだけ
3 カレーと のみもの
4 ピザと のみもの

해석 문제 1에서는, 먼저 질문을 들어 주세요. 그리고 이야기를 듣고, 문제 용지의 1부터 4 중에서, 가장 알맞은 것을 하나 골라 주세요. 그러면 연습해 봅시다.

여자가 남자에게 전화를 하고 있습니다. 여자는 무엇을 사서 돌아갑니까?
여: 지금부터 돌아가는데, 저녁 사서 돌아갈까?
남: 아, 고마워.
여: 뭐가 먹고 싶어?
남: 카레는 어때?
여: 카레는 얼마 전에 먹은 참이잖아.
남: 그러면, **피자는?**
여: **그거 좋네. 마실 것도 사서 돌아갈게.**
여자는 무엇을 사서 돌아갑니까?

가장 알맞은 것은 4번입니다. 정답 용지의 문제 1의 예시 부분을 봐 주세요. 가장 알맞은 것은 4번이기 때문에, 정답은 이와 같이 표시합니다. 그러면, 시작합니다.
1 카레만
2 피자만
3 카레와 마실 것
4 피자와 마실 것

1 난이도 중

[음성]
先生が話しています。学生は明日、何時にどこに集まらなければなりませんか。
女：えー、明日は遠足ですね。朝10時までに来てください。いつもは９時ですから時間が違いますよ。そして、教室ではなく玄関の前に集まります。いいですか。全員集まらないと出発できないので、遅れないようにしてください。
学生は明日、何時にどこに集まらなければなりませんか。

[문제지]
1 9時に きょうしつ
2 10時に きょうしつ

3 9時に げんかんの 前
4 10時に げんかんの 前

해석 선생님이 이야기하고 있습니다. 학생은 내일, 몇 시에 어디로 모이지 않으면 안 됩니까?

여: 음, 내일은 소풍이지요. 아침 10시까지 와 주세요. 평소는 9시니까 시간이 달라요. 그리고, 교실이 아니라 현관 앞에 모입니다. 괜찮나요? 전원 모이지 않으면 출발할 수 없으니까, 늦지 않도록 해 주세요.

학생은 내일, 몇 시에 어디로 모이지 않으면 안 됩니까?
1 9시에 교실
2 10시에 교실
3 9시에 현관 앞
4 10시에 현관 앞

해설 선생님이 朝10時までに来てください(아침 10시까지 와 주세요)라고 한 후 教室ではなく玄関の前に集まります(교실이 아니라 현관 앞에 모입니다)라고 했으므로, 4 10時にげんかんの前(10시에 현관 앞)가 정답이다. 1, 2는 교실이 아니라 현관 앞에서 모인다고 했고, 3은 9시가 아니라 10시에 모인다고 했으므로 오답이다.

어휘 先生 せんせい 뗑 선생(님)　学生 がくせい 뗑 학생
明日 あした 뗑 내일　～時 ～じ ~시　どこ 뗑 어디
集まる あつまる 통 모이다　遠足 えんそく 뗑 소풍　朝 あさ 뗑 아침
～までに ~까지　来る くる 통 오다　～てください ~해 주세요
いつも 뗑 평소　～から 조 ~니까　時間 じかん 뗑 시간
違う ちがう 통 다르다　そして 접 그리고　教室 きょうしつ 뗑 교실
玄関 げんかん 뗑 현관　前 まえ 뗑 앞　全員 ぜんいん 뗑 전원
出発 しゅっぱつ 뗑 출발　～ので 조 ~니까　遅れる おくれる 통 늦다
～ようにする ~하도록 하다

2 난이도 중

[음성]
家で男の人と女の人が話しています。二人は部屋をどのように飾りますか。
男：高島さんの誕生日のケーキ、買って来たよ。
女：ありがとう。私も壁に「誕生日おめでとう」のメッセージと風船を飾ってみたんだけど、どうかな。
男：うーん、きれいだとは思うんだけど、メッセージの上の風船で文字がちょっと見えにくいから、下だけに飾るのはどう？
女：それは少し変じゃない？じゃあ、メッセージだけにする？
男：それはそれで寂しいと思うなあ。メッセージの横に飾るのはどう？
女：うん、いいかもしれない。じゃあ、そうしようか。
二人は部屋をどのように飾りますか。

[문제지]

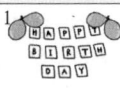

해석 집에서 남자와 여자가 이야기하고 있습니다. 두 사람은 방을 어떻게 장식합니까?

남: 다카시마 씨의 생일 케이크, 사 왔어.
여: 고마워. 나도 벽에 '생일 축하해'라는 메시지와 풍선을 장식해 봤는데, 어떨까?
남: 음, 예쁘다고는 생각하는데, 메시지 위의 풍선 때문에 글자가 좀 잘 안 보이니까, 밑에만 장식하는 건 어때?
여: 그건 좀 이상하지 않아? 그럼, 메시지만으로 할까?
남: 그건 그거대로 허전하다고 생각해. 메시지 옆에 장식하는 건 어때?
여: 응, 좋을지도 몰라. 그럼, 그렇게 할까?

두 사람은 방을 어떻게 장식합니까?

해설 남자가 メッセージの横に飾るのはどう(메시지 옆에 장식하는 건 어때)라고 하자, 여자가 うん、いいかもしれない。じゃあ、そうしようか(응, 좋을지도 몰라. 그럼, 그렇게 할까)라고 했으므로, 생일 메시지 옆에 풍선을 장식한 4가 정답이다. 1은 메시지가 안 보여서 안 될 것 같다고 했고, 2는 조금 이상하다고 했으며, 3은 허전하다고 했으므로 오답이다.

어휘 家 いえ 몡 집 二人 ふたり 몡 두 사람 部屋 へや 몡 방
どのように 튀 어떻게 飾る かざる 통 장식하다
誕生日 たんじょうび 몡 생일 ケーキ 몡 케이크 買う かう 통 사다
~て来る ~てくる 해 오다 壁 かべ 몡 벽 メッセージ 몡 메시지
風船 ふうせん 몡 풍선 ~てみる ~해 보다 ~けど 조 ~하는데
きれいだ 형 예쁘다 思う おもう 통 생각하다 上 うえ 몡 위
文字 もじ 몡 글자 ちょっと 튀 좀 見える みえる 통 보이다
~にくい 잘 안 ~하다 下 した 몡 밑 ~だけ 조 ~에만
それ 몡 그거 変だ へんだ 형 이상하다 じゃあ 접 그럼
寂しい さびしい 형 허전하다 横 よこ 몡 옆 いい 형 좋다
・~かもしれない ~할지도 모른다

TIP ~どう?(~어때?)와 같이 의견을 제시하는 표현이 나오면 다음 사람의 말을 주의 깊게 듣고 해당 행동을 하는지 안 하는지 판단해 선택지를 고르거나 소거한다.

3 난이도 중상

[음성]

駅で女の人と駅員が話しています。女の人はこのあとどのボタンを押しますか。

女: すみません。インターネットで予約した特急のきっぷを受け取りたいんですが。
男: はい。あちらの機械でできますよ。
女: あ、さっきしてみたんですが、機械の使い方が分からなくて。
男: 予約した特急のきっぷを受け取るときは、青いボタンを押してください。
女: 分かりました。あ、あと、白は普通電車のきっぷを買うボタンですか。
男: そうです。割引きっぷを買うときは黒いボタンで、赤いボタンを押したら、最初の画面に戻ります。
女: そうですか。どうもありがとうございました。

女の人はこのあとどのボタンを押しますか。

[문제지]

1 あお
2 しろ
3 くろ
4 あか

해석 역에서 여자와 역무원이 이야기하고 있습니다. 여자는 이후 어느 버튼을 누릅니까?

여: 실례합니다. 인터넷에서 예약한 특급 표를 받고 싶은데요.
남: 네. 저쪽의 기계에서 할 수 있습니다.
여: 아, 아까 해 봤는데요, 기계 사용법을 몰라서.
남: 예약한 특급 표를 받을 때는, 파란 버튼을 눌러 주세요.
여: 알겠습니다. 아, 그리고, 하양은 보통 전철의 표를 사는 버튼인가요?
남: 그렇습니다. 할인 표를 살 때는 검은 버튼이고, 빨간 버튼을 누르면, 처음 화면으로 돌아옵니다.
여: 그런가요. 정말 감사했습니다.

여자는 이후 어느 버튼을 누릅니까?

1 파랑
2 하양
3 검정
4 빨강

해설 여자의 インターネットで予約した特急のきっぷを受け取りたいんですが(인터넷에서 예약한 특급 표를 받고 싶은데요)라는 말에 역무원이 予約した特急のきっぷを受け取るときは、青いボタンを押してください(예약한 특급 표를 받을 때는, 파란 버튼을 눌러 주세요)라고 했으므로, 1 あお(파랑)가 정답이다. 2는 보통 전철의 표를 사는 버튼이고, 3은 할인 표를 살 때 누르는 버튼이며, 4는 처음 화면으로 돌아오는 버튼이므로 오답이다.

어휘 駅 えき 몡 역 駅員 えきいん 몡 역무원 ボタン 몡 버튼
押す おす 통 누르다 インターネット 몡 인터넷 予約 よやく 몡 예약
特急 とっきゅう 몡 특급 きっぷ 몡 표 受け取る うけとる 통 받다
機械 きかい 몡 기계 さっき 튀 아까 使い方 つかいかた 몡 사용법
分かる わかる 통 알다, 이해하다 とき 몡 때
青い あおい 형 파랗다 ~てください ~해 주세요 あと 그리고

白 しろ 명 하양	普通 ふつう 명 보통	電車 でんしゃ 명 전철
買う かう 동 사다	割引 わりびき 명 할인	黒い くろい い형 검다
赤い あかい い형 빨갛다	~たら ~하면	最初 さいしょ 명 처음
画面 がめん 명 화면	戻る もどる 동 돌아오다	あお 명 파랑
くろ 명 검정	あか 명 빨강	

親子 おやこ 명 가족, 부모와 자식	マラソン 명 마라톤
参加 さんか 명 참가	~てくださる ~해 주시다
全員 ぜんいん 명 전원	記念 きねん 명 기념 ボールペン 명 볼펜
タオル 명 수건	差し上げる さしあげる 동 드리다(あげる의 존경어)
また 접 또 スタート 명 스타트	場所 ばしょ 명 장소 ゴール 명 골
両方 りょうほう 명 양쪽 商品 しょうひん 명 상품	Tシャツ 명 티셔츠
帽子 ぼうし 명 모자 ~など ~등	売る うる 동 팔다
~ので 조 ~므로 気になる きになる 궁금하다, 신경 쓰이다	
方 かた 명 분 では 접 그럼 みなさん 여러분	
最後 さいご 명 마지막 ~まで 조 ~까지	
諦める あきらめる 동 포기하다 ~ずに ~하지 말고	
走る はしる 동 달리다 ~てください ~해 주세요	

4 난이도 상

[음성]

大会の係りの人が話しています。参加者は何をもらいますか。

男：今日は親子マラソンに参加してくださってありがとうございます。参加者全員に、記念のボールペンとタオルを差し上げます。また、スタート場所とゴール場所の両方で、大会の記念商品であるTシャツや帽子などを売っていますので、気になる方はどうぞ。では、みなさん、最後まで諦めずに走ってください。

参加者は何をもらいますか。

[문제지]

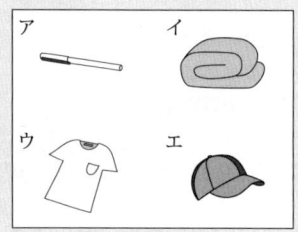

1　アイ
2　アウ
3　イエ
4　ウエ

해석 대회의 관계자가 이야기하고 있습니다. 참가자는 무엇을 받습니까?

남: 오늘은 가족 마라톤에 참가해 주셔서 감사합니다. 참가자 전원에게, 기념 볼펜과 수건을 드립니다. 또, 스타트 장소와 골 장소 양쪽에서, 대회의 기념 상품인 티셔츠나 모자 등을 팔고 있으므로, 궁금한 분은 부디. 그럼, 여러분, 마지막까지 포기하지 말고 달려 주세요.

참가자는 무엇을 받습니까?

해설 관계자가 参加者全員に、記念のボールペンとタオルを差し上げます(참가자 전원에게, 기념 볼펜과 수건을 드립니다)라고 했으므로, 볼펜 그림인 ア와 수건 그림인 イ로 구성된 1이 정답이다. 그림 ウ의 티셔츠와 그림 エ의 모자는 파는 상품이라고 했으므로 오답이다.

어휘 大会 たいかい 명 대회 係り かかり 명 관계자
　　 参加者 さんかしゃ 명 참가자 もらう 동 받다 今日 きょう 명 오늘

5 난이도 중

[음성]

スーパーで店長と女の店員が話しています。女の店員はこれから何をしなければなりませんか。

男：石田さん、今日は7時までだよね？そろそろ7時になるから、ごみは僕が代わりに捨てておくよ。

女：すみません、お願いします。

男：うん。じゃあ、あそこにある商品を並べおわったら、帰っていいよ。

女：はい。

男：あ、店の中の掃除はしてくれたんだよね？

女：はい、しました。トイレの掃除も終わりました。

男：ありがとう。ごくろうさま。

女の店員はこれから何をしなければなりませんか。

[문제지]

1 　　2

3 　　4

해석 슈퍼에서 점장과 여자 점원이 이야기하고 있습니다. 여자 점원은 이제부터 무엇을 하지 않으면 안 됩니까?

남: 이시다 씨, 오늘은 7시까지지? 슬슬 7시가 되니까, 쓰레기는 내가 대신 버려 둘게.

여: 고맙습니다, 부탁드리겠습니다.

남: 응. 그럼, 저기에 있는 상품을 다 진열하면, 돌아가도 돼.

여: 네.

남: 아, 가게 안 청소는 해 주었지?

여: 네, 했습니다. 화장실 청소도 끝났습니다.

남: 고마워. 수고했어.

여자 점원은 이제부터 무엇을 하지 않으면 안 됩니까?

해설 店長が じゃあ、あそこにある商品を 並べおわったら、帰って いいよ(그럼, 저기에 있는 상품을 다 진열하면, 돌아가도 돼)라고 했으므로, 상품을 진열하는 그림인 2가 정답이다. 1은 점장이 한다고 했고, 3, 4는 여자 점원이 이미 한 일이라고 했으므로 오답이다.

어휘 スーパー 몡 슈퍼　店長 てんちょう 몡 점장　店員 てんいん 몡 점원
今日 きょう 몡 오늘　~時 ~じ ~시　~まで 조 ~까지
そろそろ 閉 슬슬　~から 조 ~니까　ごみ 몡 쓰레기
僕 ぼく 몡 나, 저(남자의 자칭)　代わり かわり 몡 대신
捨てる すてる 동 버리다　~ておく ~해 두다
商品 しょうひん 몡 상품
並べおわる ならべおわる 동 다 진열하다, 진열이 끝나다
~たら ~하면　帰る かえる 동 돌아가다　店 みせ 몡 가게
中 なか 몡 안, 속　掃除 そうじ 몡 청소
~てくれる (나에게) ~해 주다　トイレ 몡 화장실
終わる おわる 동 끝나다

6 난이도 중

[음성]
男の人と女の人が話しています。男の人はまずどのバスに乗りますか。

男：すみません、博物館に行きたいんですが、どのバスに乗ればいいですか。
女：科学博物館なら、自然公園行きのバスですよ。
男：いえ、鉄道博物館に行きたくて。
女：ああ、鉄道博物館行きというのはないんですよ。さくら大学行きのバスに乗って、さくら大学まで行って、そこで水族館行きのバスに乗らないといけません。
男：わかりました。ご親切にありがとうございます。

男の人はまずどのバスに乗りますか。

[문제지]
1　はくぶつかんゆき
2　こうえんゆき
3　だいがくゆき
4　すいぞくかんゆき

1 박물관행
2 공원행
3 대학교행
4 수족관행

해설 남자가 鉄道博物館に行きたくて(철도 박물관에 가고 싶어서요)라고 하자, 여자가 さくら大学行きのバスに乗って、さくら大学まで行って、そこで水族館行きのバスに乗らないといけません(사쿠라 대학교행 버스를 타고, 사쿠라 대학교까지 가서, 거기서 수족관행 버스를 타지 않으면 안 돼요)이라고 했으므로, 3 だいがくゆき(대학교행)가 정답이다. 1은 과학 박물관행, 철도 박물관행 모두 없고, 2는 과학 박물관에 갈 때 타는 버스이며, 4는 사쿠라 대학교에 가서 타야 하는 버스이므로 오답이다.

어휘 バス 몡 버스　乗る のる 동 타다　博物館 はくぶつかん 몡 박물관
行く いく 동 가다　~たい ~하고 싶다　~ばいい ~하면 되다
科学 かがく 몡 과학　~なら 조 ~라면　自然 しぜん 몡 자연
公園 こうえん 몡 공원　~行き ~ゆき ~행　鉄道 てつどう 몡 철도
~という ~라는　ない 이형 없다　大学 だいがく 몡 대학교
~まで 조 ~까지　そこ 거기　水族館 すいぞくかん 몡 수족관
~ないといけない ~하지 않으면 안 된다
親切だ しんせつだ 나형 친절하다

7 난이도 중상

[음성]
浴衣の店で店の人と女の人が話しています。女の人は浴衣を借りるのにいくら払わなければなりませんか。

男：いらっしゃいませ。
女：あのう、今から浴衣を借りられますか。
男：はい、3500円でお貸しすることができます。
女：あ、このクーポンを見せれば、3000円で借りられると聞いたんですけど。
男：すみません、そちらは平日だけ使用できるクーポンでして、今日は土曜日なので使用できません。
女：そうなんですね。
男：それから、300円で浴衣に合わせた小さいかばんをお貸しすることもできます。
女：そうですか。でも、それは結構です。

女の人は浴衣を借りるのにいくら払わなければなりませんか。

[문제지]
1　3000円
2　3300円
3　3500円
4　3800円

해설 유카타 가게에서 가게 사람과 여자가 이야기하고 있습니다. 여자는

유카타를 빌리는 데 얼마 지불하지 않으면 안 됩니까?

남: 어서 오세요.
여: 저, 지금부터 유카타를 빌릴 수 있을까요?
남: 네, 3500엔에 빌려드릴 수 있습니다.
여: 아, 이 쿠폰을 보여주면, 3000엔에 빌릴 수 있다고 들었는데요.
남: 죄송합니다, 그쪽은 평일만 사용할 수 있는 쿠폰이고, 오늘은 토요일이므로 사용할 수 없습니다.
여: 그렇군요.
남: 그리고, 300엔으로 유카타에 맞춘 작은 가방을 빌려드릴 수도 있습니다.
여: 그래요? 하지만, 그건 괜찮아요.

여자는 유카타를 빌리는 데 얼마 지불하지 않으면 안 됩니까?

1 3000엔
2 3300엔
3 3500엔
4 3800엔

해설 남자가 3500円でお貸しすることができます(3500엔에 빌려드릴 수 있습니다)라고 했으므로, 3 3500円(3500엔)이 정답이다. 1은 토요일은 쿠폰을 사용할 수 없다고 했고, 2는 쿠폰을 적용한 후에 추가로 가방을 빌렸을 때의 합산 금액이지만 가방을 빌리지 않는다고 했고, 4는 기본 금액에 추가로 가방을 빌렸을 때의 합산 금액이지만 가방을 빌리지 않으므로 오답이다.

어휘 浴衣 ゆかた 몡유카타　店 みせ 몡가게　人 ひと 몡사람
借りる かりる 동빌리다　いくら 몡얼마　払う はらう 동지불하다
~なければならない ~하지 않으면 안 된다　今 いま 몡지금
~から 조~부터　~円 ~えん ~엔　貸す かす 동빌려주다
お~する ~드리다　~ことができる ~할 수 있다　この 이
クーポン 몡쿠폰　見せる みせる 동보여주다　聞く きく 동듣다
~けど ~하는데　そちら 몡그쪽　平日 へいじつ 몡평일
~だけ 조~만　使用 しよう 몡사용　今日 きょう 몡오늘
土曜日 どようび 몡토요일　~ので 조~이므로　それから 접그리고
合わせる あわせる 동맞추다　小さい ちいさい い형작다
かばん 몡가방　でも 접하지만　それ 몡그거
結構だ けっこうだ な형괜찮다

8 난이도 중상

[음성]

会社で男の人と女の人が話しています。女の人はこのあとまず何をしますか。

女: 高橋さん、まだ帰らないんですか。
男: うん、少し仕事が残っていて。
女: 何か手伝いましょうか。
男: ありがとう。じゃあ、会議室のいすを片づけてきてくれる?さっきの会議でいすが足りなくて、角に並べてあったものを使ったんだ。それを戻しておいて。
女: 分かりました。他には何かありますか。
男: うーん、あとはアンケートの結果をまとめて部長に送るだけだから大丈夫。
女: そうですか。
男: あ、会議室から出るときは、忘れずに鍵をかけてね。たまに開いたままになっているから。じゃ、よろしく。
女: はい。

女の人はこのあとまず何をしますか。

[문제지]

해석 회사에서 남자와 여자가 이야기하고 있습니다. 여자는 이후 우선 무엇을 합니까?

여: 다카하시 씨, 아직 돌아가지 않는 건가요?
남: 응, 조금 일이 남아 있어서.
여: 뭔가 도울까요?
남: 고마워. 그럼, 회의실의 의자를 정리하고 와 줄래? 아까 회의에서 의자가 부족해서, 구석에 늘어놓아져 있던 것을 썼어. 그걸 되돌려 둬.
여: 알겠습니다. 그 밖에 뭔가 있나요?
남: 음, 나머지는 설문 조사 결과를 정리해서 부장님에게 보내는 것뿐이니까 괜찮아.
여: 그런가요?
남: 아, 회의실에서 나올 때는, 잊지 말고 잠가. 가끔 열려 있는 채로 되어 있으니까. 그럼, 부탁해.
여: 네.

여자는 이후 우선 무엇을 합니까?

해설 남자가 じゃあ、会議室のいすを片づけてきてくれる?さっきの会議でいすが足りなくて、角に並べてあったものを使ったんだ。それを戻しておいて(그럼, 회의실의 의자를 정리하고 와 줄래? 아까 회의에서 의자가 부족해서, 구석에 늘어놓아져 있던 것을 썼어. 그걸 되돌려 둬)라고 하자, 여자가 分かりました(알겠습니다)라고 했으므로, 의자를 정리하는 그림인 2가 정답이다. 1은 남자에게 아직 돌아가지 않냐고 물어본 것이며, 3은 남자가 한다고 했고, 4는 의자를 정리한 후에 해야 할 일이므로 오답이다.

어휘 会社 かいしゃ 몡회사　まだ 뷔아직　帰る かえる 동돌아가다
少し すこし 뷔조금　仕事 しごと 몡일　残る のこる 동남다
何 なに 몡무엇　手伝う てつだう 동돕다
会議室 かいぎしつ 몡회의실　いす 몡의자
片づける かたづける 동정리하다　さっき 몡아까
会議 かいぎ 몡회의　いす 몡의자　足りない たりない 부족하다
角 かど 몡구석　並べる ならべる 동늘어놓다
~てある ~해져 있다　使う つかう 동쓰다

戻す もどす 图 되돌리다   ~ておく ~해 두다
分かる わかる 图 알다, 이해하다   他には ほかには 그 밖에, 그 밖에는
あと 图 나머지   アンケート 图 설문 조사, 앙케트
結果 けっか 图 결과   まとめる 图 정리하다
部長 ぶちょう 图 부장(님)   送る おくる 图 보내다   ~だけ 图 ~뿐
~から 图 ~니까   大丈夫だ だいじょうぶだ な형 괜찮다
~から 图 ~에서   出る でる 图 나오다   とき 图 때
忘れる わすれる 图 잊다   ~ずに ~하지 말고
鍵をかける かぎをかける 잠그다   たまに 가끔   開く あく 图 열리다
~まま ~(한) 채

TIP じゃあ(그럼)와 같은 결론을 말할 때 사용하는 표현이 나오면 주의깊게 들은 후, 다음 사람의 대답을 듣고 해당 행동을 하는지 안 하는지 판단해 선택지를 고르거나 소거한다.

☞ 문제 2의 디렉션과 예제를 들려줄 때 1번부터 7번까지의 선택지를 미리 읽고 내용을 재빨리 파악해 둡니다. 음성에서 では、始めます(그러면, 시작합니다)가 들리면, 곧바로 문제 풀 준비를 합니다.

문제 2의 디렉션과 예제

もんだい2では、まずしつもんを聞いてください。そのあと、もんだいようしを見てください。読む時間があります。それから話を聞いて、もんだいようしの1から4の中から、いちばんいいものを一つえらんでください。では練習しましょう。

男の人と女の人が話しています。男の人は、どうして引っ越しをしますか。

男：木村さん、来週の金曜日、時間ある？
女：あるけど、どうして？
男：その日、引っ越しをするんだ。手伝ってくれない？
女：いいよ。今の部屋は狭いの？
男：ううん。部屋の大きさもちょうどいいし、家賃もそんなに高くないんだけど、会社から遠いから通勤が大変でさ。
女：そうなんだ。
男：今住んでいる部屋のとなりの人がとても親切で良かったんだけど。

男の人は、どうして引っ越しをしますか。

いちばんいいものは3ばんです。解答用紙のもんだい2のれいのところを見てください。いちばんいいものは3ばんですから、答えはこのように書きます。では、始めます。

1 へやが せまいから
2 やちんが たかいから
3 会社から とおいから
4 となりの 人が しんせつでは ないから

해석 문제 2에서는, 먼저 질문을 들어 주세요. 그 후, 문제 용지를 봐 주세요. 읽는 시간이 있습니다. 그리고 이야기를 듣고, 문제 용지의 1부터 4 중에서, 가장 알맞은 것을 하나 골라 주세요. 그러면 연습해 봅시다.

남자와 여자가 이야기하고 있습니다. 남자는, 어째서 이사를 합니까?

남: 기무라 씨, 다음 주 금요일, 시간 있어?
여: 있는데, 왜?
남: 그 날, 이사를 해. 도와주지 않을래?
여: 좋아. 지금 방은 좁아?
남: 아니. 방의 크기도 딱 좋고, 집세도 그렇게 비싸지 않은데, **회사로부터 머니까 통근이 힘들어서.**
여: 그렇구나.
남: 지금 살고 있는 방의 이웃집 사람이 매우 친절해서 좋았는데.

남자는, 어째서 이사를 합니까?

가장 알맞은 것은 3번입니다. 정답 용지의 문제 2의 예시 부분을 봐 주세요. 가장 알맞은 것은 3번이기 때문에, 정답은 이와 같이 표시합니다. 그러면, 시작합니다.

1 방이 좁으니까
2 집세가 비싸니까
3 회사로부터 머니까
4 이웃집 사람이 친절하지 않으니까

1 난이도 중

[음성]

女の人と男の人が話しています。女の人は、正月に何をしたと言っていますか。

女：お正月は何をしましたか。
男：コンサートを見に行ったり、神社に行ったりしました。
女：コンサートですか。いいですね。
男：楽しかったです。山田さんは、今年も旅行に行ってきたんですか。
女：いいえ、今年は家族で私のふるさとに帰りました。
男：そうですか。ご両親の家に泊まりましたか。
女：ええ。両親が子供たちと遊んでくれて、久しぶりにゆっくりできました。

女の人は、正月に何をしたと言っていますか。

[문제지]
1 コンサートを 見た
2 じんじゃに 行った
3 りょこうに 行った
4 ふるさとに かえった

해석 여자와 남자가 이야기하고 있습니다. 여자는, 설에 무엇을 했다고 말하고 있습니까?
여: 설은 무엇을 했어요?
남: 콘서트를 보러 가거나, 신사에 가거나 했어요.
여: 콘서트요? 좋네요.
남: 즐거웠어요. 야마다 씨는, 올해도 여행을 갔다 왔어요?
여: 아뇨, 올해는 가족끼리 제 고향으로 돌아갔어요.
남: 그래요? 부모님 집에서 머물렀나요?
여: 네. 부모님이 아이들과 놀아 주어서, 오랜만에 느긋하게 있을 수 있었어요.

여자는, 설에 무엇을 했다고 말하고 있습니까?
1 콘서트를 봤다
2 신사에 갔다
3 여행을 갔다
4 고향으로 돌아갔다

해설 여자가 今年は家族で私のふるさとに帰りました(올해는 가족끼리 제 고향으로 돌아갔어요)라고 언급했으므로, 4 ふるさとにかえった(고향으로 돌아갔다)가 정답이다. 1, 2는 남자가 한 일이고, 3은 올해가 아닌 다른 해에 여자가 한 일이므로 오답이다.

어휘 正月 しょうがつ 명 설, 새해 첫날 何 なに 명 무엇
コンサート 명 콘서트 見る みる 동 보다
~に行く ~にいく ~하러 가다
~たり~たりする ~하거나 ~하거나 하다 神社 じんじゃ 명 신사
行く いく 동 가다 楽しい たのしい い형 즐겁다 今年 ことし 명 올해
旅行 りょこう 명 여행 家族 かぞく 명 가족 ふるさと 명 고향
帰る かえる 동 돌아가다 両親 りょうしん 명 부모님 家 いえ 명 집
泊まる とまる 동 머무르다 子供 こども 명 아이 遊ぶ あそぶ 동 놀다
~てくれる (나에게) ~해 주다 久しぶり ひさしぶり 명 오랜만
ゆっくり 부 느긋하게

2 난이도 중

[음성]
教室で先生が話しています。テスト中にしてはいけないことは何ですか。
男: 今からテストを行います。鉛筆かペン、消しゴム以外のものはすべて机の中に入れてください。回答は鉛筆で書いてもペンで書いてもどっちでもいいです。早く終わっても、試験時間が終わる前に教室を出ることはできませんから、終了時間まで答えが合っているかしっかり見直してください。トイレは行ってきてもいいですが、そのときは席を立つ前に手をあげて先生に知らせてください。
テスト中にしてはいけないことは何ですか。

[문제지]
1 つくえに ものを 入れる
2 ペンで こたえを かく
3 さきに かえる
4 トイレに 行く

해석 교실에서 선생님이 이야기하고 있습니다. 시험 중에 하면 안 되는 것은 무엇입니까?
남: 지금부터 시험을 진행하겠습니다. 연필이나 펜, 지우개 이외의 것은 전부 책상 안에 넣어 주세요. 답안은 연필로 써도 펜으로 써도 어느 쪽이든 괜찮습니다. 빨리 끝나도, 시험 시간이 끝나기 전에 교실을 나갈 수는 없으니, 종료 시간까지 답이 맞는지 확실하게 재검토해 주세요. 화장실은 다녀와도 좋지만, 그때는 자리를 떠나기 전에 손을 들어 선생님께 알려 주세요.

시험 중에 하면 안 되는 것은 무엇입니까?
1 책상에 물건을 넣는다
2 펜으로 답을 쓴다
3 먼저 돌아간다
4 화장실에 간다

해설 선생님이 試験時間が終わる前に教室を出ることはできませんから(시험 시간이 끝나기 전에 교실을 나갈 수 없으니)라고 언급했으므로 3 さきにかえる(먼저 돌아간다)가 정답이다. 1은 연필이나 펜, 지우개 이외의 것은 책상에 넣어 달라고 했고, 2는 펜으로 써도 괜찮다고 했으며, 4는 화장실에 다녀와도 좋다고 언급했으므로 오답이다.

어휘 教室 きょうしつ 명 교실 先生 せんせい 명 선생(님)
テスト 명 시험, 테스트 ~中 ~ちゅう ~중 今 いま 명 지금
行う おこなう 동 진행하다, 실행하다 鉛筆 えんぴつ 명 연필
ペン 명 펜 消しゴム けしゴム 명 지우개 以外 いがい 명 이외
すべて 부 전부 机 つくえ 명 책상 中 なか 명 안
入れる いれる 동 넣다 回答 かいとう 명 답안, 회답
書く かく 동 쓰다 どっち 명 어느 쪽 いい い형 괜찮다, 좋다
早く はやく 부 빨리 終わる おわる 동 끝나다 試験 しけん 명 시험
時間 じかん 명 시간 前 まえ 명 전, 앞 出る でる 동 나가다
終了 しゅうりょう 명 종료 答え こたえ 명 답 合う あう 동 맞다
しっかり 부 확실하게 見直す みなおす 동 재검토하다, 다시 보다
トイレ 명 화장실 ~てもいい ~해도 좋다 席 せき 명 자리
立つ たつ 동 떠나다 手 て 명 손 上げる あげる 동 들다
知らせる しらせる 동 알리다 さきに さきに 부 먼저
かえる 동 돌아가다

3 난이도 중

[음성]

男の人と女の人が話しています。二人は何曜日にお見舞いに行きますか。

男: ねえ、石川さんが今入院しているそうなんだけど、お見舞いに行かない?
女: え、知らなかった。いつから入院しているの?
男: 土曜日からだって聞いたよ。
女: そうなんだ。明日はどう?
男: ごめん。水曜日はいつもより仕事が終わるのが遅くなりそうなんだ。金曜日は?
女: うーん、でも、できるだけ早く行ったほうがいいんじゃないかな。もし今日の夜空いていれば、今日行こうよ。
男: そうだね。そうしよう。

二人は何曜日にお見舞いに行きますか。

[문제지]

1 かようび
2 すいようび
3 きんようび
4 どようび

해석 남자와 여자가 이야기하고 있습니다. 두 사람은 무슨 요일에 병문안하러 갑니까?

남: 저기, 이시카와 씨가 지금 입원해 있다고 하는데, 병문안하러 가지 않을래?
여: 앗, 몰랐어. 언제부터 입원해 있는 거야?
남: 토요일부터라고 들었어.
여: 그렇구나. 내일은 어때?
남: 미안. 수요일은 평소보다 일이 끝나는 것이 늦어질 것 같아. 금요일은?
여: 음, 하지만, 가능한 한 빨리 가는 편이 좋지 않을까? 만약 오늘 밤 비어 있으면, 오늘 가자.
남: 그렇네. 그렇게 하자

두 사람은 무슨 요일에 병문안하러 갑니까?

1 화요일
2 수요일
3 금요일
4 토요일

해설 여자의 あしたはどう(내일은 어때)라고 하자, 남자가 水曜日はいつもより仕事が終わるのが遅くなりそうなんだ(수요일은 평소보다 일이 끝나는 것이 늦어질 것 같아)라고 하였으므로, 오늘은 화요일임을 알 수 있다. 그 후 もし今日の夜空いていれば、今日行こうよ(만약 오늘 밤 비어 있으면, 오늘 가자)라고 하자 남자가 そうだね。そうしよう(그렇네. 그렇게 하자)라고 언급했으므로,

1 かようび(화요일)가 정답이다. 2는 남자가 일이 늦게 끝난다고 했고, 3은 여자가 병문안을 가능한 한 일찍 가는 것이 좋을 것 같다고 하였으며, 4는 이시카와 씨가 입원한 요일이므로 오답이다.

어휘 曜日 ようび 圏요일 お見舞い おみまい 圏병문안 行く いく 图가다
今 いま 圏지금 入院 にゅういん 圏입원 ~そうだ ~라고 한다
~けど 图~는데 知る しる 图알다 いつ 圏언제
~から 图~부터 土曜日 どようび 圏토요일 聞く きく 图듣다, 묻다
明日 あした 圏내일 水曜日 すいようび 圏수요일 いつも 圏평소
~より ~보다 仕事 しごと 圏일 終わる おわる 图끝나다
遅い おそい い형늦다 ~そうだ ~(할) 것 같다
金曜日 きんようび 圏금요일 でも 图하지만 できるだけ 가능한 한
早い はやい い형빠르다 ~ほうがいい ~하는 편이 좋다
もし 뭐만약 今日 きょう 圏오늘 夜 よる 圏밤 空く あく 图비다
~ば 图~하면 火曜日 かようび 圏화요일

4 난이도 중

[음성]

女の学生と男の学生が話しています。男の学生は誰に本を借りるつもりだと言っていますか。

女: 渡辺教授の講義のレポートあるでしょう?あれを書くのに必要な本が図書館になかったんだけど…。
男: そうそう。僕が行ったときもなかったよ。
女: 坂本くんはどうするつもりなの?
男: 仲のいい先輩が去年あの講義を受けていたから、借りようと思っている。
女: そっか。
男: あ、小林さんって、お兄さんも同じ学部じゃなかった?持っているかどうか聞いてみたら?
女: それが持っていないって。一応、お兄ちゃんの友達にも聞いてみよう。もし、誰も持っていなかったら、坂本くんが借りた本私にも貸してくれる?
男: 分かった。先輩に言っておくよ。

男の学生は誰に本を借りるつもりだと言っていますか。

[문제지]

1 きょうじゅ
2 せんぱい
3 あに
4 ともだち

해석 여학생과 남학생이 이야기하고 있습니다. 남학생은 누구에게 책을 빌릴 생각이라고 말하고 있습니까?

여: 와타나베 교수님의 강의 리포트 있지? 그것을 쓰는 데에 필요한 책이 도서관에 없었는데….
남: 맞아 맞아. 내가 갔을 때도 없었어.
여: 사카모토 군은 어떻게 할 예정이야?

남: 사이가 좋은 선배가 작년 그 강의를 들었으니까, 빌리려고 생각하고 있어.
여: 그렇구나.
남: 아, 고바야시 씨는, 오빠도 같은 학부 아니었어? 가지고 있는지 어떤지 물어보면?
여: 그게 가지고 있지 않대. 일단, 오빠 친구에게도 물어봐야지. 만약, 아무도 가지고 있지 않다면, 사카모토 군이 빌린 책 나한테도 빌려줄래?
남: 알겠어. 선배에게 말해 둘게.

남학생은 누구에게 책을 빌릴 생각이라고 말하고 있습니까?

1 교수
2 선배
3 형
4 친구

해설 남학생이 仲のいい先輩が去年あの講義を受けていたから、借りようと思っている(사이가 좋은 선배가 작년 그 강의를 들었으니까, 빌리려고 생각하고 있어)라고 언급했으므로, 2 せんぱい (선배)가 정답이다. 1은 두 학생이 써야 하는 리포트가 와타나베 교수님의 강의라고 했고, 3은 여자가 같은 학부인 오빠에게 책을 가지고 있는지 물어봤다는 것이며, 4는 여자가 오빠의 친구에게 빌려 보겠다고 한 것이므로 오답이다.

어휘 学生 がくせい 圏학생　誰 だれ 누구　本 ほん 圏책
借りる かりる 圄빌리다　〜つもりだ ~(할) 생각이다
教授 きょうじゅ 圏교수(님)　講義 こうぎ 圏강의　レポート 圏리포트
書く かく 圄쓰다　必要だ ひつようだ 적필요하다
図書館 としょかん 圏도서관　〜けど 조~는데
僕 ぼく 圏나, 저(남자의 자칭)　行く いく 圄가다　とき 圏때
仲 なか 圏사이　先輩 せんぱい 圏선배　去年 きょねん 圏작년
受ける うける 圄(강의를) 듣다, 받다　〜から 조~니까
思う おもう 圄생각하다　お兄さん おにいさん 圏오빠, 형
同じ おなじ 같음　学部 がくぶ 圏학부　持つ もつ 圄가지다
〜かどうか ~지 어떤지　聞く きく 圄묻다, 듣다　〜たら ~하면
一応 いちおう 튄일단　友達 ともだち 圏친구　もし 튄만약
貸す かす 圄빌려주다　〜てくれる (나에게) ~해주다
分かる わかる 圄알다, 이해하다　言う いう 圄말하다
〜ておく ~해 두다

5 난이도 상

[음성]
先生と男の学生が話しています。男の学生は卒業したあと、どうすると言っていますか。

女: もうすぐ卒業ですね。卒業したら、何をするか決まりましたか。
男: はい。夏にインターンシップをしたんですが、その会社に就職が決まりました。
女: あら、よかったですね。以前、大学院にも興味があると言っていませんでしたか。
男: はい。大学院や留学も考えていました。でも、その会社の社員の方に、会社で学べることもたくさんあると教えてもらいました。それで、働くことに興味を持ったんです。
女: そうですか。頑張ってください。
男: はい、ありがとうございます。

男の学生は卒業したあと、どうすると言っていますか。

[문제지]
1 インターンシップを　する
2 会社で　はたらく
3 だいがくいんに　行く
4 りゅうがくを　する

해석 선생님과 남학생이 이야기하고 있습니다. 남학생은 졸업한 후, 어떻게 한다고 말하고 있습니까?

여: 이제 곧 졸업이네요. 졸업하면, 무엇을 할지 정해졌나요?
남: 네. 여름에 인턴십을 했는데, 그 회사에 취직이 결정되었습니다.
여: 어머, 다행이네요. 이전에, 대학원에도 흥미가 있다고 말하지 않았나요?
남: 네. 대학원이나 유학도 생각했었습니다. 하지만, 그 회사 사원 분이 회사에서 배울 수 있는 것도 많이 있다고 알려 주셨습니다. 그래서, 일하는 것에 흥미를 가진 것입니다.
여: 그래요? 열심히 해 주세요.
남: 네, 감사합니다.

남학생은 졸업한 후, 어떻게 한다고 말하고 있습니까?

1 인턴십을 한다
2 회사에서 일한다
3 대학원에 간다
4 유학을 한다

해설 선생님이 卒業したら、何をするか決まりましたか(졸업하면, 무엇을 할지 정해졌나요?)라고 묻자, 남학생이 夏にインターンシップをしたんですが、その会社に就職が決まりました(여름에 인턴십을 했는데, 그 회사에 취직이 결정되었습니다)라고 언급했으므로, 2 会社ではたらく(회사에서 일한다)가 정답이다. 1은 여름에 이미 한 것이고, 3, 4는 대학원이나 유학도 생각했었지만 일하는 것에 흥미를 가졌다고 했으므로 오답이다.

어휘 先生 せんせい 圏선생(님)　学生 がくせい 圏학생
卒業 そつぎょう 圏졸업　あと 후, 이후　もうすぐ 튄이제 곧
決まる きまる 圄정해지다, 결정되다　夏 なつ 圏여름
インターンシップ 圏인턴십　会社 かいしゃ 圏회사
就職 しゅうしょく 圏취직　以前 いぜん 圏이전
大学院 だいがくいん 圏대학원　興味 きょうみ 圏흥미
留学 りゅうがく 圏유학　考える かんがえる 圄생각하다
社員 しゃいん 圏사원　方 かた 圏분　学ぶ まなぶ 圄배우다
たくさん 튄많이　教える おしえる 圄알리다

~てもらう (상대방이) ~해 주다   それで 접 그래서
働く はたらく 동 일하다   持つ もつ 동 가지다
頑張る がんばる 동 열심히 하다

6 난이도 중

[음성]
男の人と女の人が話しています。女の人はどうしてひまわりカフェに行きたくないと言っていますか。
男：ご飯を食べ終わったら、ひまわりカフェに行かない？
女：ああ、外でコーヒーが飲めるところね。
男：そうそう。でも、外は暑いし虫も多いだろうから、今日は店の中で飲んだほうがいいかもね。
女：うーん、あそこ、一度行ったことがあるけど、人が多くてうるさかったの。静かなところに行きたいなあ。
男：でも、ここから近いカフェって他にあるかな。
女：近くなくてもいいよ。
男：そう？じゃあ、探してみよう。

女の人はどうしてひまわりカフェに行きたくないと言っていますか。

[문제지]
1 外で 飲むのは あついから
2 外は むしが 多いから
3 人が たくさん いて うるさいから
4 カフェが 遠くに あるから

해석 남자와 여자가 이야기하고 있습니다. 여자는 어째서 히마와리 카페에 가고 싶지 않다고 말하고 있습니까?
남: 밥을 다 먹으면, 히마와리 카페에 가지 않을래?
여: 아, 밖에서 커피를 마실 수 있는 곳 말이지.
남: 맞아 맞아. 하지만, 바깥은 덥고 벌레도 많을 테니까, 오늘은 가게 안에서 마시는 편이 좋을지도.
여: 음, 거기, 한 번 간 적이 있는데, 사람이 많아서 시끄러웠어. 조용한 곳에 가고 싶어.
남: 하지만, 여기에서 가까운 카페가 달리 있으려나.
여: 가깝지 않아도 괜찮아.
남: 그래? 그럼, 찾아보자.

여자는 어째서 히마와리 카페에 가고 싶지 않다고 말하고 있습니까?

1 밖에서 마시는 것은 덥기 때문에
2 밖은 벌레가 많기 때문에
3 사람이 많이 있어서 시끄럽기 때문에
4 카페가 먼 곳에 있기 때문에

해설 여자가 あそこ、一度行ったことがあるけど、人が多くてうるさかったの。静かなところに行きたいなあ(거기, 한 번 간 적이 있는데, 사람이 많아서 시끄러웠어. 조용한 곳에 가고 싶어)라고 언급했으므로 3 人がたくさんいてうるさいから(사람이 많이 있어서 시끄럽기 때문에)가 정답이다. 1, 2는 남자가 실내에서 먹자고 한 이유이고, 4는 멀리 있는 다른 카페에 가도 괜찮다고 했으므로 거리는 문제가 되지 않아 오답이다.

어휘 カフェ 명 카페   行く いく 동 가다   ご飯 ごはん 명 밥
食べ終わる たべおわる 동 다 먹다   ~たら ~하면   外 そと 명 밖
コーヒー 명 커피   飲む のむ 동 마시다   でも 접 하지만
暑い あつい い형 덥다   虫 むし 명 벌레   多い おおい い형 많다
~から 조 ~니까   今日 きょう 명 오늘   店 みせ 명 가게
中 なか 명 안, 속   ~ほうがいい ~하는 편이 좋다
~かも ~(할) 지도   一度 いちど 명 한 번
~ことがある ~(한) 적이 있다   ~けど 조 ~는데
うるさい い형 시끄럽다   静かだ しずかだ な형 조용하다
~から 조 ~에서   近い ちかい い형 가깝다   他に ほかに 달리
探す さがす 동 찾다

7 난이도 중

[음성]
空港の案内を聞いています。飛行機は何時に出発しますか。
男：お客様にご案内いたします。午前9時20分出発、東京行きの飛行機は、準備に時間がかかっているため、出発が遅れます。新しい出発時間は午前9時50分を予定しております。ゲートは変わらず30番です。お客様は9時40分までに30番ゲートへお集まりください。

飛行機は何時に出発しますか。

[문제지]
1 9時20分
2 9時30分
3 9時40分
4 9時50分

해석 공항 안내를 듣고 있습니다. 비행기는 몇 시에 출발합니까?
남: 손님 여러분께 안내드립니다. 오전 9시 20분 출발, 도쿄행 비행기는, 준비에 시간이 걸리고 있기 때문에, 출발이 늦어집니다. 새로운 출발 시간은 오전 9시 50분을 예정하고 있습니다. 게이트는 변함없이 30번입니다. 손님 여러분은 9시 40분까지 30번 게이트로 모여 주십시오.

비행기는 몇 시에 출발합니까?

1 9시 20분
2 9시 30분
3 9시 40분
4 9시 50분

해설 안내에서 新しい出発時間は午前9時50分を予定しております (새로운 출발 시간은 오전 9시 50분을 예정하고 있습니다)라고 언급했으므로, 4 9時50分(9시 50분)이 정답이다. 1은 바꾸기 전의 출발 시간이고, 2는 게이트가 30번이라고 한 것이며, 3은 9시 40분까지 게이트로 와 달라고 한 것이므로 오답이다.

어휘 空港 くうこう 圏 공항　案内 あんない 圏 안내　聞く きく 圏 듣다
飛行機 ひこうき 圏 비행기　~時 ~じ ~시
お客様 おきゃくさま 圏 손님 여러분
いたす 圏 드리다, 하다(する의 겸양어)　午前 ごぜん 圏 오전
~分 ~ふん ~분　~行き ~ゆき ~행　準備 じゅんび 圏 준비
時間 じかん 圏 시간　かかる 圏 걸리다　~ため ~때문에
出発 しゅっぱつ 圏 출발　遅れる おくれる 圏 늦어지다
新しい あたらしい い형 새롭다　予定 よてい 圏 예정
おる 圏 있다(いる의 겸양어)　ゲート 圏 게이트
変わらず かわらず 변함없이　~番 ~ばん ~번　~までに ~까지
集まる あつまる 圏 모이다

☞ 문제 3은 예제를 들려줄 때 1번부터 5번까지의 그림을 보고 상황을 미리 떠올려봅니다. 음성에서 では、始めます(그러면, 시작합니다)가 들리면, 곧바로 문제 풀 준비를 합니다.

문제 3의 디렉션과 예제

[문제지]

[음성]
もんだい 3 では、えを見ながらしつもんを聞いてください。➡(やじるし)の人は何と言いますか。1から3の中から、いちばんいいものを一つえらんでください。では練習しましょう。

デパートでスカートを履いてみましたが、少し大きいです。お店の人に何と言いますか。
女: 1　もう少し小さくしてもらえませんか。
　　2　もう少し小さくなったらいいんですが。
　　3　もう少し小さいのはありませんか。

いちばんいいものは3ばんです。解答用紙のもんだい3のれいのところを見てください。いちばんいいものは3ばんですから、答えはこのように書きます。では、始めます。

해석 문제 3에서는, 그림을 보면서 질문을 들어 주세요. ➡(화살표)의 사람은 뭐라고 말합니까? 1부터 3 중에서, 가장 알맞은 것을 하나 골라 주세요. 그러면 연습해 봅시다.

백화점에서 치마를 입어봤습니다만, 조금 큽니다. 가게 사람에게 뭐라고 말합니까?
여: 1　조금 더 작게 해 줄 수 없을까요?
　　2　조금 더 작아졌으면 좋겠습니다만.
　　3　조금 더 작은 것은 없습니까?

가장 알맞은 것은 3번입니다. 정답 용지의 문제 3의 예시 부분을 봐 주세요. 가장 알맞은 것은 3번이기 때문에, 정답은 이와 같이 표시합니다. 그러면, 시작합니다.

1 난이도 중상

[문제지]

[음성]
大学で学生証を拾いました。何と言いますか。
男: 1　学生証が落ちていました。
　　2　ちゃんと探してみましたか。
　　3　ここに届いています。

해석 대학에서 학생증을 주웠습니다. 뭐라고 말합니까?
남: 1　학생증이 떨어져 있었어요.
　　2　제대로 찾아 봤나요?
　　3　여기에 도착해 있습니다.

해설 대학 관계자에게 분실물을 전하는 말을 고르는 문제이다.
1 (O) 学生証が落ちていました(학생증이 떨어져 있었어요)는 습득한 분실물을 전하는 말이므로 정답이다.
2 (X) ちゃんと探してみましたか(제대로 찾아 봤나요)는 꼼꼼히 잘 찾아 보았는지 묻는 말이므로 오답이다.
3 (X) ここに届いています(여기에 도착해 있습니다)는 분실물을 받은 사람이 할 수 있는 말이므로 오답이다.

어휘 大学 だいがく 圏 대학　学生証 がくせいしょう 圏 학생증
拾う ひろう 圏 줍다　落ちる おちる 圏 떨어지다

~ている ~해 있다   ちゃんと 🏷제대로   探す さがす 🏷찾다
ここ 🏷여기   届く とどく 🏷도착하다

2 난이도 중상

[문제지]

[음성]
もうすぐカフェが閉まる時間です。友達に何と言いますか。

男：1 え、もう閉まったの？
　　2 まだ開いているって。
　　3 そろそろ出ないといけないね。

해석 이제 곧 카페가 닫힐 시간입니다. 친구에게 뭐라고 말합니까?
　남: 1 어, 벌써 닫혔어?
　　　2 아직 열려 있대.
　　　3 슬슬 나가야겠네.

해설 친구에게 카페 폐점 시간이 가까울 때 하는 말을 고르는 문제이다.
　1 (X) え、もう閉まったの(어, 벌써 닫혔어)는 이미 가게가 닫혔을 때 할 수 있는 말이므로 오답이다.
　2 (X) まだ開いているって(아직 열려 있대)는 곧 가게에서 나가야 한다고 말할 상황에 적절하지 않은 말이므로 오답이다.
　3 (O) そろそろ出ないといけないね(슬슬 나가야겠네)는 닫히기 전에 나가야겠다고 전하는 말이므로 정답이다.

어휘 もうすぐ 🏷이제 곧   カフェ 🏷카페   閉まる しまる 🏷닫히다
　時間 じかん 🏷시간   友達 ともだち 🏷친구   もう 🏷벌써
　まだ 🏷아직   開く あく 🏷열다   ~ている ~해 있다
　~って ~하대   そろそろ 🏷슬슬   出る でる 🏷나가다
　~ないといけない ~해야 하다

3 난이도 중

[문제지]

[음성]
友達が自分の友達を紹介してくれました。何と言いますか。

男：1 お久しぶりです。
　　2 どういたしまして。
　　3 はじめまして。

해석 친구가 자신의 친구를 소개해 주었습니다. 뭐라고 말합니까?
　남: 1 오랜만입니다.
　　　2 천만에요.
　　　3 처음 뵙겠습니다.

해설 친구를 소개받아 처음 만났을 때 하는 말을 고르는 문제이다.
　1 (X) お久しぶりです(오랜만입니다)는 오랜만에 만난 사람에게 할 수 있는 인사말이므로 오답이다.
　2 (X) どういたしまして(천만에요)는 감사하다고 말하는 상대에게 할 수 있는 인사말이므로 오답이다.
　3 (O) はじめまして(처음 뵙겠습니다)는 처음 만난 사람에게 할 수 있는 인사말이므로 정답이다.

어휘 友達 ともだち 🏷친구   自分 じぶん 🏷자신   紹介 しょうかい 🏷소개
　~てくれる (나에게) ~해주다

4 난이도 중

[문제지]

[음성]
係りの人が話すのが早くて内容が理解できません。係りの人に何と言いますか。

男：1 ゆっくり話しますね。
　　2 ゆっくり話していただけますか。
　　3 今お話しできますか。

해석 담당자가 이야기하는 것이 빨라서 내용을 이해할 수 없습니다. 담당자에게 뭐라고 말합니까?
　남: 1 천천히 이야기할게요.
　　　2 천천히 이야기해 주실 수 있을까요?
　　　3 지금 이야기할 수 있을까요?

해설 담당자에게 천천히 이야기해 달라고 요청하는 말을 고르는 문제이다.
　1 (X) ゆっくり話しますね(천천히 이야기할게요)는 빠르게 이야기를 한 사람이 할 수 있는 말이므로 오답이다.

2 (O) ゆっくり話していただけますか(천천히 이야기해 주실 수 있을까요?)는 천천히 이야기해 달라고 요청하는 말이므로 정답이다.

3 (X) 今お話しできますか(지금 이야기할 수 있을까요?)는 이야기를 하고 있는 현재 상황에 적절하지 않은 말이므로 오답이다.

어휘 係り かかり 명 담당자　話す はなす 동 이야기하다
早い はやい い형 빠르다　内容 ないよう 명 내용　理解 りかい 명 이해
ゆっくり 부 천천히　~ていただく ~해 주시다　今 いま 명 지금

5 난이도 중

[문제지]

[음성]
バス停に行きたいです。道が分かりません。何と言いますか。

女：1 すみません、バス停はどこですか。
　　2 すみません、このバス停の名前は何ですか。
　　3 すみません、バス停に行きませんか。

해석 버스 정류장에 가고 싶습니다. 길을 모릅니다. 뭐라고 말합니까?
　여: **1 실례합니다, 버스 정류장은 어디입니까?**
　　　2 실례합니다, 이 버스 정류장의 이름은 무엇입니까?
　　　3 실례합니다, 버스 정류장에 가지 않겠습니까?

해설 버스 정류장에 어떻게 가는지 길을 묻는 말을 고르는 문제이다.
　1 (O) すみません、バス停はどこですか(실례합니다, 버스 정류장은 어디입니까?)는 버스 정류장으로 가는 길을 묻는 말이므로 정답이다.
　2 (X) すみません、このバス停の名前は何ですか(실례합니다, 이 버스 정류장의 이름은 무엇입니까?)는 버스 정류장의 이름을 묻는 말이므로 오답이다.
　3 (X) すみません、バス停に行きませんか(실례합니다, 버스 정류장에 가지 않겠습니까?)는 상대방에게 버스 정류장에 함께 가자고 제안하는 말이므로 오답이다.

어휘 バス停 バスてい 명 버스 정류장　行く いく 동 가다　道 みち 명 길
分かる わかる 동 알다, 이해하다　どこ 명 어디　名前 なまえ 명 이름

☞ 문제 4는 문제지에 아무것도 인쇄되어 있지 않습니다. 따라서, 예제를 들려줄 때, 그 내용을 들으면서 즉시응답의 문제 풀이 전략을 떠올려 봅니다. 음성에서 では、始めます(그러면, 시작합니다)가 들리면, 실제 문제 풀 준비를 합니다.

문제 4의 디렉션과 예제

もんだい 4 では、えなどがありません。まずぶんを聞いてください。それから、そのへんじを聞いて、1から3の中から、いちばんいいものを一つえらんでください。では練習しましょう。

男：山田さん、山田さんって料理がうまいんだね。
女：1 私は料理がとくいじゃないから。
　　2 えっ、そんなことないよ。
　　3 うん、あの店、おいしいんだって。

いちばんいいものは2ばんです。解答用紙のもんだい4の例のところを見てください。いちばんいいものは2ばんですから、答えはこのように書きます。では、始めます。

해석 문제 4에서는, 그림 등이 없습니다. 먼저 문장을 들어 주세요. 그리고, 그 대답을 듣고, 1부터 3 중에서, 가장 알맞은 것을 하나 골라 주세요. 그러면 연습해 봅시다.

남: 야마다 씨, **야마다 씨는 요리를 잘하네.**
여: 1 저는 요리를 잘하지 않으니까.
　　2 앗, 그런 거 아니야.
　　3 응, 저 가게, 맛있대.

가장 알맞은 것은 2번입니다. 정답 용지의 문제 4의 예시 부분을 봐 주세요. 가장 알맞은 것은 2번이기 때문에, 정답은 이와 같이 표시합니다. 그러면, 시작합니다.

1 난이도 중

[음성]
男：メイさんの背はどのぐらいですか。
女：1 160センチぐらいです。
　　2 3人ぐらいです。
　　3 へえ、高いですね。

해석 남: 메이 씨의 키는 어느 정도입니까?
　여: **1 160센티미터 정도입니다.**
　　　2 3명 정도입니다.
　　　3 와, 크네요.

해설 남자가 메이 씨의 키가 어느 정도인지 묻고 있다.
　1 (O) '160센티미터 정도입니다'는 키가 160센티미터 정도라는 말이므로 적절한 응답이다.
　2 (X) ぐらい(정도)를 반복 사용하여 혼동을 준 오답이다.
　3 (X) 背(키)와 관련된 高い(크다)를 사용하여 혼동을 준 오답이다.

어휘 背 せ 명 키　どのぐらい 어느 정도　センチ 명 센티미터
高い たかい い형 (키가) 크다, 높다

2 난이도 중상

[음성]
女：中川さんはペットを飼っていますか。
男：1　えー、いいですね。
　　2　いえ、飼いたいんですが。
　　3　はい、飼ってください。

해석 여: 나카가와 씨는 반려동물을 기르고 있습니까?
　　남: 1　와, 좋네요.
　　　　2　아뇨, 기르고 싶지만.
　　　　3　네, 길러 주세요.

해설 여자가 남자에게 반려동물을 기르고 있는지 묻고 있다.
　　1 (X) 남자가 반려동물을 기르고 있다고 대답을 때 여자가 할 수 있는 말이므로 오답이다.
　　2 (O) '아뇨, 기르고 싶지만'은 반려동물을 기르고는 싶지만 기르고 있지 않다는 말이므로 적절한 응답이다.
　　3 (X) 飼う(기르다)를 반복 사용하여 혼동을 준 오답이다.

어휘 ペット 몡 반려동물　飼う かう 동 기르다　いい い형 좋다
　　～たい ~하고 싶다

3 난이도 중

[음성]
女：昨日はケーキにコーヒーまで、ごちそうさまでした。
男：1　今度は私が払います。
　　2　どういたしまして。
　　3　お腹がいっぱいだそうです。

해석 여: 어제는 케이크에 커피까지, 잘 먹었습니다.
　　남: 1　다음은 제가 내겠습니다.
　　　　2　천만에요.
　　　　3　배가 부르대요.

해설 여자가 어제 케이크와 커피를 사 준 남자에게 감사 인사를 하고 있다.
　　1 (X) 다음에는 제가 사겠다고 할 수 있는 것은 여자이므로 주체가 맞지 않다.
　　2 (O) 'どういたしまして(천만에요)'는 감사 인사에 대한 답변이므로 적절한 응답이다.
　　3 (X) ごちそうさまでした(잘 먹었습니다)와 관련된 お腹が いっぱい(배가 부름)를 사용하여 혼동을 준 오답이다.

어휘 昨日 きのう 몡 어제　ケーキ 몡 케이크　コーヒー 몡 커피
　　～まで ~까지　今度 こんど 몡 다음　私 わたし 몡 저
　　払う はらう 동 내다, 지불하다　お腹 おなか 몡 배
　　いっぱいだ な형 (배가) 부르다

4 난이도 상

[음성]
男：昨日どうして来なかったんですか。
女：1　来てもいいです。
　　2　行けないかもしれません。
　　3　熱があったんです。

해석 남: 어제 어째서 오지 않았습니까?
　　여: 1　와도 됩니다.
　　　　2　갈 수 없을지도 모릅니다.
　　　　3　열이 있었습니다.

해설 남자가 여자에게 어제 오지 않은 이유를 묻고 있다.
　　1 (X) 来る(오다)를 반복 사용하여 혼동을 준 오답이다.
　　2 (X) 来る(오다)와 관련된 行く(가다)를 사용하여 혼동을 준 오답이다.
　　3 (O) '열이 있었습니다'는 어제 오지 못한 이유를 설명하는 말이므로 적절한 응답이다.

어휘 昨日 きのう 몡 어제　どうして 분 어째서　来る くる 동 오다
　　行く いく 동 가다　～かもしれない ~(할) 지도 모른다　熱 ねつ 몡 열

TIP どうして(어째서)와 같은 이유를 묻는 의문사가 들리면 이유를 설명하는 말을 정답으로 고른다.

5 난이도 중

[음성]
女：北村さん、テニス、本当に初めてですか。初めてだとは思えません。
男：**1　え、ありがとうございます。**
　　2　本当か分からないみたいです。
　　3　テニスを始めましたか。

해석 여: 기타무라 씨, 테니스, 정말 처음인가요? 처음이라고는 생각되지 않아요.
　　남: **1　아, 감사합니다.**
　　　　2　정말인지 모르는 것 같아요.
　　　　3　테니스를 시작했어요?

해설 여자가 남자에게 테니스를 처음 치는 것 같지 않다고 칭찬하고 있다.
　　1 (O) 'え、ありがとうございます(아, 감사합니다)'는 칭찬에 대한 답변이므로 적절한 응답이다.
　　2 (X) 本当(정말)를 반복 사용하여 혼동을 준 오답이다.
　　3 (X) テニス(테니스)를 반복 사용하여 혼동을 준 오답이다.

어휘 テニス 몡 테니스　本当に ほんとうに 분 정말
　　初めて はじめて 분 처음　思う おもう 동 생각하다
　　始める はじめる 동 시작하다

6 난이도 중

[음성]
男: この寒さじゃ、いつ雪が降っても不思議じゃないですね。
女: 1 まだ降っていますよ。
　　2 ええ、そうですね。
　　3 雪が積もったんですね。

해석 남: 이 추위는, 언제 눈이 내려도 이상하지 않겠네요.
　　여: 1 아직 내리고 있어요.
　　2 네, 그렇네요.
　　3 눈이 쌓였군요.

해설 남자가 여자에게 추워서 언제 눈이 내려도 이상하지 않다고 말하고 있다.
　　1 (X) 降っても(내려도)를 降って(내리고)로 반복 사용하여 혼동을 준 오답이다.
　　2 (O) 'ええ、そうですね(네, 그렇네요)'는 남자의 말에 동의하는 말이므로 적절한 응답이다.
　　3 (X) 雪(눈)를 반복 사용하여 혼동을 준 오답이다.

어휘 この 이　寒さ さむさ 圏추위　いつ 언제　雪 ゆき 圏눈
　　降る ふる 圏(눈이) 내리다　不思議だ ふしぎだ な형이상하다
　　まだ 見아직　~ている ~하고 있다　積もる つもる 圏쌓이다

7 난이도 중상

[음성]
男: 駅に着いたら、電話して。
女: 1 昨日着いたよね。
　　2 え、電話してないよ。
　　3 うん、連絡するね。

해석 남: 역에 도착하면, 전화해.
　　여: 1 어제 도착했지?
　　　2 아, 전화 안했어.
　　　3 응, 연락할게.

해설 남자가 여자에게 역에 도착하면 전화하라고 요청하고 있다.
　　1 (X) '어제 도착했지?'는 질문과 시제가 맞지 않다.
　　2 (X) 電話(전화)를 반복 사용하여 혼동을 준 오답이다.
　　3 (O) '응, 연락할게'는 남자의 요청을 수락하는 말이므로 적절한 응답이다.

어휘 駅 えき 圏역　着く つく 圏도착하다　~たら ~하면
　　電話 でんわ 圏전화　昨日 きのう 圏어제

8 난이도 중

[음성]
女: 会社の電気をつけたままかもしれません。
男: 1 電気をつけてください。
　　2 会社には着きましたか。
　　3 一緒に見に行きましょう。

해석 여: 회사의 전등을 켠 채일지도 몰라요.
　　남: 1 전등을 켜 주세요.
　　　2 회사에는 도착했습니까?
　　　3 같이 보러 가요.

해설 여자가 남자에게 회사 전등을 켜 두고 왔을지 모른다고 말하고 있다.
　　1 (X) 電気(전등)를 반복 사용하여 혼동을 준 오답이다.
　　2 (X) 会社(회사)를 반복 사용하여 혼동을 준 오답이다.
　　3 (O) '一緒に見に行きましょう(같이 보러 가요)'는 여자의 말에 함께 확인하러 가자는 말이므로 적절한 응답이다.

어휘 会社 かいしゃ 圏회사　電気 でんき 圏전등　つける 圏켜다
　　~まま ~한 채　~かもしれません ~지도 모른다
　　~てください ~해 주세요　着く つく 圏도착하다
　　一緒に いっしょに 囝같이　見る みる 圏보다
　　~に行く ~にいく ~하러 가다

무료 온라인 실전모의고사·학습자료 제공
해커스일본어 japan.Hackers.com

제2회 실전모의고사

언어지식(문자·어휘)

문제 1
1	3
2	2
3	2
4	3
5	1
6	4
7	1

문제 2
8	4
9	3
10	2
11	3
12	3

문제 3
13	2
14	4
15	3
16	1
17	4
18	1
19	2
20	1

문제 4
21	3
22	4
23	3
24	1

문제 5
25	3
26	2
27	2
28	3

언어지식(문법)

문제 1
1	3
2	1
3	4
4	2
5	2
6	4
7	3
8	1
9	1
10	4
11	2
12	3
13	1

문제 2
14	2
15	2
16	1
17	2

문제 3
18	2
19	4
20	1
21	3

독해

문제 4
22	2
23	1
24	3

문제 5
25	3
26	4
27	2

문제 6
28	3
29	2

청해

문제 1
1	3
2	4
3	2
4	1
5	1
6	4
7	3
8	4

문제 2
1	3
2	1
3	1
4	3
5	2
6	1
7	2

문제 3
1	2
2	1
3	3
4	3
5	3

문제 4
1	1
2	2
3	3
4	2
5	1
6	3
7	1
8	3

언어지식 (문자·어휘) p.75

문제 1의 디렉션

문제1 _____ 의 말은 히라가나로 어떻게 씁니까? 1·2·3·4에서 가장 알맞은 것을 하나 골라 주세요.

1 난이도 중

이제 곧 <u>시작됩니다</u>始まります.

1 정해집니다   2 닫힙니다
3 시작됩니다   4 모입니다

해설 始まります는 3 はじまります로 발음한다.
어휘 始まる はじまる [동]시작되다   もうすぐ [부]이제 곧
   決まる きまる [동]정해지다   閉まる しまる [동]닫히다
   集まる あつまる [동]모이다

2 난이도 중상

<u>열차</u>列車는 사람이 가득이었습니다.

1 (없는 단어)   **2 열차**
3 (없는 단어)   4 (없는 단어)

해설 列車는 2 れっしゃ로 발음한다. れっ이 촉음인 것에 주의한다.
어휘 列車 れっしゃ [명]열차, 기차   人 ひと [명]사람   いっぱい [부]가득, 많이

TIP 車가 포함된 단어 電車(でんしゃ, 전철)도 자주 출제되므로 함께 알아 둔다.

3 난이도 중

시험 점수가 <u>나빴다</u>悪かった.

1 좋았다   **2 나빴다**
3 높았다   4 낮았다

해설 悪かった는 2 わるかった로 발음한다.
어휘 悪い わるい [い형]나쁘다   テスト [명]시험   てんすう [명]점수
   良い よい [い형]좋다   高い たかい [い형]높다   低い ひくい [い형]낮다

TIP 悪い(わるい, 나쁘다)는 てんすうが悪い(てんすうがわるい, 점수가 나쁘다)와 같이 '나쁘다', 悪いけどお願いするね(わるいけどおねがいするね, 미안하지만 부탁할게)와 같이 '미안하다'라는 의미로도 자주 쓰이므로 함께 알아 둔다.

4 난이도 중상

산은 <u>가을</u>秋이 아름답다고 생각하지 않습니까?

1 여름   2 겨울
3 가을   4 봄

해설 秋는 3 あき로 발음한다.

어휘 秋 あき [명]가을   山 やま [명]산   うつくしい [い형]아름답다
   おもう [동]생각하다   夏 なつ [명]여름   冬 ふゆ [명]겨울   春 はる [명]봄

5 난이도 중상

매일 거기에 <u>다니고</u>通って 있습니다.

1 다니고   2 앉고
3 보내고   4 돌아가고

해설 通って는 1 かよって로 발음한다.
어휘 通う かよう [동]다니다   まいにち [명]매일   そこ [명]거기
   ~ている ~하고 있다   座る すわる [동]앉다   送る おくる [동]보내다
   帰る かえる [동]돌아가다

6 난이도 상

병을 고치는 방법이 <u>발견</u>発見되었습니다.

1 보험   2 (없는 단어)
3 파견   **4 발견**

해설 発見은 4 はっけん으로 발음한다. はっ이 촉음인 것에 주의한다.
어휘 発見 はっけん [명]발견   びょうき [명]병   なおす [동]고치다
   ほうほう [명]방법   保険 ほけん [명]보험   派遣 はけん [명]파견

TIP 見이 포함된 단어 意見(いけん, 의견)도 출제될 수도 있으므로 함께 알아 둔다.

7 난이도 상

아기가 <u>엄지손가락</u>親指을 입에 넣고 자고 있습니다.

1 엄지손가락   2 (없는 단어)
3 (없는 단어)   4 (없는 단어)

해설 親指는 1 おやゆび로 발음한다.
어휘 親指 おやゆび [명]엄지손가락   あかちゃん [명]아기   口 くち [명]입
   いれる [동]넣다   ねる [동]자다   ~ている ~하고 있다

문제 2의 디렉션

문제2 _____ 말은 어떻게 씁니까? 1·2·3·4에서 가장 알맞은 것을 하나 골라 주세요.

8 난이도 중상

<u>공항</u>くうこう에서 호텔까지 전철로 갑니다.

1 고교   2 (없는 단어)
3 (없는 단어)   **4 공항**

해설 くうこう는 4 空港로 표기한다. 2, 3은 없는 단어이다. 空(くう, 하늘)를 선택지 1과 2의 高(こう, 높다)와 구별해서 알아 두고, 港(こう, 선착장)를 선택지 1과 3의 校(こう, 학교)와 구별해서 알아 둔다.

어휘 空港 くうこう 명 공항　ホテル 명 호텔　でんしゃ 명 전철
　　　行く いく 통 가다　高校 こうこう 명 고교

9 난이도 상

시간을 재はかって 주세요.
1 (없는 단어)　　　　2 흩어져
3 재　　　　　　　4 (없는 단어)

해설 はかって는 3 計って로 표기한다. 1, 4는 없는 단어이다.

어휘 計る はかる 통 재다　じかん 명 시간　散る ちる 통 흩어지다

TIP 計る(재다)와 모양이 비슷한 한자를 사용하는 단어 話す(はなす, 이야기하다)도 자주 출제되므로 함께 알아 둔다.

10 난이도 상

머리카락이 길어졌기 때문에 짧게みじかく 자르고 싶습니다.
1 길게　　　　　　**2 짧게**
3 굵게　　　　　　4 가늘게

해설 みじかく는 2 短く로 표기한다.

어휘 短い みじかい い형 짧다　かみ 명 머리카락　のびる 통 길어지다
　　　切る きる 통 자르다　長い ながい い형 길다　太い ふとい い형 굵다
　　　細い ほそい い형 가늘다

TIP 短い(짧다)와 의미가 관련된 한자를 사용하는 단어 近い(ちかい, 가깝다)도 자주 출제되므로 함께 알아 둔다.

11 난이도 중상

어제는 레스토랑에서 식사しょくじ를 했습니다.
1 (없는 단어)　　　　2 (없는 단어)
3 식사　　　　　　4 (없는 단어)

해설 しょくじ는 3 食事로 표기한다. 1, 2, 4는 없는 단어이다. 食(しょく, 먹다)를 선택지 1과 2의 飲(いん, 마시다)과 구별해서 알아 두고, 事(じ, 일)를 선택지 2와 4의 寺(じ, 절)와 구별해서 알아 둔다.

어휘 食事 しょくじ 명 식사　きのう 명 어제　レストラン 명 레스토랑

12 난이도 중상

책상 위에 있는 종이かみ를 가지고 와 주세요.
1 경　　　　　　　　2 그림
3 종이　　　　　　4 급

해설 かみ는 3 紙로 표기한다.

어휘 紙 かみ 명 종이　つくえ 명 책상　上 うえ 명 위　ある 통 있다
　　　もつ 통 가지다　くる 통 오다　経 きょう 명 경, 경문　絵 え 명 그림
　　　級 きゅう 명 급, 계급

문제 3의 디렉션

문제3 (　　　) 에 무엇이 들어갑니까? 1·2·3·4에서 가장 알맞은 것을 하나 골라 주세요.

13 난이도 상

너무 추우므로 (　　) 를 켜도 됩니까?
1 쿨러　　　　　　　**2 히터**
3 드라이어　　　　　4 샤워

해설 너무 춥다고 했으므로 ヒーターをつけてもいいですか(히터를 켜도 됩니까)가 자연스럽다. 따라서 2 ヒーター(히터)가 정답이다.

어휘 とても 부 너무　さむい い형 춥다　つける 통 켜다
　　　クーラー 명 쿨러, 냉방 장치　ヒーター 명 히터
　　　ドライヤー 명 드라이어　シャワー 명 샤워

TIP ヒーターをつける(히터를 켜다)에서의 つける는 テレビ(TV), でんき(전등)등의 전원을 켜고 끌 수 있는 물건과 자주 사용되므로 선택지에 이와 같은 표현이 있는지 유의한다.

14 난이도 중상

미술관에 전시되어 있는 작품에는 (　　　) 주세요.
1 빌려주지 말아　　　2 끝나지 말아
3 들지 말아　　　　　**4 손을 대지 말아**

해설 미술관에 전시되어 있는 작품이라고 했으므로 びじゅつかんにかざられているさくひんにはさわらないでください(미술관에 전시되어 있는 작품에는 손을 대지 말아주세요)가 자연스럽다. 따라서 4 さわらないで(손을 대지 말아)가 정답이다.

어휘 びじゅつかん 명 미술관　かざる 통 전시하다, 장식하다
　　　さくひん 명 작품　かす 통 빌려주다　おわる 통 끝나다
　　　もつ 통 들다　さわる 통 손을 대다, 만지다

15 난이도 상

매일 야구 연습을 하고 있지만, (　　　) 능숙하게 되지 않습니다.
1 언젠가　　　　　　2 슬슬
3 좀처럼　　　　　4 만약

해설 연습하고 있지만 능숙해지지 않는다고 했으므로 れんしゅうをしていますが、なかなか上手になりません(연습을 하고 있지만, 좀처럼 능숙하게 되지 않습니다)가 자연스럽다. 따라서 3 なかなか(좀처럼)가 정답이다.

어휘 まいにち 명 매일　やきゅう 명 야구　れんしゅう 명 연습
　　　上手だ じょうずだ な형 능숙하다　いつか 부 언젠가
　　　そろそろ 부 슬슬　なかなか 부 좀처럼　もし 부 만약

TIP なかなか(좀처럼)는 なかなかおもしろい(상당히 재미있다)와 같이 '상당히'라는 의미로도 자주 쓰이므로 함께 알아 둔다.

16 난이도 중상

그 별은 (　　) 과 관계없이 볼 수 있어요.

1 계절　　　　　　　2 옛날
3 미래　　　　　　　4 학기

해설 별을 어떤 것과 관계없이 볼 수 있다고 했으므로 별을 관측하는 것과 관련 있는 きせつ(계절)를 넣는 것이 자연스럽다. 따라서 1 きせつ(계절)가 정답이다.

어휘 ほし 명 별　かんけい 명 관계　見る みる 동 보다
　　　~ことができる ~할 수 있다　きせつ 명 계절　むかし 명 옛날
　　　みらい 명 미래　がっき 명 학기

17 난이도 중

조금 열이 있지만, 충분히 자면 (　　) 을 거라고 생각합니다.

1 성실　　　　　　　2 깨끗
3 활기　　　　　　　4 괜찮

해설 열이 조금 있는 상태에 대해 충분히 잔다는 해결책을 말하고 있으므로 しっかりねればだいじょうぶ(충분히 자면 괜찮)가 자연스럽다. 따라서 4 だいじょうぶ(괜찮)가 정답이다.

어휘 少し すこし 부 조금　ねつ 명 열　ある 동 있다
　　　しっかり 충분히, 확실히　ねる 동 자다　おもう 동 생각하다
　　　まじめだ な형 성실하다　きれいだ な형 깨끗하다
　　　にぎやかだ な형 활기차다　だいじょうぶだ な형 괜찮다

18 난이도 중상

눈이 내려 언 길을 걷고 있었는데, (　　) 위험했습니다.

1 미끄러져서　　　　2 앉아서
3 뛰어서　　　　　　4 옮겨서

해설 눈이 내려 언 길이라고 했으므로 すべってあぶなかったです(미끄러져서 위험했습니다)가 자연스럽다. 따라서 1 すべって(미끄러져서)가 정답이다.

어휘 ゆき 명 눈　ふる 동 내리다　こおる 동 얼다　みち 명 길
　　　歩く あるく 동 걷다　あぶない い형 위험하다　すべる 동 미끄러지다
　　　すわる 동 앉다　とぶ 동 뛰다　はこぶ 동 옮기다

TIP すべる(미끄러지다)는 みち(길), ゆか(바닥) 등 지면 관련 단어와 자주 사용되므로 제시문에 이와 같은 단어가 있는지 유의한다.

19 난이도 중상

대학에서 나무를 사용해 가구를 만드는 (　　) 을 배우고 있습니다.

1 수영　　　　　　　2 기술
3 요리　　　　　　　4 문학

해설 나무를 사용해 가구를 만든다고 했으므로 사물을 다루어 가공하는 능력을 일컫는 ぎじゅつ(기술)를 넣는 것이 자연스럽다. 따라서 2 ぎじゅつ(기술)가 정답이다.

어휘 だいがく 명 대학　木 き 명 나무　つかう 동 사용하다　かぐ 명 가구
　　　つくる 동 만들다　まなぶ 동 배우다　すいえい 명 수영
　　　ぎじゅつ 명 기술　りょうり 명 요리　ぶんがく 명 문학

20 난이도 상

남동생과 50미터를 달려서, 어느 쪽이 빠른지 (　　) 했습니다.

1 경쟁　　　　　　　2 우승
3 연락　　　　　　　4 상담

해설 남동생과 달리기를 하고 어느 쪽이 빠른지 겨루었으므로 おとうと と50メートルを走って、どっちがはやいかきょうそう(남동생과 50미터를 달려서, 어느 쪽이 빠른지 경쟁)가 자연스럽다. 따라서 1 きょうそう(경쟁)가 정답이다.

어휘 おとうと 명 남동생　メートル 명 미터　走る はしる 동 달리다
　　　どっち 명 어느 쪽　はやい い형 빠르다　きょうそう 명 경쟁
　　　ゆうしょう 명 우승　れんらく 명 연락　そうだん 명 상담

문제 4의 디렉션

문제4 ＿＿＿＿ 의 문장과 대체로 같은 의미의 문장이 있습니다. 1·2·3·4에서 가장 알맞은 것을 하나 골라 주세요.

21 난이도 중

어젯밤, 개를 데리고 산책했습니다.

1 오늘 밤, 개를 데리고 산책했습니다.
2 오늘 낮, 개를 데리고 산책했습니다
3 어젯밤, 개를 데리고 산책했습니다.
4 어제 낮, 개를 데리고 산책했습니다.

해설 제시문에 사용된 ゆうべ가 '어젯밤'이라는 의미이므로, 의미가 같은 きのうのよる(어젯밤)를 사용한 3 きのうのよる、犬をつれてさんぽしました(어젯밤, 개를 데리고 산책했습니다)가 정답이다.

어휘 ゆうべ 명 어젯밤　犬 いぬ 명 개
　　　つれる 동 데리고 (가다), 데리고 (오다), 동반하다　さんぽ 명 산책
　　　きょう 명 오늘　よる 명 밤　ひる 명 낮　きのう 명 어제

22 난이도 중상

안나 씨는 소중한 친구입니다.
1 안나 씨는 조용한 친구입니다.
2 안나 씨는 친절한 친구입니다.
3 안나 씨는 멋진 친구입니다.
4 안나 씨는 소중한 친구입니다.

해설 제시문에 사용된 だいじな가 '소중한'이라는 의미이므로, 의미가 같은 たいせつな(소중한)를 사용한 4 アンナさんはたいせつな友だちです(안나 씨는 소중한 친구입니다)가 정답이다.

어휘 だいじだ な형 소중하다, 중요하다 友だち ともだち 명 친구
しずかだ な형 조용하다   しんせつだ な형 친절하다
すてきだ な형 멋지다   たいせつだ な형 소중하다

TIP だいじだ(소중하다)와 비슷한 의미의 な형용사인 じゅうようだ(중요하다)도 출제될 수도 있으므로 함께 알아 둔다.

23 난이도 상

선생님이 갑자기 일어섰습니다.
1 선생님이 마침내 일어섰습니다.
2 선생님이 아까 일어섰습니다.
3 선생님이 갑자기 일어섰습니다.
4 선생님이 천천히 일어섰습니다.

해설 제시문에 사용된 いきなり가 '갑자기'라는 의미이므로, 의미가 같은 きゅうに(갑자기)를 사용한 3 先生がきゅうに立ち上がりました(선생님이 갑자기 일어섰습니다)가 정답이다.

어휘 先生 せんせい 명 선생(님)   いきなり 부 갑자기
立ち上がる たちあがる 동 일어서다   やっと 부 마침내
さっき 부 아까   きゅうに 부 갑자기   ゆっくり 부 천천히

TIP いきなり(갑자기)와 비슷한 의미의 부사인 とつぜん(돌연)도 출제될 수도 있으므로 함께 알아 둔다.

24 난이도 상

선배를 영화에 권유했습니다.
1 선배에게 "영화를 보러 가지 않겠습니까"라고 말했습니다.
2 선배에게 "영화를 보러 갔습니다"라고 말했습니다.
3 선배에게 "영화가 재미있었습니다"라고 말했습니다.
4 선배에게 "영화가 재미없었습니다"라고 말했습니다.

해설 제시문에 사용된 えいがにさそいました가 '영화에 권유했습니다'라는 의미이므로, 의미가 비슷한 「えいがを見に行きませんか」と言いました("영화를 보러 가지 않겠습니까"라고 말했습니다)를 사용한 1 せんぱいに「えいがを見に行きませんか」と言いました(선배에게 "영화를 보러 가지 않겠습니까"라고 말했습니다)가 정답이다.

어휘 せんぱい 명 선배   えいが 명 영화   さそう 동 권유하다
見る みる 동 보다   行く いく 동 가다   言う いう 동 말하다
おもしろい い형 재미있다   つまらない い형 재미없다

문제 5의 디렉션

문제5 다음 말의 사용법으로 가장 좋은 것을 1·2·3·4에서 하나 고르세요.

25 난이도 중상

고장
1 오늘 아침, 길이 고장 나고 있어서 회사에 지각했습니다.
2 이 요리는 레시피를 보면 고장 나지 않겠지요.
3 사고로 차가 고장 났기 때문에, 수리하지 않으면 안 됩니다.
4 A "날씨가 고장 나 있네."
　 B "응, 비도 내릴 것 같아."

해설 こしょう(고장)는 기구나 기계가 제대로 움직이지 못할 때 사용한다. 3의 じこで車がこしょうしたので(사고로 차가 고장 났기 때문에)에서 문맥상 올바르게 사용되었으므로 3이 정답이다. 참고로, 1은 こむ(붐비다), 2는 しっぱい(실패), 4는 わるい(나쁘다)를 사용하는 것이 올바른 문장이다.

어휘 こしょう 명 고장   けさ 명 오늘 아침   みち 명 길
会社 かいしゃ 명 회사   ちこく 명 지각   りょうり 명 요리
レシピ 명 레시피   見る みる 동 보다   じこ 명 사고   車 くるま 명 차
しゅうり 명 수리   ~なければいけない ~하지 않으면 안 된다
てんき 명 날씨   雨 あめ 명 비   ふる 동 내리다   ~そうだ ~것 같다

TIP こしょう(고장)는 パソコン(컴퓨터), れいぞうこ(냉장고) 등 기계나 기구를 나타내는 단어와 자주 사용되므로 이와 같은 단어가 있는 선택지에 유의한다.

26 난이도 상

싱글벙글
1 운동한 후라 가슴이 싱글벙글하고 있습니다.
2 선물을 받은 아이들은 싱글벙글하고 있었습니다.
3 뉴스를 보면서 소파에서 싱글벙글하고 있었습니다.
4 형에게 전화를 몇 번 걸어도 받지 않아서 싱글벙글했습니다.

해설 にこにこ(싱글벙글)는 기분이 좋아서 웃는 표정을 말할 때 사용한다. 2의 プレゼントをもらった子どもたちはにこにこして(선물을 받은 아이들은 싱글벙글하고)에서 문맥상 올바르게 사용되었으므로 2가 정답이다. 참고로, 1은 どきどき(두근두근), 3은 ごろごろ(뒹굴뒹굴), 4는 いらいら(안절부절)를 사용하는 것이 올바른 문장이다.

어휘 にこにこ 부 싱글벙글   うんどう 명 운동   あと 명 후   むね 명 가슴
プレゼント 명 선물   もらう 동 받다   子ども こども 명 아이
ニュース 명 뉴스   見る みる 동 보다   ソファー 명 소파

兄 あに 명 형　でんわ 명 전화　なんど 부 몇 번　かける 동 걸다
出る でる 동 (전화를) 받다

27 난이도 중상

> 준비
> 1 매월 생활비의 준비를 세우고 있습니다.
> **2 어머니와 여행 준비를 했기 때문에, 잊은 물건은 없을 것입니다.**
> 3 마스크를 하면 감기의 준비가 됩니다.
> 4 이가 아파서, 치과 준비를 했습니다.

해설 したく(준비)는 어떤 일을 하기 위해 미리 무언가를 마련하여 갖출 때 사용한다. 2의 母とりょこうのしたくをしたので(어머니와 여행 준비를 했기 때문에)에서 문맥상 올바르게 사용되었으므로 2가 정답이다. 참고로, 1은 よさん(예산), 3은 よぼう(예방), 4는 よやく(예약)를 사용하는 것이 올바른 문장이다.

어휘 したく 명 준비　まいつき 명 매월　せいかつひ 명 생활비
　　母 はは 명 어머니　りょこう 명 여행　わすれもの 명 잊은 물건
　　マスク 명 마스크　かぜ 명 감기　は 명 이, 치아　いたい い형 아프다
　　はいしゃ 명 치과(의사)　とる 동 (예약을) 하다

28 난이도 중

> 기억하다
> 1 자신의 장래를 진지하게 기억하고 있습니까?
> 2 그와는 항상 영어로 기억하고 있습니까?
> **3 요전에 간 식당의 이름을 기억하고 있습니까?**
> 4 회의에서 이야기한 것을 메모에 기억하고 있습니까?

해설 おぼえる(기억하다)는 무언가를 마음속에 간직하거나 다시 생각해낼 때 사용한다. 3의 このあいだ行ったしょくどうのなまえをおぼえて(요전에 간 식당의 이름을 기억하고)에서 문맥상 올바르게 사용되었으므로 3이 정답이다. 참고로, 1은 かんがえる(생각하다), 2는 はなす(이야기하다), 4는 かく(쓰다)를 사용하는 것이 올바른 문장이다.

어휘 おぼえる 동 기억하다　じぶん 명 자신　しょうらい 명 장래
　　しんけんだ な형 진지하다　かれ 명 그　いつも 부 항상
　　えいご 명 영어　このあいだ 명 요전　行く いく 동 가다
　　しょくどう 명 식당　なまえ 명 이름　かいぎ 명 회의
　　はなす 동 이야기하다　こと 명 것　メモ 명 메모

> TIP おぼえる(기억하다)는 ぎじゅつをおぼえる(기술을 배우다)와 같이 '배우다'라는 의미로도 자주 쓰이므로 함께 알아 둔다.

언어지식(문법) p.85

문제 1의 디렉션

> 문제1 (　　) 에 무엇을 넣습니까? 1·2·3·4 에서 가장 알맞은 것을 하나 골라주세요.

1 난이도 중상

> 마른 빨래에서 비누의 좋은 냄새 (　　) 납니다.
> 1 를　　　　　　　　2 와
> **3 가**　　　　　　　4 는

해설 빈칸 앞에서 '냄새'라고 하고, 빈칸 뒤에서 '납니다'라고 했으므로, 냄새가 나는 주체를 가리키는 'が(가)'를 사용하는 것이 자연스럽다. 따라서 3 が(가)가 정답이다.

어휘 かわく 동 마르다　洗濯物 せんたくもの 명 빨래　~から 조 ~에서
　　せっけん 명 비누　いい い형 좋다　におい 명 냄새
　　する 동 (냄새가) 나다　~を 조 ~를　~と 조 ~와　~が 조 ~가
　　~は 조 ~는

2 난이도 중상

> 어릴 때부터 애니메이션 (　　) 만화를 좋아해서, 일본에 흥미가 있었습니다.
> **1 이나**　　　　　　2 도
> 3 밖에　　　　　　　4 만

해설 빈칸 앞에서 '애니메이션'이라고 하고, 빈칸 뒤에서 '만화'라고 했으므로, 비슷한 종류의 단어를 나열할 수 있는 'や(이나)'를 사용하는 것이 자연스럽다. 따라서 1 や(이나)가 정답이다.

어휘 小さい ちいさい い형 어리다　ころ 명 때　~から ~부터
　　アニメ 명 애니메이션　まんが 명 만화　好きだ すきだ な형 좋아하다
　　日本 にほん 명 일본　興味 きょうみ 명 흥미　ある 동 있다
　　~や 조 ~나　~も 조 ~도　~しか 조 ~밖에　~だけ 조 ~만

3 난이도 중상

> 오늘 처음으로 시합에 나갑니다. 긴장 (　　) 기대 쪽이 큽니다.
> 1 정도는　　　　　　2 부터는
> 3 만은　　　　　　　**4 보다는**

해설 빈칸 앞에서 '긴장'이라고 하고, 빈칸 뒤에서 '기대 쪽이 더 큽니다'라고 했으므로, 앞서 말한 것과 비교하는 'よりは(보다는)'를 사용하는 것이 자연스럽다. 따라서 4 よりは(보다는)가 정답이다.

어휘 今日 きょう 몡오늘 初めて はじめて 튄처음으로
試合 しあい 몡시합 出る でる 됭나가다 きんちょう 몡긴장
楽しみ たのしみ 몡기대 ほう 몡쪽 大きい おおきい い형크다
~くらい 조~정도 ~は 조~는, 은 ~から 조~부터
~ばかり 조~만 ~より 조~보다

4 난이도 상

A "사회학의 리포트 주제, 벌써 정했어?"
B "응. 세계의 환경 문제 (　　) 쓸 생각이야."

1 의 것에 **2 에 대해서**
3 의 사이에 4 가 되어서

해설 빈칸 앞에서 '세계의 환경 문제'라고 하고, 빈칸 뒤에서 '쓸 생각이야'라고 했으므로, 주제나 대상임을 나타내는 '〜について(~에 대해서)'를 사용하는 것이 자연스럽다. 따라서 2 について(에 대해서)가 정답이다. 3 あいだは '~사이', 4 になる는 '~가 되다'라는 의미의 문형임을 알아 둔다.

어휘 社会学 しゃかいがく 몡사회학 レポート 몡리포트 テーマ 몡주제
もう 튄벌써 決める きめる 됭정하다 世界 せかい 몡세계
かんきょう 몡환경 問題 もんだい 몡문제 書く かく 됭쓰다
~つもりだ ~할 생각이다 こと 몡것 ~について ~에 대해서
~あいだ ~사이 ~になる ~가 되다

TIP ~について(~에 대해서)는 ないよう(내용), いけん(의견)과 같이 정보, 생각을 나타내는 표현과 자주 사용되므로 제시문에 이와 같은 표현이 있으면 정답일 가능성이 높다.

5 난이도 상

다니무라 "모리타 씨, 오늘도 아르바이트? (　　) 위해 열심히 일하고 있는 거야?"
모리타 "사실은 오토바이를 갖고 싶어."

1 무엇도 **2 무엇을**
3 어느 4 어떤

해설 빈칸 앞에서 '오늘도 아르바이트?'라고 하고, 빈칸 뒤에서 '위해 열심히 일하고 있는 거야?'라고 했으므로, 목적이나 이유의 대상을 나타내는 'なん(무엇)'을 사용하는 것이 자연스럽다. なん은 명사이며, 빈칸 뒤의 ためには 명사와 접속할 때 명사 뒤에 の를 붙여야 하므로 2 なんの(무엇을)가 정답이다.

어휘 今日 きょう 몡오늘 アルバイト 몡아르바이트 ~ために ~위해
一生けんめい いっしょうけんめい 몡열심히 함
働く はたらく 됭일하다 ~ている ~하고 있다
実は じつは 튄사실은 バイク 몡오토바이
~がほしい ~를 갖고 싶다 なにも 무엇도 なんの 무엇을
どの 어느 どんな 어떤

6 난이도 중상

(레스토랑에서)
A "메뉴를 주문한 지 (　　) 시간이 지났네요."
B "벌써 30분 이상 지났어요. 주문이 들어갔는지 확인해 봅시다."

1 겨우 2 이제 곧
3 언제나 **4 꽤**

해설 빈칸 앞에서 '메뉴를 주문한 지'라고 하고, 빈칸 뒤에서 '시간이 지났네요'라고 했으므로, 시간의 경과 정도를 나타내는 부사인 'ずいぶん(꽤)'을 사용하는 것이 자연스럽다. 따라서 4 ずいぶん(꽤)이 정답이다.

어휘 レストラン 몡레스토랑 メニュー 몡메뉴 注文 ちゅうもん 몡주문
~てから ~한 지 時間 じかん 몡시간 もう 튄벌써
~分 ~ぶん ~분 以上 いじょう 몡이상 たつ 됭지나다
~ている ~해 있다 入る はいる 됭들어가다
確認 かくにん 몡확인 ~てみる ~해 보다 ~ましょう ~합시다
やっと 튄겨우 もうすぐ 튄이제 곧 いつも 튄언제나
ずいぶん 튄꽤

TIP ずいぶん(꽤)과 비슷한 의미의 부사인 かなり(제법), けっこう(상당히)도 출제될 수 있으므로 함께 알아 둔다.

7 난이도 중상

상품을 계산대에 가지고 가서 돈을 (　　) 고 했을 때, 지갑을 잃어버린 것을 깨달았습니다.

1 지불하는 2 지불해
3 지불하려 4 지불한

해설 빈칸 뒤의 とする(~하려고 하다)는 동사 의지형과 접속할 수 있으므로 はらう와 사용하는 경우 はらおうとした(지불하려고 했을)로 연결된다. 따라서 3 はらおう(지불하려)가 정답이다. 동사 의지형 + とする가 '~하려고 하다'라는 의미의 문형임을 알아 둔다.

어휘 商品 しょうひん 몡상품 レジ 몡계산대
持って行く もっていく 가지고 가다 お金 おかね 몡돈 とき 몡때
財布 さいふ 몡지갑 なくす 됭잃어버리다 こと 몡것
気づく きづく 됭깨닫다 払う はらう 됭지불하다
~ようとする ~하려고 하다

8 난이도 중상

이 일은 데이터를 입력하는 것 뿐이지만, 데이터의 양이 (　　) 좀처럼 끝나지 않습니다.

1 너무 많아서 2 많지만
3 많지 않아서 4 많아도

해설 빈칸 앞에서 '데이터의 양이'라고 하고, 빈칸 뒤에서 '좀처럼 끝나지 않습니다'라고 했으므로, 원인이나 이유를 나타내는 연결 표현인

て(~해서)를 사용하는 것이 자연스럽다. 3 多くなくて(많지 않아서)는 좀처럼 끝나지 않는다는 내용과 상반되므로 적절하지 않다. 따라서 1 多すぎて(너무 많아서)가 정답이다. 1의 すぎる는 '너무 ~하다', 2의 けど는 '~지만', 3의 なくて는 '~하지 않아서', 4의 ても는 '~해도'라는 의미의 문형임을 알아 둔다.

어휘 この 이 仕事 しごと 図일 データ 図데이터
入力 にゅうりょく 図입력 ~だけ 图~뿐 量 りょう 図양
なかなか 图좀처럼 終わる おわる 图끝나다
多い おおい 이형많다 ~すぎる 너무 ~하다 ~けど ~지만
~なくて ~하지 않아서 ~ても ~해도

9 난이도 중상

A "몸 상태는 어때요?"
B "이제 괜찮습니다. 병원에서 받은 약을 (　　) 완전히 좋아졌습니다."

1 먹었더니   2 먹거나
3 먹는다고 해서   4 먹으러

해설 빈칸 앞에서 '병원에서 받은 약을'이라고 하고, 빈칸 뒤에서 '완전히 좋아졌습니다'라고 했으므로, 원인과 결과를 연결하는 '~たら(~했더니)'를 사용하는 것이 자연스럽다. 따라서 1 飲んだら(먹었더니)가 정답이다. 2의 たり는 '~하거나', 3의 そうだ는 '~(한)다고 한다', 4의 には는 '~하러'라는 의미의 문형임을 알아 둔다.

어휘 体 からだ 図몸 ぐあい 図상태 もう 图이제
大丈夫 だいじょうぶ 国형괜찮다 病院 びょういん 図병원
もらう 图받다 薬 くすり 図약 すっかり 图완전히 いい 이형좋다
~なる ~해지다 飲む のむ 图(약을) 먹다 ~たら ~했더니
~たり ~하거나 ~そうだ ~(한)다고 한다 ~に ~하러

10 난이도 상

시민 체육관을 사용할 때는 일주일 전까지 반드시 예약을 (　　)고 합니다.

1 하려고 하지 않는다   2 하고 가지 않는다
3 해도 상관없다   **4 하지 않으면 안 된다**

해설 빈칸 앞에서 체육관을 이용하기 위한 규칙을 말하고 있으므로, 반드시 해야 하는 것을 나타내는 '~ないといけない(~하지 않으면 안 된다)'를 사용하는 것이 자연스럽다. 따라서 4번 しないといけない(하지 않으면 안 된다)가 정답이다. 1의 ようとする는 '~하려고 하다', 2의 ていく는 '~(하고) 가다', 3의 てもかまわない는 '~해도 상관없다'라는 의미의 문형임을 알아 둔다.

어휘 市民 しみん 図시민 体育館 たいいくかん 図체육관
使う つかう 图사용하다 とき 図때
一週間 いっしゅうかん 図일주일 前 まえ 図전 ~までに 图~까지
かならず 图반드시 予約 よやく 図예약 ~らしい ~(라)고 한다
~(よ)うとする ~하려고 하다 ~ていく ~(하고) 가다
~てもかまわない ~해도 상관없다
~ないといけない ~하지 않으면 안 된다

TIP ~ないといけない(~(하)지 않으면 안 된다)와 의미가 같은 표현인 ~なくてはならない、~なくてはいけない、~なければならない、~なければいけない도 출제될 수도 있으므로 함께 알아 둔다.

11 난이도 상

호텔에 전화해서 4명이 묵을 수 있는 방이 (　　) 물었습니다.

1 있는 편이   **2 있는지 어떤지**
3 있다면   4 있어도 된다고

해설 빈칸 앞에서 '4명이 묵을 수 있는 방이'라고 하고, 빈칸 뒤에서 '물었습니다'라고 했으므로, 방이 있는지 여부를 묻는 '~かどうか(~하는지 어떤지)'를 사용하는 것이 자연스럽다. 따라서 2번 あるかどうか(있는지 어떤지)가 정답이다. 1의 たほうがは '~하는 편이', 3의 なら는 '~(한)다면', 4의 てもいい는 '~해도 된다'라는 의미의 문형임을 알아 둔다.

어휘 ホテル 図호텔 電話 でんわ 図전화 ~人 ~にん ~명
泊まる とまる 图묵다 へや 図방 聞く きく 图묻다 ある 图있다
ほう 図편 ~かどうか ~하는지 어떤지 ~なら 图~(한)다면
~てもいい ~해도 된다

12 난이도 상

(가게에서)
점원 "이쪽이 요즘 잘 팔리고 있는 상품입니다."
야마모토 "와, 이 신발, 매우 (　　)."
점원 "네, 하루 종일 신고 있어도 발이 피곤하지 않습니다. 신어 보시겠어요?"

1 걷기 편했어요   2 걷기 편했을지도 몰라요
3 걷기 편할 것 같아요   4 걷기 편해져요

해설 빈칸 앞에서 '와, 이 신발, 매우'라고 하고, 점원이 '네, 하루 종일 신고 있어도 발이 피곤하지 않습니다. 신어 보시겠어요?'라고 했으므로, 아직 신어 보지 않은 상태에서 신발의 생김새를 보고 추측해 보는 '~そうだ(~할 것 같다)'를 사용하는 것이 자연스럽다. 따라서 3 歩きやすそうです(걷기 편할 것 같아요)가 정답이다. 1의 やすい는 '~하기 편하다', 2의 かもしれない는 '~지도 모른다', 4의 くなる는 '~해지다'라는 의미의 문형임을 알아 둔다.

어휘 店 みせ 図가게 店員 てんいん 図점원 こちら 図이쪽
最近 さいきん 図요즘 よく 图잘 売れる うれる 图팔리다
~ている ~하고 있다 商品 しょうひん 図상품 この 이
くつ 図신발 とても 图매우 一日中 いちにちじゅう 図하루 종일
はく 图신다 足 あし 図발 つかれる 图피곤하다
~てみる ~해 보다 歩く あるく 图걷다 ~やすい ~하기 편하다
~かもしれない ~지도 모른다 ~そうだ ~할 것 같다
~くなる ~해지다

13 난이도 상

A "이 앱을 다운로드했는데, 사용법을 모르겠어서 (　　) ."
B "좋아요. 이 메일에 답장을 하고 나서라도 괜찮나요?"

1 **가르쳐 주실 수 없을까요** 2 가르쳐 주지 않나요
3 가르쳐 주길 바랐나요 4 가르쳐 준 건가요

해설 빈칸 앞에서 '사용법을 모르겠어서'라고 하고, B가 '좋아요. 이 메일에 답장을 하고 나서라도 괜찮나요?'라며 A의 요청을 받아들였으므로, 상대방에게 무언가 해 줄 수 있는지 요청하는 '~てもらえませんか(~해 주실 수 없을까요)'를 사용하는 것이 자연스럽다. 따라서 1 教えてもらえませんか(가르쳐 주실 수 없을까요)가 정답이다. 선택지 1의 てもらう는 내가 남에게 무언가를 받을 때 사용하는 표현이므로, A가 B에게 가르침을 받는 상황에서 적절하다. 2의 てあげる는 내가 남에게 무언가를 해 줄 때 사용하는 표현이므로 적절하지 않으며, 3의 てほしい는 남이 무언가를 해 주길 바랄 때 사용하는 표현이기 때문에 이 문장에서 사용할 경우 B가 가르침을 받길 원한다는 뜻이 되어 주체가 맞지 않다. 4의 てくれた는 남이 나에게 무언가를 이미 해 주었을 때 사용하는 표현이므로 이 상황과 시제가 맞지 않다. 2의 てあげる는 내가 '(남에게) ~해 주다', 3의 てほしい는 '~해 주길 바라다', 4의 てくれる는 남이 '(나에게) ~해 주다'라는 의미의 문형임을 알아 둔다.

어휘 この 이 アプリ 圏 앱 ダウンロード 圏 다운로드 ~けど 조 ~인데
使い方 つかいかた 圏 사용법 わかる 圏 알다 ~ので 조 ~해서
いい い형 좋다 メール 圏 메일 返事 へんじ 圏 답장
~てから ~하고 나서 ~でも ~라도 教える おしえる 圏 가르치다
~てもらう (상대방이) ~해 주다 ~てあげる (남에게) ~해 주다
~てほしい ~해 주길 바라다 ~てくれる (나에게) ~해 주다

문제 2의 디렉션

문제 2 ＿＿★＿＿ 에 들어갈 것은 어느 것입니까? 1·2·3·4에서 가장 알맞은 것을 하나 골라 주세요.

---

14 난이도 중상

찍은 사진의 사이즈를 ＿＿★바꾼 후＿＿ 에 모두에게 보냈습니다.

1 후 **2 바꾼**
3 를 4 에

해설 선택지 1 あとは 선택지 4 で와 접속하여 あとで(~(한) 후에)라는 문형이 된다. あとで(~(한) 후에)는 동사 た형과 접속할 수 있으므로 2 変えた 1 あと 4 で(바꾼 후에)로 연결된다. 이후 나머지 선택지를 의미가 통하게 배열하면 3 を 2 変えた 1 あと 4 で(를 바꾼 후에)가 된다. 전체 문맥과도 자연스럽게 연결되므로 2 変えた(바꾼)가 정답이다.

어휘 撮る とる 圏 찍다 写真 しゃしん 圏 사진 サイズ 圏 사이즈
みんな 圏 모두 送る おくる 圏 보내다 ~たあとで ~한 후에
変える かえる 圏 바꾸다 ~を 조 ~를

---

15 난이도 상

이후 곧 다른 회의에서 이 회의실을 사용하 니까 에어컨은 ★켠 채 로 해 둬 주세요.

1 둬 **2 켠 채로 해**
3 에어컨은 4 니까

해설 선택지 2의 て는 선택지 1의 おく와 접속하여 ておく(~해 두다)라는 문형이 된다. 그러므로 선택지 2 つけたままにして와 1 おいて를 우선 연결할 수 있다. 이후 나머지 선택지를 의미가 통하게 배열하면 4 から 3 エアコンは 2 つけたままにして 1 おいて(니까 에어컨은 켠 채로 해 둬)가 된다. 전체 문맥과도 자연스럽게 연결되므로 2 つけたままにして(켠 채로 해)가 정답이다.

어휘 このあと 圏 이후 すぐ 囲 곧 他の ほかの 다른
会議 かいぎ 圏 회의 この 이 会議室 かいぎしつ 圏 회의실
使う つかう 圏 사용하다 ~てください ~해 주세요
~ておく ~해 두다 つける 圏 켜다 ~まま ~한 채
~にする ~로 하다 エアコン 圏 에어컨 ~から 조 ~니까

---

16 난이도 상

엄마로부터 우유를 사 오 도록 ★부탁받았 는데 잊고 있었다.

1 부탁받았 2 사 오
3 도록 4 는데

해설 전체 선택지를 의미가 통하게 배열하면 2 買ってくる 3 ように 1 頼まれた 4 のに(사 오도록 부탁받았는데)가 된다. 전체 문맥과도 어울리므로 1 頼まれた(부탁받았)가 정답이다.

어휘 母 はは 圏 엄마 ~から 조 ~로부터 牛乳 ぎゅうにゅう 圏 우유
忘れる わすれる 圏 잊다 ~ている ~하고 있다
頼む たのむ 圏 부탁하다 買ってくる かってくる 사 오다
~ように ~하도록 ~のに 조 ~하는데

---

17 난이도 중상

리더는 누가 하기 ★로 되어 있는 지 아닙니까?

1 하기 **2 로 되어 있는**
3 누가 4 지

해설 선택지 2의 ことになる는 동사 사전형과 접속할 수 있다. 그러므로 선택지 1 する와 2 ことになっている를 우선 연결할 수 있다. 이후 나머지 선택지를 의미가 통하게 배열하면 3 だれが 1 する 2 ことになっている 4 か(누가 하기로 되어 있는지)가 된다. 전체 문맥과도 자연스럽게 연결되므로 2 ことになっている(로 되어 있는)가 정답이다.

어휘 リーダー 圏 리더 わかる 圏 알다
~ことになっている ~하기로 되어 있다 だれ 圏 누구
~か 조 ~인지

TIP ~か(~지) 뒤에는 わかりますか(아십니까), 知っていますか(알고 있습니까)와 같은 표현이 올 수 있으므로 이와 같은 표현이 있다면 ~か 뒤로 배치한다.

문제 3의 디렉션

문제3 　18　 부터 　21　 에 무엇을 넣습니까? 문장의 의미를 생각해서, 1·2·3·4 에서 가장 알맞은 것을 하나 골라 주세요.

18-21

아래 글은, 유학생의 작문입니다.

첫 미술관의 추억

멜리사 칸

　저는 지금까지 미술에 그다지 흥미가 없었습니다. 하지만, 저번 주에 [18]친구 　18　 권유받아 미술관에 가서, 그 생각이 바뀌었습니다.

　처음에 본 것은, 동물을 테마로 한 그림의 코너였습니다. 특히 [20]고양이 그림이 귀여워서, 계속 봐 버렸습니다. [19]그 고양이는 　19　. [19]어떻게 하면 이런 그림을 그릴 수 있는지 신기했습니다. 　20　, [20]해외의 유명한 화가의 작품도 보았습니다.

　그림을 본 후에는, 미술관의 카페에 갔습니다. [21]케이크를 　21　, [21]작품에 대해 이야기했습니다. 이야기하고 싶은 것이 많아서 케이크가 그다지 줄어들지 않았습니다. 그런 저를 보고 친구가 웃고 있었습니다. 미술관은 새로운 발견이 많이 있는 장소였습니다.

어휘 下した 阿아래　文章 ぶんしょう 阿글
留学生 りゅうがくせい 阿유학생　作文 さくぶん 阿작문
初めて はじめて 뭐첫, 처음　美術館 びじゅつかん 阿미술관
思い出 おもいで 阿추억　今まで いままで 뭐지금까지
美術 びじゅつ 阿미술　あまり 뭐그다지　興味 きょうみ 阿흥미
ある 동있다　でも 접하지만　先週 せんしゅう 阿저번 주
友達 ともだち 阿친구　誘う さそう 동권유하다　行く いく 동가다
その 그　考え かんがえ 阿생각　変わる かわる 동바뀌다
最初 さいしょ 阿처음　見る みる 동보다　動物 どうぶつ 阿동물
~にする ~로 하다　絵え 阿그림　とくに 뭐특히　ねこ 阿고양이
かわいい い형귀엽다　~てしまう ~해 버리다　こんな 이런
かく 동그리다　ふしぎだ な형신기하다　海外 かいがい 阿해외
有名だ ゆうめいだ な형유명하다　画家 がか 阿화가
作品 さくひん 阿작품　後 あと 阿후　カフェ 阿카페
~について ~에 대해　話す はなす 동이야기하다
~たい ~하고 싶다　こと 阿것　いっぱい 뭐많이
減る へる 동줄어들다　そんな 그런　笑う わらう 동웃다
新しい あたらしい い형새롭다　発見 はっけん 阿발견
たくさん 뭐많이　場所 ばしょ 阿장소

18 난이도 중상

1 를	**2 에게**
3 와	4 도

해설 빈칸 앞에서 '친구'라고 하고, 빈칸 뒤에서 '권유받아'라고 했으므로, 누구에게 권유받았는지를 나타내는 'に(에게)'를 사용하는 것이 자연스럽다. 따라서 2 に(에게)가 정답이다.

어휘 ~を 조~를　~に 조~에게　~と 조~와　~も 조~도

19 난이도 상

1 살아 있을 생각이었습니다	2 살아 있을 것이었습니다
3 살아 있는 것이었습니다	**4 살아 있는 것 같았습니다**

해설 빈칸 앞에서 '그 고양이는'이라고 하고, 빈칸 뒤에서 '어떻게 하면 이런 그림을 그릴 수 있는지 신기했습니다'라고 했으므로, 그림을 보고 그에 대한 인상이나 느낌을 나타내는 '~ようだ(~하는 것 같다)'를 사용하는 것이 자연스럽다. 따라서 4 生きているようでした(살아 있는 것 같았습니다)가 정답이다. 1의 つもりだ는 '~(할) 생각이다', 2의 はずだ는 '~(일) 것이다'라는 의미임을 알아 둔다.

어휘 生きる いきる 동살다　~つもりだ ~(할) 생각이다
~はずだ ~(일) 것이다　もの 阿것　~ようだ ~하는 것 같다

20 난이도 중상

1 그리고	2 그래서
3 그러자	4 그러나

해설 빈칸 뒤의 '해외의 유명한 화가의 작품도 보았습니다'는 2번째 단락의 '고양이 그림이 귀여워서, 계속 봐 버렸습니다'의 다음에 한 행동이므로, 빈칸에는 순차적인 행동을 나열할 때 사용하는 접속사가 필요하다. 따라서 1 それから(그리고)가 정답이다.

어휘 それから 접그리고　そのため 접그래서　すると 접그러자
けれども 접그러나

TIP それから(그리고)는 それから彼を見ていない(그 후 그를 못봤다)와 같이 '그 후'라는 의미로도 자주 쓰이므로 함께 알아 둔다.

21 난이도 중상

1 먹기 위해서	2 먹었더니
3 먹으면서	4 먹고 나서

해설 빈칸 앞에서 '케이크를'이라고 하고, 빈칸 뒤에서 '작품에 대해 이야기했습니다. 이야기하고 싶은 것이 많아서 케이크가 그다지 줄어들지 않았습니다'라고 했으므로, 케이크를 어떻게 한 것과 작품에 대해 이야기하는 것, 두 가지 동작이 동시에 진행되는 것을 나타내는 '~ながら(~하면서)'를 사용하는 것이 자연스럽다. 따라서 3 食べながら(먹으면서)가 정답이다. 4 食べてから(먹고 나서)는 이야기를 많이 해서 케이크가 줄어들지 않았다는 내용과 맞지 않으므로 적절하지 않다. 1의 ためには는 '~하기 위해', 2의 たところは '~(했)더니', 4의 てからは '~하고 나서'라는 의미임을 알아 둔다.

어휘 食べる たべる 동먹다　~ために ~하기 위해
~たところ ~(했)더니　~ながら ~하면서　~てから ~하고 나서

독해 p.92

> **문제 4의 디렉션**
> 문제4 다음의 (1)부터 (3)의 글을 읽고, 질문에 답해 주세요. 답은, 1·2·3·4에서 가장 알맞은 것을 하나 골라 주세요.

22 난이도 중상

이것은, 야마가미 씨로부터 린다 씨에게 도착한 이메일입니다.

> 린다 씨
>   요전은 고마웠습니다. 다음 회의입니다만, 예정했었던 다음 주 화요일 오후에 갑작스러운 출장이 들어와, 찾아뵙는 것이 어려워졌습니다. 같은 날 오전 중으로 변경하는 것은 가능할까요? 오전 중이면, 시간은 언제라도 좋습니다. 괜찮은 시간을 가르쳐 주세요.
>   야마가미

이 이메일을 읽고, 린다 씨는 무엇을 해야 합니까?
1 출장 날짜를 다음 주 화요일로 바꿀 수 있는지 야마가미 씨에게 알립니다.
2 다음 주 화요일 오전 중에, 회의를 할 수 있는 시간을 야마가미 씨에게 알립니다.
3 출장 날짜와 시간이 정해지면, 야마가미 씨에게 알립니다.
4 다음 주 화요일 오후에, 회의를 할 수 없게 된 이유를 야마가미 씨에게 알립니다.

해설 지문의 초반부에서 次の会議ですが、予定していた来週火曜日の午後に急な出張が入り、伺うことが難しくなりました た。同じ日の午前中に変更することは可能でしょうか(다음 회의입니다만, 예정했었던 다음 주 화요일 오후에 갑작스러운 출장이 들어와, 찾아뵙는 것이 어려워졌습니다. 같은 날 오전 중으로 변경하는 것은 가능할까요?)라고 한 후, 후반부에서 都合のよい時間を教えてください(괜찮은 시간을 가르쳐 주세요)라고 언급하고 있으므로 2 来週の火曜日の午前中で、会議が行える時間を山上さんに知らせます(다음 주 화요일 오전 중에, 회의를 할 수 있는 시간을 야마가미 씨에게 알립니다)가 정답이다.

어휘 これ 몡이것 ～から 죄~로부터 届く とどく 동도착하다
メール 몡이메일 先日 せんじつ 몡요전 次 つぎ 몡다음
会議 かいぎ 몡회의 予定 よてい 몡예정 来週 らいしゅう 몡다음 주
火曜日 かようび 몡화요일 午後 ごご 몡오후
急だ きゅうだ 몡갑작스럽다 出張 しゅっちょう 몡출장
入る はいる 동들어오다 伺う うかがう 동찾아뵙다
難しい むずかしい い형어렵다 ～くなる ~해지다
同じ おなじ 같은 日 ひ 몡날 午前中 ごぜんちゅう 몡오전 중
変更 へんこう 몡변경 可能だ かのうだ な형가능하다
時間 じかん 몡시간 いつ 몡언제 ～でも 죄~라도
都合のよい つごうのよい 괜찮다, 형편이 좋다
教える おしえる 동가르치다 読む よむ 동읽다

～なければならない ~해야 한다 日にち ひにち 몡날짜
変える かえる 동바꾸다 知らせる しらせる 동알리다
行う おこなう 동하다 決まる きまる 동정해지다
理由 りゆう 몡이유

> **TIP** ～てください(~해 주세요), ～てほしい(~해 주기를 바라다)와 같은 표현이 사용된 문장에서 이 글을 읽은 사람이 해야 할 일이 자주 언급되므로 특히 꼼꼼히 읽고 해석한다.

23-24

> [23]"すみません。"
> 어제 슈퍼에서, 앞에 있던 손님이, 점원으로부터 거스름돈을 받을 때 한 말입니다. 저는 ①깜짝 놀랐습니다.
> [23]'すみません'은 사과할 때 사용하기 때문입니다. 우리나라에서는 감사를 전하는 말을 합니다.
> 다음 날, 학교에서 선생님에게 물었습니다. 그러자, [24]"'すみません'에는 감사의 의미도 있어요."라고 가르쳐 주었습니다. 그리고, "'すみません'이라고 말해도 되고, 'ありがとうございます'라고 말해도 돼요."라고 말했습니다.
> [24]같은 말이라도 다른 의미를 가지고 있어서, ②재미있다고 생각했습니다.

어휘 昨日 きのう 몡어제 スーパー 몡슈퍼 前 まえ 몡앞
お客さん おきゃくさん 몡손님 店員 てんいん 몡점원
おつり 몡거스름돈 もらう 동받다 言葉 ことば 몡말
びっくり 분깜짝 놀람 謝る あやまる 동사과하다
使う つかう 동사용하다 ～から 죄~때문 国 くに 몡나라
感謝 かんしゃ 몡감사 伝える つたえる 동전하다 次 つぎ 몡다음
学校 がっこう 몡학교 先生 せんせい 몡선생(님) すると 죄그러자
意味 いみ 몡의미 教える おしえる 동가르치다
～てくれる ~해 주다 そして 죄그리고 ～てもいい ~해도 좋다
同じ おなじ 같은 違う ちがう 동다르다 持つ もつ 동가지다
おもしろい い형재미있다 思う おもう 동생각하다

23 난이도 중

①깜짝 놀랐습니다라고 되어 있습니다만, 왜입니까?
1 손님이 점원에게 사과했다고 생각했기 때문에
2 점원이 손님에게 사과했다고 생각했기 때문에
3 손님이 점원에게 감사를 전했다고 생각했기 때문에
4 점원이 손님에게 감사를 전했다고 생각했기 때문에

해설 밑줄의 앞문장에서 「すみません。」昨日スーパーで、前にいたお客さんが、店員さんからおつりをもらうときに言った言葉です("すみません。" 어제 슈퍼에서, 앞에 있던 손님이, 점원으로부터 거스름돈을 받을 때 한 말입니다)라고 하고, 뒷문장에서 「すみません」は謝るときに使うからです('すみません'은 사과할 때 사용하기 때문입니다)라고 언급하고 있으므로, 1 お客さんが

店員さんに謝ったと思ったから(손님이 점원에게 사과했다고 생각했기 때문에)가 정답이다.

어휘 なぜ 甲 왜

24 난이도 중상

'나'는 무엇을 ②재미있다고 생각했습니까?

1 'すみません'이 사과할 때에만 사용할 수 있는 것
2 'ありがとうございます'를 사과할 때 사용할 수 있는 것
3 'すみません'을 감사를 전할 때에도 사과할 때에도 사용할 수 있는 것
4 'ありがとうございます'를 감사를 전할 때에도 사과할 때에도 사용할 수 있는 것

해설 밑줄의 앞 단락에서 「『すみません』には感謝の意味もあります。」と教えてくれました('"すみません'에는 감사의 의미도 있어요."라고 가르쳐 주었습니다)라고 하고, 밑줄 앞문장에서 同じ言葉でも違う意味を持っていて(같은 말이라도 다른 의미를 가지고 있어서)라고 언급하고 있으므로, 3 'すみません'이 감사를 전하는 때에도 사과할 때에도 사용할 수 있는 것)이 정답이다.

문제 5의 디렉션

문제 5 다음의 글을 읽고, 질문에 답해 주세요. 답은, 1·2·3·4에서 가장 알맞은 것을 하나 골라 주세요.

25-27

저는 장래에 호텔에서 일하기 위해서, 일본의 학교에서 공부하고 있습니다. 이 이야기를 하면, ①대부분의 사람들이 놀랍니다. 그리고, '영어나 다른 외국어를 공부하는 편이 좋지 않아?'라고 듣는 경우도 있습니다. [25]저처럼 일본에서 호텔에 대해 배우는 유학생은 그다지 많지 않은 것 같습니다.

제가 고등학생 때, 첫 가족 여행으로 일본에 왔습니다. 그때 묵은 호텔에서의 일이 지금도 마음에 남아 있습니다. 우리가 저녁밥을 먹으러 밖에 나가려고 했었을 때의 일입니다. 호텔 사람이 '앞으로 비가 내린다고 합니다. 우산을 빌려드릴까요?'라고 말하며, 친절하게 우산을 빌려주었습니다. 이 일에 매우 감동했습니다.

물론, [26]다른 나라의 호텔에서도 이러한 서비스가 있을 거라고 생각합니다. 하지만, 일본에서 경험한 그 일이 저에게는 특별하고 잊을 수 없는 것입니다. 그래서, 일본에서 공부하기로 결정했습니다.

언어에 대해서는 걱정 없습니다. 영어는 초등학생 때부터 배웠었고, 일본어도 일본에 살며 자연스럽게 늘었습니다. 게다가, 간단한 중국어도 할 수 있습니다.

[27]졸업하면 고국으로 돌아가서 호텔에 취직할 생각입니다. 그리고, 제가 감동했던 것과 같은 경험을 손님에게 전하고 싶습니다. 그것이 ②저의 꿈입니다.

어휘 将来 しょうらい 閏 장래　ホテル 閏 호텔　働く はたらく 图 일하다
日本 にほん 閏 일본　学校 がっこう 閏 학교　勉強 べんきょう 閏 공부
話 はなし 閏 이야기　ほとんど 閏 대부분　驚く おどろく 图 놀라다
そして 쩝 그리고　英語 えいご 閏 영어　他の ほかの 다른
外国語 がいこくご 閏 외국어　～たほうがいい ~하는 편이 좋다
～について ~에 대해　学ぶ まなぶ 图 배우다
留学生 りゅうがくせい 閏 유학생　あまり 閏 그다지
多い おおい い형 많다　～ようだ ~것 같다
高校生 こうこうせい 閏 고등학생　初めて はじめて 閏 첫
家族 かぞく 閏 가족　旅行 りょこう 閏 여행　泊まる とまる 图 묵다
出来事 できごと 閏 (일어난) 일　心 こころ 閏 마음
残る のこる 图 남다　夕食 ゆうしょく 閏 저녁밥　外 そと 閏 밖
出る でる 图 나가다　～ようとする ~하려고 하다
このあと 앞으로, 이후　雨 あめ 閏 비　降る ふる 图 내리다
～そうだ ~라고 한다　傘 かさ 閏 우산　貸す かす 图 빌려주다
親切だ しんせつだ な형 친절하다　～てくれる ~해 주다
感動 かんどう 閏 감동　もちろん 閏 물론　サービス 閏 서비스
～と思う ～とおもう ~라고 생각하다　でも 쩝 하지만
経験 けいけん 閏 경험　特別だ とくべつだ な형 특별하다
忘れる わすれる 图 잊다　だから 쩝 그래서
決める きめる 图 결정하다　言語 げんご 閏 언어
心配 しんぱい 閏 걱정　小学生 しょうがくせい 閏 초등학생
習う ならう 图 배우다　住む すむ 图 살다
自然と しぜんと 자연스럽게　のびる 图 늘다　それに 쩝 게다가
簡単だ かんたんだ な형 간단하다　中国語 ちゅうごくご 閏 중국어
卒業 そつぎょう 閏 졸업　国 くに 閏 고국　帰る かえる 图 돌아가다
就職 しゅうしょく 閏 취직　届ける とどける 图 전하다　夢 ゆめ 閏 꿈

25 난이도 중상

왜 ①대부분의 사람들이 놀랍니까?

1 일본에 와서, 호텔에서 일하면서 공부를 하고 있으니까
2 일본에서는, 외국어를 공부하는 사람이 적으니까
3 일본에 와서, 나와 같은 공부를 하는 유학생이 적으니까
4 일본에서는, 호텔에 대해 공부하는 사람이 적으니까

해설 밑줄 뒤에서 私のように日本でホテルについて学ぶ留学生はあまり多くないようです(저처럼 일본에서 호텔에 대해 배우는 유학생은 그다지 많지 않은 것 같습니다)라고 사람들이 놀라는 이유에 대한 필자의 생각이 언급되어 있으므로, 3 日本に来て、私と同じ勉強をする留学生が少ないから(일본에 와서, 나와 같은 공부를 하는 유학생이 적으니까)가 정답이다.

어휘 どうして 왜　少ない すくない い형 적다

TIP 지문의 私のように日本でホテルについて学ぶ(저처럼 일본에서 호텔에 대해 배우는)가 선택지에서 私と同じ勉強をする(나와 같은 공부를 하는)로 바뀌어 표현된 것처럼, 지문의 표현이 선택지에서 유사한 의미의 표현으로 자주 바뀌어 제시되므로 선택지를 꼼꼼히 읽고 지문과 일치하는 내용을 정답으로 고른다.

26 난이도 중상

'나'는 왜 일본에 유학했다고 말하고 있습니까?
1 처음으로 묵은 호텔이 일본의 호텔이어서 추억에 남아 있기 때문에
2 일본 호텔에는 다른 나라보다도 좋은 서비스가 있기 때문에
3 일본 호텔에서밖에 받을 수 없는 서비스를 배우기 위해
4 일본 호텔에서 받은 서비스가 좋은 추억이 되어 있기 때문에

해설 세 번째 단락에서 他の国のホテルでもこのようなサービスがあると思います。でも、日本で経験したその出来事が私には特別で忘れられないものです。だから、日本で勉強することを決めました(다른 나라의 호텔에서도 이러한 서비스가 있을 거라고 생각합니다. 하지만, 일본에서 경험한 그 일이 저에게는 특별하고 잊을 수 없는 것입니다. 그래서, 일본에서 공부하기로 결정했습니다)라고 언급하고 있으므로, 4 日本のホテルで受けたサービスがいい思い出になっているため(일본 호텔에서 받은 서비스가 좋은 추억이 되어 있기 때문에)가 정답이다.

어휘 思い出 おもいで 명 추억   受ける うける 동 받다

27 난이도 중상

②저의 꿈은 무엇이라고 말하고 있습니까?
1 언어를 더 공부해서, 고국에 돌아가서 호텔에 취직하는 것
2 고국으로 돌아가서 호텔에 취직해서, 손님이 감동해 주는 것
3 가족 여행에서 묵은 호텔에 취직해서, 손님이 기뻐해 주는 것
4 일본에서 호텔에 취직해서, 많은 손님이 와 주는 것

해설 밑줄의 앞문장에서 卒業したら国に帰ってホテルに就職するつもりです。そして、私が感動したような経験をお客さんに届けたいです(졸업하면 고국으로 돌아가서 호텔에 취직할 생각입니다. 그리고, 제가 감동했던 것과 같은 경험을 손님에게 전하고 싶습니다)라고 언급하고 있으므로, 2 国に帰ってホテルに就職して、お客さんに感動してもらうこと(고국으로 돌아가서 호텔에 취직해서, 손님이 감동해 주는 것)가 정답이다.

어휘 喜ぶ よろこぶ 동 기뻐하다

문제 6의 디렉션

문제 6 오른쪽 페이지의 안내를 보고, 아래의 질문에 답해 주세요. 답은, 1·2·3·4에서, 가장 알맞은 것을 하나 골라 주세요.

28-29

자동차 박물관 가이드 투어 안내

자동차 박물관에서는 자동차의 역사와, 세계에 몇 대밖에 없는 희귀한 차를 소개하는 가이드 투어를 진행하고 있습니다. 꼭 참가해 주세요.

【가이드 투어에 대해】

① 당일 투어
다른 고객과 함께 2~20명으로 돕니다.
하루에 2회, 10시와 [28]14시에 진행합니다. 참가비는 500엔입니다.

② 영어 투어
영어를 할 수 있는 스태프가 영어로 설명합니다.
다른 고객과 함께 2~20명으로 돕니다.
하루에 2회, 11시와 15시에 진행합니다. 참가비는 500엔입니다.

③ 단체 투어
10~20명의 단체로 신청할 수 있습니다. 다른 고객과 함께 도는 경우는 없습니다.
시간은 10시부터 17시까지로, 원하는 시간을 골라 주세요.
[29]참가비는 한 사람에 450엔입니다. 15명 이상으로 신청하면, 추가로 50엔 할인해 드립니다.

【신청에 대해】

① 당일 투어
[28]당일, 투어가 시작되기 15분 전까지, 접수처에서 신청해 주세요.

② 영어 투어 / ③ 단체 투어
전화로 신청해 주세요. [28]영어 투어는 투어 3일 전까지, 단체 투어는 전날까지 부탁드립니다.

자동차 박물관
전화: 098-765-4321

어휘 くるま 명 자동차, 차   博物館 はくぶつかん 명 박물관
ガイド 명 가이드   ツアー 명 투어   お知らせ おしらせ 명 안내
自動車 じどうしゃ 명 자동차   歴史 れきし 명 역사
世界 せかい 명 세계   数台 すうだい 명 몇 대   ~しか 조 ~밖에
めずらしい い형 희귀하다   紹介 しょうかい 명 소개
行う おこなう 동 진행하다   ぜひ 꼭   参加 さんか 명 참가
~について ~에 대해   当日 とうじつ 명 당일   他の ほかの 다른
お客様 おきゃくさま 명 고객   一緒に いっしょに 부 함께
回る まわる 동 돌다   一日 いちにち 명 하루
参加費 さんかひ 명 참가비   英語 えいご 명 영어   スタッフ 명 스태프
説明 せつめい 명 설명   団体 だんたい 명 단체
好きな時間 すきなじかん 원하는 시간   選ぶ えらぶ 동 고르다
一人 ひとり 명 한 사람   以上 いじょう 명 이상   さらに 부 추가로, 더욱
割引 わりびき 명 할인   申し込む もうしこむ 동 신청하다
始まる はじまる 동 시작되다   受付 うけつけ 명 접수(처)
電話 でんわ 명 전화   前日 ぜんじつ 명 전날

28 난이도 중상

알리 씨는 오늘 진행되는 투어에 참가하고 싶다고 생각하고 있습니다. 설명은 일본어로도 영어로도 괜찮습니다. 9시 50분에

박물관에 도착했습니다. 알리 씨가 신청할 수 있는 것은 어느 것입니까?

1 10시부터의 당일 투어
2 11시부터의 영어 투어
3 14시부터의 당일 투어
4 15시부터의 영어 투어

해설 질문에서 제시된 조건 (1) 今日行われるツアー(오늘 진행되는 투어), (2) 説明は日本語でも英語でもいいです(설명은 일본어로도 영어로도 괜찮습니다), (3) 9時50分に博物館に着きました(9시 50분에 박물관에 도착했습니다)에 따라 지문을 보면

(1) 오늘 진행되는 투어 : 申し込みについて(신청에 대해)를 보면, 당일 투어는 15분 전까지 신청하므로 '당일 투어' 가능.
(2) 설명은 일본어로도 영어로도 괜찮습니다 : 申し込みについて(신청에 대해)를 보면, 영어 투어는 3일 전까지 신청하므로 '영어 투어' 불가능
(3) 9시 50분에 박물관에 도착했습니다 : ガイドツアーについて(가이드 투어에 대해)를 보면, 당일 투어는 10시와 14시에 진행하는데, 10시 투어는 15분 전인 9시 45분까지 신청해야 하므로 불가능하여 14시 투어만 가능

따라서, 3 14時からの当日ツアー(14시부터의 당일 투어)가 정답이다.

어휘 今日 きょう 图 오늘   ～と思う ～とおもう ~라고 생각하다
日本語 にほんご 图 일본어   着く つく 图 도착하다

29 난이도 중상

니콜라 씨는 12명으로 단체 투어에 신청하려고 생각하고 있습니다. 한 사람에 얼마씩 지불합니까?

1 500엔
2 450엔
3 400엔
4 350엔

해설 질문에서 제시된 조건 (1) 12人で団体ツアー(12명으로 단체 투어)에 따라 지문을 보면

(1) 12명으로 단체 투어 : 団体ツアー(단체 투어)를 보면 한 사람당 참가비는 450엔이다. 15명 이상인 경우에는 50엔 할인된 가격, 즉 400엔이 되지만 12명이므로 할인을 받을 수 없다.
따라서, 2 450円(450엔)이 정답이다.

어휘 いくら 图 얼마   ～ずつ 图 ~씩   払う はらう 图 지불하다

TIP 지불할 비용을 묻는 문제는 지문에서 요금의 기준, 별도로 추가되거나 할인되는 비용에 특히 유의하여 정답의 단서를 찾는다.

청해 p.101

☞ 문제 1의 디렉션과 예제를 들려줄 때 1번부터 8번까지의 문제의 선택지를 미리 읽고 내용을 재빨리 파악해 둡니다. 음성에서 では、始めます(그러면, 시작합니다)가 들리면, 곧바로 문제 풀 준비를 합니다. 디렉션과 예제는 제1회 실전모의고사의 해설(p.17)에서 확인할 수 있습니다.

1 난이도 중상

[음성]
博物館の窓口で女の人と男の人が話しています。女の人はチケットを買うのにいくら払いますか。

女：こんにちは。チケットを1枚ください。
男：大人1枚ですね。1,000円です。
女：あのう、学生割引はありますか。
男：学生証を持っていますか。学生証を持っていたら20％割引で、800円になります。
女：200円安くなるんですね。えっと、学生証は確かかばんの中に…。あ、忘れてきたようです。
男：申し訳ありませんが、学生証がないと割引できない決まりなんです。
女：それは仕方がないですね。支払いはカードでお願いします。

女の人はチケットを買うのにいくら払いますか。

[문제지]
1 600 円
2 800 円
3 1000 円
4 1200 円

해석 박물관 창구에서 여자와 남자가 이야기하고 있습니다. 여자는 티켓을 사는 데 얼마 지불합니까?

여: 안녕하세요. 티켓 1장 주세요.
남: 어른 1장이군요. 1,000엔입니다.
여: 저, 학생 할인은 있나요?
남: 학생증을 가지고 있습니까? 학생증을 가지고 있으면 20% 할인해서, 800엔이 됩니다.

여: 200엔 싸지는군요. 음, 학생증은 확실히 가방 안에…. 아, 깜빡 두고 온 것 같아요.
남: 죄송합니다만, 학생증이 없으면 할인할 수 없는 규정입니다.
여: 그건 어쩔 수 없죠. 결제는 카드로 부탁해요.

여자는 티켓을 사는 데 얼마 지불합니까?

1 600엔
2 800엔
3 1000엔
4 1200엔

해설 여자가 チケットを1枚ください(티켓 1장 주세요)라고 하자, 남자가 大人1枚ですね。1,000円です(어른 1장이군요. 1,000엔입니다)라고 했으므로, 3 1000円(1000엔)이 정답이다. 1, 4는 언급되지 않았고, 2는 학생 할인 금액이나 여자가 학생증을 가지고 있지 않아 할인을 받을 수 없으므로 오답이다.

어휘 博物館 はくぶつかん 圄 박물관　窓口 まどぐち 圄 창구
チケット 圄 티켓　買う かう 圄 사다　いくら 圄 얼마
払う はらう 圄 지불하다　〜枚 〜まい 〜장　ください 주세요
大人 おとな 圄 어른　〜円 〜えん 〜엔　学生 がくせい 圄 학생
割引 わりびき 圄 할인　ある 圄 있다
学生証 がくせいしょう 圄 학생증　持つ もつ 圄 가지다
〜たら 图 〜하면　なる 图 되다　安い やすい い圄 싸다
〜くなる 〜해지다　確か たしか 囝 확실히　かばん 圄 가방
中 なか 圄 안　忘れてくる わすれてくる 깜빡 두고 오다
〜ようだ 〜것 같다　申し訳ない もうしわけない い圄 죄송하다
ない い圄 없다　決まり きまり 圄 규정　それ 圄 그것
仕方がない しかたがない 어쩔 수 없다　支払い しはらい 圄 결제
カード 圄 카드　お願い おねがい 圄 부탁

TIP 지불할 비용을 묻는 문제는 대화에서 언급되는 요금과 함께, 별도로 할인되거나 추가되는 비용이 있는지 특히 주의 깊게 듣는다.

2 난이도 중상

[음성]
家でお母さんと子どもが話しています。子どもはこのあと何をしますか。

女：たかし、その封筒はどうしたの？
男：ああ、これは大学の試験の申込書だよ。図書館で勉強する前に出して来ようと思って。
女：ああ。申込書はきちんと確認した？間違いがあると試験が受けられないかもしれないわよ。
男：それは大丈夫。自分でも間違いがないか確認して、お父さんにも一度見てもらったから。
女：それなら、問題なさそうね。あ、郵便局の窓口は9時に開くはずよ。
男：うん。まだ開いていないから、ポストに入れるつもり。
女：そう。じゃあ、いってらっしゃい。

男：いってきます。

子どもはこのあと何をしますか。

[문제지]

1 ア イ
2 イ ウ
3 ウ エ
4 ア エ

해석 집에서 어머니와 자녀가 이야기하고 있습니다. 자녀는 이후 무엇을 합니까?

여: 다카시, 그 봉투는 뭐니?
남: 아, 이건 대학 시험 신청서야. 도서관에서 공부하기 전에 내고 오려고 해서.
여: 아아. 신청서는 잘 확인했어? 실수가 있으면 시험을 못 볼 수도 있어.
남: 그건 괜찮아. 스스로도 실수가 없는지 확인하고, 아빠도 한번 봐 줬으니까.
여: 그러면, 문제없을 것 같네. 아, 우체국 창구는 9시에 열릴 거야.
남: 응. 아직 열리지 않았으니까, 우체통에 넣을 생각이야.
여: 그래. 그럼, 잘 다녀와.
남: 다녀오겠습니다.

자녀는 이후 무엇을 합니까?

해설 자녀가 これは大学の試験の申込書だよ。図書館で勉強する前に出して来ようと思って(이건 대학 시험 신청서야. 도서관에서 공부하기 전에 내고 오려고 해서)라고 하고, ポストに入れるつもり(우체통에 넣을 생각이야)라고 했으므로, 도서관에서 공부하기 그림인 ア와 우체통에 부치기 그림인 エ로 구성된 4가 정답이다. イ 아버지에게 원서 보여주기는 이미 한 일이고, ウ 우체국 창구에 가기는 우체국이 아직 열려있지 않다고 했으므로 오답이다.

어휘 家 いえ 圄 집　お母さん おかあさん 圄 어머니
子ども こども 圄 자녀, 아이　このあと 이후　何 なに 圄 무엇
その 그　封筒 ふうとう 圄 봉투　これ 圄 이것　大学 だいがく 圄 대학
試験 しけん 圄 시험　申込書 もうしこみしょ 圄 신청서
図書館 としょかん 圄 도서관　勉強 べんきょう 圄 공부
〜前に 〜まえに 〜하기 전에　出す だす 图 내다
〜て来る 〜てくる 〜하고 오다
〜ようと思う 〜ようとおもう 〜하려고 하다　きちんと 囝 잘
確認 かくにん 圄 확인　間違い まちがい 圄 실수　ある 图 있다
受ける うける 图 (시험을) 보다　〜かもしれない 〜할 수도 있다
それ 圄 그것　大丈夫だ だいじょうぶだ な圄 괜찮다
自分で じぶんで 스스로　お父さん おとうさん 圄 아빠

一度 いちど 🔴한 번　見る みる 🔵보다
~てもらう (상대방이) ~해 주다　~から 🟢~니까
それなら 🟡그러면　問題 もんだい 🟣문제　~そうだ ~것 같다
郵便局 ゆうびんきょく 🟣우체국　窓口 まどぐち 🟣창구
~時 ~じ ~시　開く あく 🔵열리다　~はずだ ~할 것이다
まだ 🔴아직　ポスト 🟣우체통　入れる いれる 🔵넣다
~つもり(だ) ~할 생각이다

3 난이도 중상

[음성]
スポーツクラブで男の人と女の人が話しています。女の人はスポーツクラブに何を持ってきますか。

男: スポーツクラブは初めてですか。
女: はい。だから説明を聞いて、自分の目で見てから入るか決めたくて。でも、どうしてみなさん同じ格好で運動しているんですか。
男: ああ、うちのクラブでは運動着を無料で貸しているんです。
女: へえ、そうなんですか。じゃあ、靴だけ持ってくればいいんですね。
男: そうです。それから、あそこに置いてあるタオルも自由に使うことができます。
女: それは荷物が少なくていいですね。

女の人はスポーツクラブに何を持ってきますか。

[문제지]

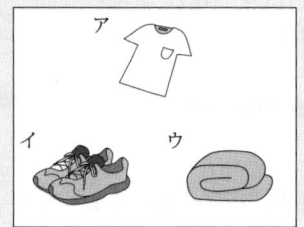

1 ア
2 イ
3 イ ウ
4 ア イ ウ

여: 그건 짐이 적어서 좋네요.
여자는 스포츠 클럽에 무엇을 가지고 옵니까?

해설 여자가 靴だけ持ってくればいいんですね(신발만 가져오면 되겠네요)라고 하자, 남자가 そうです(맞습니다)라고 했으므로 신발 그림인 イ로 구성된 2가 정답이다. ア 운동복과 ウ 수건은 클럽에서 제공하여 가지고 올 필요가 없으므로 오답이다.

어휘 スポーツクラブ 🟣스포츠 클럽　何 なに 🟣무엇
持ってくる もってくる 가지고 오다　初めて はじめて 🔴처음
だから 🟡그러니까　説明 せつめい 🟣설명　聞く きく 🔵듣다
自分 じぶん 🟣자기　目 め 🟣눈　見る みる 🔵보다
~てから ~한 후에　入る はいる 🔵들어가다
決める きめる 🔵결정하다　~たい ~하고 싶다　でも 🟡근데
どうして 🔴왜　みなさん 다들　同じ おなじ 똑같은
格好 かっこう 🟣차림　運動 うんどう 🟣운동　うち 🟣우리
運動着 うんどうぎ 🟣운동복　無料 むりょう 🟣무료
貸す かす 🔵빌려주다　じゃあ 🟡그럼　靴 くつ 🟣신발
~だけ 🟢~만　それから 🟡그리고　あそこ 🟣저기
置く おく 🔵놓다　~てある ~해 있다　タオル 🟣수건
自由だ じゆうだ 🟠자유롭다　使う つかう 🔵사용하다
~ことができる ~할 수 있다　それ 🟣그것　荷物 にもつ 🟣짐
少ない すくない 🟡적다　いい 🟡좋다

4 난이도 상

[음성]
日本語学校で先生が話しています。学生たちはこれからまず何をしますか。

女: 明日は学校に青山小学校の子どもたちが遊びに来ます。今から子どもたちにあげるプレゼントを作ります。プレゼントはみなさんの国の旗です。そんなに時間がかからないと思います。作り終わった人から、教室に貼るみなさんの国の写真を選んでください。みなさんの国の良さが伝わる写真がいいでしょう。では、始めましょう。

学生たちはこれからまず何をしますか。

[문제지]

해설 일본어 학교에서 선생님이 이야기하고 있습니다. 학생들은 이제부터 먼저 무엇을 합니까?

여: 내일은 학교에 아오야마 초등학교의 아이들이 놀러 옵니다. 지금부터 아이들에게 줄 선물을 만들 거예요. 선물은 여러분 나

라의 깃발입니다. 그렇게 시간이 걸리지 않을거라고 생각해요. 다 만든 사람부터, 교실에 붙일 여러분 나라의 사진을 골라 주세요. 여러분 나라의 좋은 점이 전해지는 사진이 좋겠죠. 자, 그럼 시작합시다.

학생들은 이제부터 먼저 무엇을 합니까?

해설 선생님이 今から子どもたちにあげるプレゼントを作ります。プレゼントはみなさんの国の旗です(지금부터 아이들에게 줄 선물을 만들 거예요. 선물은 여러분 나라의 깃발입니다)라고 했으므로, 국기를 그리는 그림인 1이 정답이다. 2는 내일 할 일이고, 3은 사진을 고른 후에 할 일이며, 4는 깃발을 만든 후에 할 일이므로 오답이다.

어휘 日本語学校 にほんごがっこう 圏 일본어 학교
先生 せんせい 圏 선생(님) 学生 がくせい 圏 학생 ~たち ~들
これから 凰 이제부터 まず 凰 먼저 何 なに 圏 무엇
明日 あした 圏 내일 学校 がっこう 圏 학교
小学校 しょうがっこう 圏 초등학교 子ども こども 圏 아이
遊ぶ あそぶ 圏 놀다 ~に来る ~にくる ~하러 오다
今から いまから 凰 지금부터 あげる 圏 주다 プレゼント 圏 선물
作る つくる 圏 만들다 みなさん 圏 여러분 国 くに 圏 나라
旗 はた 圏 깃발 そんなに 凰 그렇게 時間 じかん 圏 시간
かかる 圏 걸리다 思う おもう 圏 생각하다
~終わる ~おわる 다 ~하다 人 ひと 圏 사람 ~から 国 ~부터
教室 きょうしつ 圏 교실 貼る はる 圏 붙이다 写真 しゃしん 圏 사진
選ぶ えらぶ 圏 고르다 ~てください ~해 주세요
良さ よさ 圏 좋은 점 伝わる つたわる 圏 전해지다 いい い圏 좋다
では 圏 그럼 始める はじめる 圏 시작하다 ~ましょう ~합시다

5 난이도 중상

[음성]
学校で男の学生と女の学生が話しています。女の学生はミュージカルの会場まで何で行きますか。
男: 約束していたミュージカル、明日だよね。
女: うん、2時からだよね。
男: そうだよ。田中さんは何で行くの?
女: 私は自転車で行こうと思っているよ。お父さんに車で送ってもらうはずだったんだけど、その日に急な出張が入ってしまったみたいで。
男: そっか。僕はバスに乗って行くつもり。
女: 電車のほうが早く着くんじゃない?
男: そうなんだけど、駅まで結構歩かないといけないんだ。バス停は家のすぐ前にあって、そっちのほうが楽だからね。

女の学生はミュージカルの会場まで何で行きますか。

[문제지]
1 じてんしゃ
2 くるま
3 バス
4 でんしゃ

해석 학교에서 남학생과 여학생이 이야기하고 있습니다. 여학생은 뮤지컬 공연장까지 무엇으로 갑니까?
남: 약속했던 뮤지컬, 내일이지?
여: 응, 2시부터네.
남: 맞아. 다나카 씨는 무엇으로 갈 거야?
여: 나는 자전거로 가려고 생각하고 있어. 아빠가 차로 배웅해 줄 거였는데, 그날 갑작스러운 출장이 잡혀 버린 것 같아서.
남: 그렇구나. 나는 버스 타고 갈 생각이야.
여: 전철 쪽이 빨리 도착하지 않아?
남: 그렇지만, 역까지 꽤 걸어야 해. 버스정류장은 집 바로 앞에 있어서, 그쪽이 편하니까.

여학생은 뮤지컬 공연장까지 무엇으로 갑니까?

1 자전거
2 차
3 버스
4 전철

해설 여자가 私は自転車で行こうと思っているよ(나는 자전거로 가려고 생각하고 있어)라고 했으므로, 1 じてんしゃ(자전거)가 정답이다. 2는 아빠가 급한 출장에 가게 되어 차로 배웅해 줄 수 없게 되었고, 3은 남자가 타고 갈 교통수단이며, 4는 여자가 남자에게 제안한 교통수단이므로 오답이다.

어휘 学校 がっこう 圏 학교 学生 がくせい 圏 학생
ミュージカル 圏 뮤지컬 会場 かいじょう 圏 공연장
~まで 国 ~까지 何 なに 圏 무엇 行く いく 圏 가다
約束 やくそく 圏 약속 明日 あした 圏 내일 ~時 ~じ ~시
~から 国 ~부터 私 わたし 圏 나 自転車 じてんしゃ 圏 자전거
~ようと思う ~ようとおもう ~하려고 생각하다
お父さん おとうさん 圏 아빠 車 くるま 圏 차
送る おくる 圏 배웅하다 ~てもらう (상대방이) ~해 주다
~はずだ ~일 것이다 ~けど 国 ~는데 その 그 日 ひ 圏 날
急だ きゅうだ な형 갑작스럽다 出張 しゅっちょう 圏 출장
入る はいる 圏 잡히다, 들어오다 ~てしまう ~해 버리다
~みたいだ ~인 것 같다 僕 ぼく 圏 나 バス 圏 버스
乗る のる 圏 타다 ~て行く ~ていく ~하고 가다
~つもりだ ~할 생각이다 電車 でんしゃ 圏 전철 ほう 圏 쪽
早く はやく 凰 빨리 着く つく 圏 도착하다 駅 えき 圏 역
結構 けっこう 凰 꽤 歩く あるく 圏 걷다
~ないといけない ~해야 한다 バス停 バスてい 圏 버스 정류장
家 いえ 圏 집 すぐ 凰 바로 前 まえ 圏 앞 ある 圏 있다
そっちのほう 그쪽 楽だ らくだ な형 편하다 ~から 国 ~니까

6 난이도 중상

[음성]

会社で課長と女の人が話しています。アンケートに答えてくれた人に何を渡しますか。

男: 6月に発売される新商品のチョコレートについてアンケートをすることになったんだよ。アンケートに答えてくれた人に何かお礼を渡そうと思うんだけど、何がいいかな。

女: そうですね。先月発売されたあめを配るのはどうですか。おいしかったら、買ってくれるんじゃないでしょうか。

男: それはいいアイデアだね。じゃあ、3つずつ袋に入れてそれを30個ほど準備してくれる?

女: 3つは少なすぎます。5つにしましょうよ。

男: そうだね。じゃあ、それで頼むよ。

アンケートに答えてくれた人に何を渡しますか。

[문제지]

1 　2
3 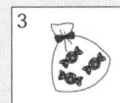　4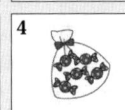

해석 회사에서 과장과 여자가 이야기하고 있습니다. 설문 조사에 대답해 준 사람에게 무엇을 줍니까?

남: 6월에 발매되는 신상품인 초콜릿에 대해 설문 조사를 하게 되었어. 설문 조사에 대답해 준 사람에게 뭔가 답례를 주려고 하는데, 뭐가 좋을까?

여: 그렇군요. 지난 달에 발매된 사탕을 나눠주는 건 어떨까요? 맛있으면, 사 주지 않을까요?

남: 그거 좋은 아이디어네. 그럼, 3개씩 봉지에 넣고 그것을 30개 정도 준비해 줄래?

여: 3개는 너무 적어요. 5개로 해요.

남: 그래. 그럼, 그걸로 부탁할게.

설문 조사에 대답해 준 사람에게 무엇을 줍니까?

해설 여자의 先月発売されたあめを配るのはどうですか(지난 달에 발매된 사탕을 나눠주는 건 어떨까요?)라는 제안에 남자가 それはいいアイデアだね(그거 좋은 아이디어네)라고 하고, 여자가 5つにしましょうよ(5개로 해요)라고 했으므로, 사탕 5개 그림인 4가 정답이다. 1, 2의 초콜릿은 답례품이 아닌 설문 조사를 하려고 하는 대상이고, 3은 3개가 아니라 5개를 주기로 했으므로 오답이다.

어휘 会社 かいしゃ 圏 회사　課長 かちょう 圏 과장
アンケート 圏 설문 조사　答える こたえる 圏 대답하다
~てくれる ~해 주다　人 ひと 圏 사람　何 なに 圏 무엇
渡す わたす 圏 주다, 건네다　~月 ~がつ ~월
発売 はつばい 圏 발매　新商品 しんしょうひん 圏 신상품
チョコレート 圏 초콜릿　~について ~에 대해
~ことになる ~하게 되다　何か なにか 무언가　お礼 おれい 圏 답례
~ようと思う ~ようとおもう ~하려고 생각하다　いい い형 좋다
先月 せんげつ 圏 지난 달　あめ 圏 사탕　配る くばる 圏 나눠주다
おいしい い형 맛있다　~たら ~하면　買う かう 圏 사다
それ 圏 그것　アイデア 圏 아이디어　じゃあ 쥅 그럼　3つ 圏 3개
~ずつ ~씩　袋 ふくろ 圏 봉지　入れる いれる 圏 넣다
~個 ~こ ~개　~ほど ~정도　準備 じゅんび 圏 준비
少ない すくない い형 적다　~すぎる 너무 ~하다　5つ 5개
~にする ~로 하다　~ましょう ~합시다　頼む たのむ 圏 부탁하다

7 난이도 중

[음성]

コンビニで女の人と男の人が話しています。男の人はこのあと何をしますか。

女: アルバイトに入るのは今日が初めてですよね。

男: はい、そうです。よろしくお願いします。

女: こちらこそよろしくお願いします。仕事が始まる5分前には、今のように制服を着て、店の中にいるようにしてください。

男: はい。あのう、店長にあいさつをしたいんですが、今日はお休みですか。

女: はい、お休みです。では、山田さんはこのパンを棚に並べてください。私は、トイレ掃除をしているので、何か分からないことがあれば、いつでも声をかけてくださいね。

男: わかりました。

男の人はこのあと何をしますか。

[문제지]

1 　2
3 　4

해석 편의점에서 여자와 남자가 이야기하고 있습니다. 남자는 이후 무엇을 합니까?

여: 아르바이트에 들어가는 것은 오늘이 처음이죠?

남: 네, 그렇습니다. 잘 부탁드립니다.

여: 저야말로 잘 부탁드려요. 일이 시작되기 5분 전에는, 지금처럼 유니폼을 입고, 가게 안에 있도록 해 주세요.

남: 네. 저, 점장님께 인사를 드리고 싶습니다만, 오늘은 쉬는 날입니까?

여: 네, 쉬는 날이에요. 그럼, 야마다 씨는 이 빵을 선반에 진열해 주세요. 저는, 화장실 청소를 하고 있을 테니, 뭔가 모르는 것이 있으면, 언제든지 말을 걸어 주세요.
남: 알겠습니다.
남자는 이후 무엇을 합니까?

해설 여자가 では、山田さんはこのパンを棚に並べてください(그럼, 야마다 씨는 이 빵을 선반에 진열해 주세요)라고 하자, 남자가 わかりました(알겠습니다)라고 했으므로, 빵 진열하기 그림인 3이 정답이다. 1은 이미 했고, 2는 점장이 지금 가게에 없어 할 수 없으며, 4는 여자가 할 일이므로 오답이다.

어휘 コンビニ 圏 편의점　このあと 圏 이후　何 なに 圏 무엇
アルバイト 圏 아르바이트　入る はいる 图 들어가다
今日 きょう 圏 오늘　初めて はじめて 囲 처음　よろしく 잘
お願い おねがい 圏 부탁　こちらこそ 저야말로　仕事 しごと 圏 일
始まる はじまる 图 시작되다　～分 ～ふん ～분　前 まえ 圏 전
今 いま 圏 지금　～ように ～처럼　制服 せいふく 圏 유니폼, 제복
着る きる 图 입다　店 みせ 圏 가게　中 なか 圏 안　いる 图 있다
～ようにする ~하도록 하다　～てください ~해 주세요
店長 てんちょう 圏 점장(님)　あいさつ 圏 인사　～たい ~하고 싶다
お休み おやすみ 圏 쉬는 날　では 囵 그럼　この 이　パン 圏 빵
棚 たな 圏 선반　並べる ならべる 图 진열하다　私 わたし 圏 저
トイレ 圏 화장실　掃除 そうじ 圏 청소　～ので ~할 테니
何か なにか 뭔가　分かる わかる 图 알다　こと 圏 것　ある 图 있다
いつでも 囲 언제든지　声 こえ 圏 말　かける 图 걸다

8 난이도 중상

[음성]
女の学生と男の学生が話しています。二人はどこで勉強しますか。
女: せっかく勉強するためにカフェに来たのに、空いている席がないね。
男: 2階も人でいっぱいだったよ。駅の前のカフェに行こうか。3階まであるし。
女: そっちも人でいっぱいじゃないかな。
男: じゃあ、図書館はどう?3階に学習室があるでしょ。
女: ああ、あそこなら話しても問題がないから、質問しながら勉強できるね。
男: うん。じゃあ、さっそく行ってみよう。
二人はどこで勉強しますか。

[문제지]
1 カフェの　2かい
2 カフェの　3がい
3 としょかんの　2かい
4 としょかんの　3がい

해석 여학생과 남학생이 이야기하고 있습니다. 두 사람은 어디에서 공부합니까?
여: 모처럼 공부하기 위해 카페에 왔는데, 비어 있는 자리가 없네.
남: 2층도 사람으로 가득찼어. 역 앞 카페로 갈까? 3층까지 있고.
여: 그쪽도 사람으로 가득하지 않을까?
남: 그럼, 도서관은 어때? 3층에 학습실이 있잖아.
여: 아, 거기라면 이야기해도 문제가 없으니까, 질문하면서 공부할 수 있겠네.
남: 응, 그럼, 바로 가 보자.
두 사람은 어디에서 공부합니까?

1 카페의 2층
2 카페의 3층
3 도서관의 2층
4 도서관의 3층

해설 남학생이 図書館はどう？3階に学習室があるでしょ(도서관은 어때? 3층에 학습실이 있잖아)라고 하자, 여학생이 ああ、あそこなら話しても問題がないから、質問しながら勉強できるね(아, 거기라면 이야기해도 문제가 없으니까, 질문하면서 공부할 수 있겠네)라고 했으므로, 4 としょかんの3がい(도서관의 3층)가 정답이다. 1은 빈 자리가 없다고 했고, 2는 사람이 가득할 것 같아 제외했으며, 3은 언급되지 않았으므로 오답이다.

어휘 学生 がくせい 圏 학생　二人 ふたり 圏 두 사람　どこ 어디
勉強 べんきょう 圏 공부　せっかく 囲 모처럼　～ために ~하기 위해
カフェ 圏 카페　来る くる 图 오다　～のに 困 ~하는데
空く あく 图 비다　席 せき 圏 자리　ない い형 없다　～階 ～かい ~층
人 ひと 圏 사람　いっぱい 囲 가득　駅 えき 圏 역　前 まえ 圏 앞
行く いく 图 가다　～まで ~까지　ある 图 있다　そっち 圏 그쪽
じゃあ 접 그럼　図書館 としょかん 圏 도서관
学習室 がくしゅうしつ 圏 학습실　あそこ 圏 저기　～なら 困 ~라면
問題 もんだい 圏 문제　～から 困 ~이니까　質問 しつもん 圏 질문
～ながら ~하면서　さっそく 囲 바로　～てみよう ~해 보자

☞ 문제 2의 디렉션과 예제를 들려줄 때 1번부터 7번까지의 선택지를 미리 읽고 내용을 재빨리 파악해 둡니다. 음성에서 では、始めます(그러면, 시작합니다)가 들리면, 곧바로 문제 풀 준비를 합니다. 디렉션과 예제는 제1회 실전모의고사의 해설(p.23)에서 확인할 수 있습니다.

1 난이도 중

[음성]
電話でレストランの人と女の人が話しています。女の人はいつレストランに行きますか。
男: もしもし、ビストロ「ザッハ」でございます。
女: もしもし、18日の11時に6人で予約している斎藤です。
男: 18日の11時、6名様で予約の斎藤様ですね。

女: はい。あのう、その日に用事ができて予約の日を19日に変えてもらいたいんですが。時間はランチタイムならいつでもいいです。19日が難しいようでしたら、その次の週の土曜日か日曜日でもかまいません。
男: 少々お待ちください。…えっと、19日は予約でいっぱいです。その次の週ですと、25日土曜日の11時、26日日曜日の12時なら予約できます。
女: そうですか。じゃあ、土曜日でお願いします。
男: かしこまりました。

女の人はいつレストランに行きますか。

[問題用紙]
1　18日
2　19日
3　25日
4　26日

その日 そのひ 그날　用事 ようじ 圀일　できる 동생기다
変える かえる 동바꾸다　~てもらう (상대가) ~해 주다
~たい ~하고 싶다　時間 じかん 圀시간　ランチタイム 점심시간
~なら 困 ~라면　いつでも 圉 언제든지　いい い圀좋다
難しい むずかしい い圀어렵다　~ようだ ~인 것 같다
~たら 困 ~하면　次 つぎ 圀다음　週 しゅう 圀주
土曜日 どようび 토요일　日曜日 にちようび 일요일
~てもかまわない ~해도 괜찮다　少々 しょうしょう 圉잠시만
待つ まつ 동기다리다　いっぱい 圉꽉 참　できる 동가능하다
じゃあ 젭그럼　お願い おねがい 圀부탁
かしこまりました 알겠습니다 (정중한 표현)

TIP 일시를 묻는 문제는 날짜, 요일, 시간 중 무엇을 파악해야 하는지 선택지를 통해 미리 확인한 후 대화를 들으면 더 수월하게 정답의 단서를 찾을 수 있다.

해석 전화로 레스토랑 사람과 여자가 이야기하고 있습니다. 여자는 언제 레스토랑에 갑니까?
남: 여보세요, 비스트로 '자흐'입니다.
여: 여보세요, 18일 11시에 6명으로 예약한 사이토입니다.
남: 18일 11시, 6분으로 예약하신 사이토 님이시군요.
여: 네. 저기, 그날에 일이 생겨서 예약 날짜를 19일로 바꿔 주셨으면 하는데요. 시간은 점심시간이면 언제든지 좋아요. 19일이 어려울 것 같으면, 그 다음 주 토요일이나 일요일도 괜찮아요.
남: 잠시만 기다려 주세요. …음, 19일은 예약이 꽉 찼습니다. 그 다음 주라면, 25일 토요일 11시, 26일 일요일 12시라면 예약 가능합니다.
여: 그래요? 그럼, 토요일로 부탁드려요.
남: 알겠습니다.

여자는 언제 레스토랑에 갑니까?

1　18일
2　19일
3　25일
4　26일

해설 남자가 25日土曜日の11時、26日日曜日の12時なら予約できます(25일 토요일 11시, 26일 일요일 12시라면 예약 가능합니다)라고 하자, 여자가 じゃあ、土曜日でお願いします(그럼, 토요일로 부탁드려요)라고 언급했으므로, 3 25日(25일)가 정답이다. 1은 여자가 처음에 예약했던 날짜이고, 2는 여자가 예약을 희망했지만 이미 예약이 꽉 차서 예약할 수 없으며, 4는 예약이 가능하나 여자가 토요일인 18일을 택했으므로 오답이다.

어휘 電話 でんわ 圀전화　レストラン 레스토랑　人 ひと 圀사람
いつ 언제　行く いく 동가다　もしもし 여보세요
~日 ~にち ~일　~時 ~じ ~시　~人 ~にん ~명
予約 よやく 圀예약　~名様 ~めいさま ~분　~様 ~さま 圀님

2　난이도 상

[음성]
家で夫と妻が話しています。夫の部下はどんな人ですか。
男: 明日なんだけど、会社の西田くんと食事してから帰るよ。
女: 西田くん?
男: うん、今年入社した新人で明るくて元気がいい子なんだけど、最近落ち込んでいるから食事に誘ったんだ。
女: へえ。
男: 仕事でミスが多くて悩んでいるみたいでさ。
女: 新入社員だから、ミスが多いのは当たり前じゃないの?
男: でも、新入社員の中にはミスが少ない子もいるから、そういう人と自分を比べて落ち込んでいるんじゃないかな。
女: なるほどね。

夫の部下はどんな人ですか。

[問題用紙]
1　げんきは　いいが　ミスが　おおい　ひと
2　げんきが　なくて　ミスが　おおい　ひと
3　げんきが　よくて　ミスが　すくない　ひと
4　げんきは　ないが　ミスが　すくない　ひと

해석 집에서 남편과 아내가 이야기하고 있습니다. 남편의 부하는 어떤 사람입니까?
남: 내일 말인데, 회사의 니시다 군과 식사하고 나서 돌아올게.
여: 니시다 군?
남: 응, 올해 입사한 신입으로 밝고 기운이 좋은 아이인데, 최근 축 처져 있어서 식사에 초대했어.

여: 아이고.
남: 일에서 실수가 많아서 고민하고 있는 것 같아서 말이야.
여: 신입 사원이니까, 실수가 많은 것은 당연하지 않아?
남: 하지만, 신입 사원 중에는 실수가 적은 아이도 있기 때문에, 그런 사람과 자신을 비교해서 우울해 하고 있는 게 아닐까.
여: 그렇구나.

남편의 부하는 어떤 사람입니까?

1 기운은 좋으나 실수가 많은 사람
2 기운이 없어서 실수가 많은 사람
3 기운이 좋고 실수가 적은 사람
4 기운은 없지만 실수가 적은 사람

해설 남편이 **明るくて元気がいい子なんだけど、最近落ち込んでいるから食事に誘ったんだ**(밝고 기운이 좋은 아이인데, 최근 축 처져 있어서 식사에 초대했어)라고 하고, 이어서 **仕事でミスが多くて悩んでいるみたいださ**(일에서 실수가 많아서 고민하고 있는 것 같아서 말이야)라고 언급했으므로, 1 げんきはいいがミスがおおいひと(기운은 좋으나 실수가 많은 사람)가 정답이다. 2, 4는 기운이 좋다고 했고, 3은 실수가 많다고 했으므로 오답이다.

어휘 家 いえ 圀집 夫 おっと 圀남편 妻 つま 圀아내 部下 ぶか 圀부하
どんな 어떤 人 ひと 圀사람 明日 あした 圀내일
~けど 조 ~는데 会社 かいしゃ 圀회사 食事 しょくじ 圀식사
~てから ~하고 나서 帰る かえる 동돌아오다 今年 ことし 圀올해
入社 にゅうしゃ 圀입사 新人 しんじん 圀신입, 신인
明るい あかるい い형밝다 元気 げんき 圀기운 いい い형좋다
子 こ 圀아이 最近 さいきん 圀최근
落ち込む おちこむ 동축 처지다, 우울하다 ~から 조~해서, ~니까
誘う さそう 동초대하다 仕事 しごと 圀일 ミス 실수
多い おおい い형많다 悩む なやむ 동고민하다
新入社員 しんにゅうしゃいん 圀신입 사원
当たり前 あたりまえ な형당연하다 でも 접하지만
中 なか 圀중 少ない すくない い형적다 いる 동있다
そういう 그런 自分 じぶん 圀자신 比べる くらべる 동비교하다

3 난이도 중

[음성]

会社で男の人と女の人が話しています。女の人はどうして昼ご飯を食べませんか。

男: 鈴木さん、今日は昼ご飯を食べないんですか。
女: 朝ご飯を食べすぎちゃってお腹が空いていないんです。
男: なるほどね。ダイエット中なのかと思いました。
女: 今はしていません。それにダイエット中でもご飯はきちんと食べますよ。木村さんはヨーグルトだけですか。
男: ああ、ちょっとお腹が痛くて。今日は仕事も多いし、これを食べたら仕事を進めるつもりです。

女の人はどうして昼ご飯を食べませんか。

[문제지]
1 おなかが すいて いないから
2 ダイエットを して いるから
3 おなかが いたいから
4 しごとを しないと いけないから

해석 회사에서 남자와 여자가 이야기하고 있습니다. 여자는 왜 점심을 먹지 않습니까?

남: 스즈키 씨, 오늘은 점심을 먹지 않나요?
여: 아침을 너무 많이 먹어 버려서 배가 고프지 않아요.
남: 그렇군요. 다이어트 중인 줄 알았어요.
여: 지금은 안 하고 있어요. 게다가 다이어트 중이라도 밥은 잘 먹어요. 기무라 씨는 요구르트뿐인가요?
남: 아, 배가 좀 아파서. 오늘은 일도 많고, 이거를 먹으면 일을 진행할 거예요.

여자는 왜 점심을 먹지 않습니까?

1 배가 고프지 않으니까
2 다이어트를 하고 있으니까
3 배가 아프니까
4 일을 하지 않으면 안 되니까

해설 여자가 **朝ご飯を食べすぎちゃってお腹が空いていないんです**(아침을 너무 많이 먹어 버려서 배가 고프지 않아요)라고 언급했으므로, 1 おなかがすいていないから(배가 고프지 않으니까)가 정답이다. 2는 지금은 안 하고 있다고 했고, 3과 4는 남자가 점심으로 요구르트만 먹는 이유이므로 오답이다.

어휘 会社 かいしゃ 圀회사 どうして 부왜 昼ご飯 ひるごはん 圀점심
食べる たべる 동먹다 今日 きょう 圀오늘
朝ご飯 あさごはん 圀아침 ~すぎる 너무 ~하다
~ちゃう ~해 버리다 お腹 おなか 圀배 空く すく 동(배가) 고프다
ダイエット 圀다이어트 ~中 ~ちゅう ~중
~かと思う ~かとおもう ~줄 알다 今 いま 圀지금
それに 접게다가 ~でも 조~라도 ご飯 ごはん 圀밥
きちんと 부잘 ヨーグルト 圀요거트 ~だけ 조~뿐
ちょっと 좀 痛い いたい い형아프다 仕事 しごと 圀일
多い おおい い형많다 これ 圀이것 ~たら ~하면
進める すすめる 동진행하다 ~つもりだ ~할 것이다

4 난이도 중상

[음성]

学校で女の学生と男の学生が話しています。二人はいつランニングをしますか。

女: 最近、運動不足だから何か運動を始めたいと思っているんだけど、おすすめある？

男: 簡単に始められるランニングがおすすめ。僕も週に2回は走っているよ。今週の土曜日か日曜日に一緒に走ってみない?
女: いいの?じゃあ、日曜日がいいな。
男: うん、わかった。走る時間帯だけど、日中は暑いから朝か夜にしよう。早く起きるのは大変だから夜のほうがいいかな。
女: うーん、早起きは得意だから朝でもいいよ。景色も楽しみたいし。
男: じゃあ、そうしようか。

二人はいつランニングをしますか。

[문제지]

1 どようびの あさ

2 どようびの よる

3 にちようびの あさ

4 にちようびの よる

해석 학교에서 여학생과 남학생이 이야기하고 있습니다. 두 사람은 언제 러닝을 합니까?

여: 요즘, 운동 부족이라서 뭔가 운동을 시작하고 싶다고 생각하고 있는데, 추천 있어?
남: 간단하게 시작할 수 있는 러닝을 추천. 나도 일주일에 두 번은 달리고 있어. 이번 주 토요일이나 일요일에 같이 달려 보지 않을래?
여: 괜찮아? 그럼, 일요일이 좋겠어.
남: 응, 알았어. 달리는 시간대 말인데, 낮에는 더우니까 아침이나 밤으로 하자. 일찍 일어나는 것은 힘드니까 밤 쪽이 좋을까?
여: 음, 일찍 일어나는 것은 잘하니까 아침이라도 좋아. 경치도 즐기고 싶고.
남: 그럼, 그렇게 할까.

두 사람은 언제 러닝을 합니까?

1 토요일 아침

2 토요일 밤

3 일요일 아침

4 일요일 밤

해설 여학생이 日曜日がいいな(일요일이 좋겠어)라고 하고, 또 早起きは得意だから朝でもいいよ(일찍 일어나는 것은 잘하니까 아침이라도 좋아)라고 하자, 남학생이 じゃあ、そうしようか(그럼, 그렇게 할까)라고 언급했으므로, 3 にちようびの あさ(일요일 아침)가 정답이다. 1, 2는 여학생이 일요일이 좋다고 했고, 4는 여학생이 아침의 경치가 기대된다며 아침에 러닝하고 싶어했으므로 오답이다.

어휘 学校 がっこう 圏학교　学生 がくせい 圏학생　二人 ふたり 圏두 사람
いつ 圏언제　ランニング 圏러닝　最近 さいきん 圏요즘
運動不足 うんどうぶそく 圏운동 부족　～から 图~이라서
何か なにか 뭔가　始める はじめる 圖시작하다　～たい ~하고 싶다
思う おもう 圖생각하다　～けど 图~는데　おすすめ 圏추천
ある 있다　簡単だ かんたんだ な園간단하다　僕 ぼく 圏나
週 しゅう 圏일주일　～回 ～かい ~번　走る はしる 圖달리다
今週 こんしゅう 圏이번 주　土曜日 どようび 圏토요일
日曜日 にちようび 圏일요일　一緒に いっしょに 團같이
～てみる ~해 보다　いい い園괜찮다, 좋다　じゃあ 图그럼
時間帯 じかんたい 圏시간대　日中 にっちゅう 圏낮
暑い あつい い園덥다　朝 あさ 圏아침　夜 よる 圏밤
～にする ~로 하다　早く はやく 團일찍　起きる おきる 圖일어나다
大変だ たいへんだ な園힘들다　ほう 圏쪽
早起き はやおき 圏일찍 일어남　得意だ とくいだ な園잘하다
～でも 图~라도　景色 けしき 圏경치　楽しむ たのしむ 圖즐기다

5　난이도 중

[음성]

カフェで女の留学生と男の学生が話しています。女の留学生はどんなことが悲しかったと言っていますか。

女: 昨日、一人でうどん屋さんに行ったんだけど、ちょっと悲しいことがあったんだ。
男: えー、何があったの?うどん、おいしくなかった?
女: ううん、そうじゃなくて漢字が難しくてメニューが読めなくて。
男: あ、それで食べたい物が食べられなかったの?
女: ううん、私の日本語もまだまだだなって思ったら悲しくなっちゃった。でも、店員が親切な人で、いろいろ説明してくれたから注文は問題なくできたよ。
男: 店員が優しくてよかったね。まあ、日本人でもメニューの言葉が分からなくて、質問することもあるからそんなに落ち込まなくてもいいと思うよ。

女の留学生はどんなことが悲しかったと言っていますか。

[문제지]

1 うどんが おいしく なかった こと

2 メニューが よめなかった こと

3 食べたい ものが たのめなかった こと

4 てんいんが しんせつじゃ なかった こと

해석 카페에서 여자 유학생과 남자 학생이 이야기하고 있습니다. 여자 유학생은 어떤 것이 슬펐다고 말하고 있습니까?

여: 어제, 혼자 우동집에 갔는데, 조금 슬픈 일이 있었어.
남: 음, 무슨 일이 있었어? 우동, 맛있지 않았어?
여: 아니, 그게 아니라 한자가 어려워서 메뉴를 읽을 수 없어서.
남: 아, 그래서 먹고 싶은 것을 못 먹었어?
여: 아니, 내 일본어도 아직 멀었구나 하고 생각하니 슬퍼져 버렸어. 하지만, 점원이 친절한 사람이라, 여러가지 설명을 해주었기 때문에 주문은 문제없이 할 수 있었어.

남: 점원이 착해서 다행이네. 뭐, 일본인이라도 메뉴의 말을 몰라서, 질문하는 경우도 있으니까 그렇게 우울해하지 않아도 된다고 생각해.

여자 유학생은 어떤 것이 슬펐다고 말하고 있습니까?
1 우동이 맛없었던 것
2 메뉴를 읽을 수 없었던 것
3 먹고 싶은 것을 주문하지 못했던 것
4 점원이 친절하지 않았던 것

해설 여학생이 ちょっと悲しいことがあったんだ(조금 슬픈 일이 있었어), 漢字が難しくてメニューが読めなくて(한자가 어려워서 메뉴를 읽을 수 없어서)라고 언급했으므로, 2 メニューがよめなかったこと(메뉴를 읽을 수 없었던 것)가 정답이다. 1은 아니라고 했고, 3은 주문은 문제없었다고 했으며, 4는 점원이 친절하다고 했으므로 오답이다.

어휘 カフェ 명 카페 留学生 りゅうがくせい 명 유학생
学生 がくせい 명 학생 どんな 어떤 こと 명 것
悲しい かなしい い형 슬프다 言う いう 동 말하다
昨日 きのう 명 어제 一人で ひとりで 혼자
うどん屋さん うどんやさん 명 우동집 行く いく 동 가다
~けど 조 ~는데 ちょっと 부 조금 ある 동 있다 うどん 명 우동
おいしい い형 맛있다 漢字 かんじ 명 한자
難しい むずかしい い형 어렵다 メニュー 명 메뉴 読む よむ 동 읽다
それで 그래서 食べる たべる 동 먹다 ~たい ~하고 싶다
物 もの 명 것 私 わたし 명 나 日本語 にほんご 명 일본어
まだまだだ 아직 멀었다 思う おもう 동 생각하다 ~たら 조 ~하니
~くなる ~해지다 ~ちゃう ~해 버리다 でも 접 하지만
店員 てんいん 명 점원 親切だ しんせつだ な형 친절하다
人 ひと 명 사람 いろいろ 여러가지 説明 せつめい 명 설명
~てくれる ~해 주다 ~から ~기 때문에
注文 ちゅうもん 명 주문 問題なく もんだいなく 문제없이
できる 동 할 수 있다 優しい やさしい い형 착하다
よかった 다행이다 日本人 にほんじん 명 일본인 ~でも 조 ~라도
言葉 ことば 명 말 分かる わかる 동 알다 質問 しつもん 명 질문
そんなに 부 그렇게 落ち込む おちこむ 동 우울해하다
~なくてもいい ~하지 않아도 된다 頼む たのむ 동 주문하다

6 난이도 상

[음성]
料理教室で男の先生と女の人が話しています。女の人はこれからドレッシングに何を入れますか。

男: ドレッシングはもう作りましたか。
女: はい。でも、先生のドレッシングとは少し違うような気がします。味を見てもらえますか。
男: いいですよ。砂糖、塩、酢、油はすべて入れましたよね。
女: はい。レシピ通りにしました。
男: そうですか。うーん、塩と酢が少し多かったかもしれません。砂糖を加えるとちょうどいいと思いますよ。
女: 分かりました。油はこれ以上入れなくてもいいですか。
男: 油は結構です。

女の人はこれからドレッシングに何を入れますか。

[문제지]
1 さとう
2 しお
3 す
4 あぶら

해석 요리 교실에서 남자 선생님과 여자가 이야기하고 있습니다. 여자는 이제부터 드레싱에 무엇을 넣습니까?
남: 드레싱은 이미 만들었나요?
여: 네. 하지만, 선생님의 드레싱과는 조금 다른 것 같은 느낌이 듭니다. 맛을 봐 주실 수 있을까요?
남: 좋아요. 설탕, 소금, 식초, 기름은 다 넣었죠?
여: 네. 레시피대로 했습니다.
남: 그래요? 음, 소금과 식초가 조금 많았을지도 모르겠네요. 설탕을 더하면 딱 좋다고 생각해요.
여: 알겠습니다. 기름은 이 이상 넣지 않아도 될까요?
남: 기름은 괜찮아요.

여자는 이제부터 드레싱에 무엇을 넣습니까?
1 설탕
2 소금
3 식초
4 기름

해설 선생님이 砂糖を加えるとちょうどいいと思いますよ(설탕을 더하면 딱 좋다고 생각해요)라고 하자, 여자가 分かりました(알겠습니다)라고 언급했으므로, 1 さとう(설탕)가 정답이다. 2, 3은 조금 많이 넣은 것 같다고 했으므로 더 넣을 필요가 없고, 4는 이 이상 넣지 않아도 괜찮다고 했으므로 오답이다.

어휘 料理教室 りょうりきょうしつ 명 요리 교실 先生 せんせい 명 선생(님)
これから 부 이제부터 ドレッシング 명 드레싱 何 なに 명 무엇
入れる いれる 동 넣다 もう 부 이미 作る つくる 동 만들다
でも 접 하지만 少し すこし 부 조금 違う ちがう 동 다르다
~ようだ ~인 것 같다 気がする きがする 느낌이 들다 味 あじ 명 맛
見る みる 동 보다 ~てもらう (상대방이) ~해 주다 いい い형 좋다
砂糖 さとう 명 설탕 塩 しお 명 소금 酢 す 명 식초
油 あぶら 명 기름 すべて 부 다 レシピ 명 레시피
~通りに ~どおりに ~대로 多い おおい い형 많다
~かもしれない ~일지도 모른다 加える くわえる 동 더하다
ちょうどいい い형 딱 좋다 思う おもう 동 생각하다
以上 いじょう 명 이상 ~てもいい ~해도 되다
結構だ けっこうだ な형 괜찮다

7 난이도 중상

[음성]
男の人が友達のしんじくんの結婚式で話しています。男の人はしんじくんと大学生のときに何をしましたか。

男: しんじくん、しょうこさん、結婚おめでとうございます。しんじくんとは大学の入学式で出会いました。しんじくんはボランティアとサッカーのサークルに入っていて、私もしんじくんに誘われてサッカーを始めました。それにしんじくんはギターが上手でたまにギターを聞かせてくれました。卒業して社会人になってからはよく一緒に旅行にも行きました。大学生のころから一緒だったしんじくんが結婚すると聞いたときは自分のことのようにうれしかったです。いつまでもお幸せに。本当に結婚おめでとう。

男の人はしんじくんと大学生のときに何をしましたか。

[문제지]
1 ボランティア
2 サッカー
3 ギター
4 りょこう

해석 남자가 친구인 신지 군의 결혼식에서 이야기하고 있습니다. 남자는 신지 군과 대학생 때 무엇을 했습니까?

남: 신지 군, 쇼코 씨, 결혼 축하해요. 신지 군과는 대학 입학식에서 만났습니다. 신지 군은 자원봉사와 축구 동아리에 들어가 있어서, 저도 신지 군의 권유로 축구를 시작했습니다. 게다가 신지 군은 기타를 잘해서 가끔 기타를 들려주었습니다. 졸업하고 사회인이 되고 나서는 자주 함께 여행도 갔습니다. 대학생 때부터 함께였던 신지 군이 결혼한다고 들었을 때는 제 일처럼 기뻤습니다. 언제까지나 행복하세요. 정말로 결혼 축하해.

남자는 신지 군과 대학생 때 무엇을 했습니까?

1 자원봉사
2 축구
3 기타
4 여행

해설 남자가 しんじくんとは大学の入学式で出会いました。しんじくんはボランティアとサッカーのサークルに入っていて、私もしんじくんに誘われてサッカーを始めました(신지 군과는 대학 입학식에서 만났습니다. 신지 군은 자원봉사와 축구 동아리에 들어가 있어서, 저도 신지 군의 권유로 축구를 시작했습니다)라고 언급했으므로, 2 サッカー(축구)가 정답이다. 1은 신지 군이 가입했던 동아리이고, 3은 신지 군이 잘하는 것이고, 4는 대학생 때가 아닌 사회인이 되고 난 이후에 함께 한 것이므로 오답이다.

어휘 友達 ともだち 圏친구　結婚式 けっこんしき 圏결혼식
学生 だいがくせい 圏대학생　とき 圏때　何 なに 圏무엇

結婚 けっこん 圏결혼　大学 だいがく 圏대학
入学式 にゅうがくしき 圏입학식　出会う であう 圏만나다
ボランティア 圏봉사활동　サッカー 圏축구　サークル 圏동아리
入る はいる 圏들어가다　私 わたし 圏저　誘う さそう 圏권유하다
それに 젭게다가　ギター 圏기타　上手だ じょうずだ [な형]잘하다
たまに 튄가끔　聞かせる きかせる 圏들려주다
~てくれる ~해 주다　卒業 そつぎょう 圏졸업
社会人 しゃかいじん 圏사회인　なる 圏되다　~てから ~하고 나서
よく 튄자주　一緒に いっしょに 튄함께　旅行 りょこう 圏여행
行く いく 圏가다　ころ 圏때　~から 图~부터　聞く きく 圏듣다
自分 じぶん 圏저, 자신　こと 圏일　~ように ~처럼
うれしい [い형]기쁘다　いつまでも 튄언제까지나
幸せだ しあわせだ [な형]행복하다　本当に ほんとうに 튄정말로

☞ 문제 3은 예제를 들려줄 때 1번부터 5번까지의 그림을 보고 상황을 미리 떠올려봅니다. 음성에서 では、始めます(그러면, 시작합니다)가 들리면, 곧바로 문제 풀 준비를 합니다. 디렉션과 예제는 제1회 실전모의고사의 해설(p.28)에서 확인할 수 있습니다.

1 난이도 상

[문제지]

[음성]
机を動かしたいです。でも、重いです。何と言いますか。

女: 1 机を動かしたんですか。
　　2 ちょっと運んでもらえますか。
　　3 運ぶのを手伝いましょうか。

해석 책상을 옮기고 싶습니다. 하지만, 무겁습니다. 뭐라고 말합니까?

여: 1 책상을 붐식였어요?
　　2 좀 옮겨 줄 수 있어요?
　　3 옮기는 것을 도울까요?

해설 책상을 옮기는 것을 도와달라고 요청하는 말을 고르는 문제이다.
1 (X) 机を動かしたんですか(책상을 움직였어요?)는 책상을 움직였는지 묻는 말이므로 오답이다.
2 (O) ちょっと運んでもらえますか(좀 옮겨 줄 수 있어요?)는 상대방에게 도움을 정중하게 요청하는 말이므로 정답이다.
3 (X) 運ぶのを手伝いましょうか(옮기는 것을 도울까요?)는 상대방에게 도움을 제안하는 말이므로 오답이다.

어휘 机 つくえ 圏책상　動かす うごかす 圏옮기다, 움직이다

~たい ~하고 싶다　重い おもい い형 무겁다　ちょっと 부 좀
運ぶ はこぶ 동 옮기다　~てもらう 동 (남이) ~해 주다, ~해 받다
~ましょうか ~할까요?

TIP ~てほしいです(~해 주었으면 합니다)와 같은 상대방이 무언가를 해 주기를 바라는 표현이 나오면 부탁하거나 요청하는 내용을 정답으로 고른다.

2 난이도 중

[문제지]

[음성]
友達と美術館に行きたいです。何と言いますか。
女：1　興味があれば、一緒にどうですか。
　　 2　美術館までの行き方を知っていますか。
　　 3　美術館に行ってみましたか。

해석 친구와 미술관에 가고 싶습니다. 뭐라고 말합니까?
여: **1　관심이 있으면, 같이 어때요?**
　　 2　미술관까지 가는 방법을 알고 있어요?
　　 3　미술관에 가 봤어요?

해설 친구에게 미술관에 함께 가는 건 어떤지 제안하는 말을 고르는 문제이다.
1 (O) 興味があれば、一緒にどうですか(관심이 있으면, 같이 어때요?)는 미술관에 함께 가자고 제안하는 말이므로 정답이다.
2 (X) 美術館までの行き方を知っていますか(미술관까지 가는 방법을 알고 있어요?)는 미술관까지 가는 길을 묻는 말이므로 오답이다.
3 (X) 美術館に行ってみましたか(미술관에 가 봤어요?)는 미술관에 간 경험이 있는지 묻는 말이므로 오답이다.

어휘 友達 ともだち 명 친구　美術館 びじゅつかん 명 미술관
　　 行く いく 동 가다　~たい ~하고 싶다　興味 きょうみ 명 관심
　　 ある 동 있다　一緒に いっしょに 부 같이　~まで 조 ~까지
　　 行き方 いきかた 명 가는 방법　知る しる 동 알다
　　 ~ている ~하고 있다　~てみる ~해 보다

3 난이도 중

[문제지]

[음성]
息子が学校に行きます。何と言いますか。
女：1　それじゃあ、学校は終わったの?
　　 2　それじゃあ、行ってくるね。
　　 3　それじゃあ、気をつけてね。

해석 아들이 학교에 갑니다. 뭐라고 말합니까?
여: 1　그럼, 학교는 끝난 거야?
　　 2　그럼, 갔다 올게.
　　 3　그럼, 조심해.

해설 학교에 가는 아들에게 어머니가 하는 말을 고르는 문제이다.
1 (X) それじゃあ、学校は終わったの(그럼, 학교는 끝난 거야?)는 지금 학교에 등교하는 아들에게 할 수 없는 말이므로 오답이다.
2 (X) それじゃあ、行ってくるね(그럼, 갔다 올게)는 학교에 가는 아들이 할 수 있는 말이므로 오답이다.
3 (O) それじゃあ、気をつけてね(그럼, 조심해)는 조심해서 잘 다녀오라는 말이므로 정답이다.

어휘 息子 むすこ 명 아들　学校 がっこう 명 학교　行く いく 동 가다
　　 それじゃあ 접 그럼　終わる おわる 동 끝나다
　　 行ってくる いってくる 갔다 오다　気をつける きをつける 조심하다

4 난이도 중상

[문제지]

[음성]
先生の机の上にきれいな色の花が飾ってあります。花の名前が知りたいです。何と言いますか。

```
男: 1 どこで花を買いましたか。
   2 きれいな花ですね。
   3 何という花ですか。
```

해석 선생님 책상 위에 예쁜 색의 꽃이 장식되어 있습니다. 꽃의 이름을 알고 싶습니다. 뭐라고 말합니까?

남: 1 어디에서 꽃을 샀습니까?
    2 예쁜 꽃이네요.
    3 뭐라고 하는 꽃입니까?

해설 선생님 책상 위에 장식된 꽃의 이름을 묻는 말을 고르는 문제이다.
1 (X) どこで花を買いましたか(어디에서 꽃을 샀습니까?)는 꽃의 이름이 아닌 구매 장소를 묻는 말이므로 오답이다.
2 (X) きれいな花ですね(예쁜 꽃이네요)는 꽃의 아름다움을 칭찬하는 말이므로 오답이다.
3 (O) 何という花ですか(뭐라고 하는 꽃입니까?)는 꽃의 이름을 묻는 말이므로 정답이다.

어휘 先生 せんせい 圏선생(님)　机 つくえ 圏책상　上 うえ 圏위
きれいだ な형예쁘다　色 いろ 圏색　花 はな 圏꽃
飾る かざる 图장식하다　~てある ~되어 있다　名前 なまえ 圏이름
知る しる 图알다　~たい ~하고 싶다　どこ 圏어디
買う かう 图사다　~という ~라고 하는

5 난이도 중

[문제지]

[음성]
```
熱があります。会社を休みたいです。何と言いますか。
男: 1 今日は休んでいるんですか。
    2 今日はお休みです。
    3 今日は休ませてください。
```

해석 열이 있습니다. 회사를 쉬고 싶습니다. 뭐라고 말합니까?

남: 1 오늘은 쉬고 있는 건가요?
    2 오늘은 쉬는 날입니다.
    3 오늘은 쉬게 해 주세요.

해설 열이 있어 회사를 쉬고 싶을 때 하는 말을 고르는 문제이다.
1 (X) 今日は休んでいるんですか(오늘은 쉬고 있는 건가요?)는 쉬고 있는 사람에게 오늘은 일을 안 하고 쉬는 것인지 묻는 말이므로 오답이다.
2 (X) 今日はお休みです(오늘은 쉬는 날입니다)는 휴일임을 다른 사람에게 알리는 말이므로 오답이다.

3 (O) 今日は休ませてください(오늘은 쉬게 해 주세요)는 휴일을 요청하는 말이므로 정답이다.

어휘 熱 ねつ 圏열　ある 图있다　会社 かいしゃ 圏회사
休む やすむ 图쉬다　~たい ~하고 싶다　今日 きょう 圏오늘
~ている ~하고 있다　お休み おやすみ 圏쉬는 날
~てください ~해 주세요

☞ 문제 4는 문제지에 아무것도 인쇄되어 있지 않습니다. 따라서, 예제를 들려줄 때, 그 내용을 들으면서 즉시응답의 문제 풀이 전략을 떠올려 봅니다. 음성에서 では、始めます(그러면, 시작합니다)가 들리면, 실제 문제 풀 준비를 합니다. 디렉션과 예제는 제1회 실전모의고사의 해설(p.30)에서 확인할 수 있습니다.

1 난이도 상

[음성]
```
女: 森本さん、久しぶり。最後に会ったのいつだっけ?
男: 1 3年前じゃないかな。
    2 昨日は楽しかったよ。
    3 最後に会いたかったね。
```

해석 여: 모리모토 씨, 오랜만이야. 마지막으로 만난 게 언제였지?
남: **1 3년 전이 아닐까?**
    2 어제는 즐거웠어.
    3 마지막으로 만나고 싶었어.

해설 여자가 남자에게 마지막으로 만난 시기를 묻고 있다.
1 (O) '3年前じゃないかな?'는 마지막으로 만난 시기가 3년 전인 것 같다는 말이므로 적절한 응답이다.
2 (X) いつ(언제)와 관련된 昨日(어제)를 사용하여 혼동을 준 오답이다.
3 (X) 最後(마지막)를 반복 사용하여 혼동을 준 오답이다.

어휘 久しぶり ひさしぶり 圏오랜만　最後 さいご 圏마지막
会う あう 图만나다　いつ 圏언제　~っけ 图~지　~年 ~ねん ~년
前 まえ 圏전　昨日 きのう 圏어제　楽しい たのしい い형즐겁다
~たい ~하고 싶다

2 난이도 중

[음성]
```
男: 旅館に泊まったことがありますか。
女: 1 いえ、この辺りに旅館はありません。
    2 はい、一度だけですが。
    3 えっ、何か止まっていましたか。
```

해석 남: 여관에 묵은 적이 있습니까?
여: 1 아니요, 이 주변에 여관은 없습니다.
    2 네, 한 번뿐이지만요.
    3 어, 뭔가 멈춰 있었어요?

해설 남자가 여자에게 여관에 묵은 적이 있는지 묻고 있다.
1 (X) 旅館(여관)을 반복 사용하여 혼동을 준 오답이다.
2 (O) '네, 한 번뿐이지만요'는 여관에 묵은 경험이 있음을 전하는 적절한 응답이다.
3 (X) 질문에서 '묵다'라는 뜻으로 쓰인 泊まる(とまる)를 '멈추다'라는 뜻의 止まる(とまる)로 사용하여 혼동을 준 오답이다.

어휘 旅館 りょかん 圆 여관　泊まる とまる 图 묵다
~ことがある ~한 적이 있다　この 이　辺り あたり 圆 주변
ある 图 있다　一度 いちど 里 한번　~だけ 图 ~뿐
何か なにか 뭔가　止まる とまる 图 멈추다　~ている ~해 있다

TIP ~たことがありますか(~(한) 적이 있습니까?)와 같은 경험을 묻는 표현이 나오면 경험의 횟수나 구체적인 상황을 언급한 내용을 정답으로 고른다.

3　난이도 중

[음성]
女：連絡は電話よりメールのほうが楽ですか。
男：1　連絡が来るかもしれません。
　　2　もう送っておきました。
　　3　どっちでもいいです。

해석 여: 연락은 전화보다 이메일 쪽이 편한가요?
　　　남: 1 연락이 올지도 모릅니다.
　　　　　2 이미 보내 놨습니다.
　　　　　3 어느 쪽이라도 좋습니다.

해설 여자가 남자에게 어느 연락 방법이 편한지 묻고 있다.
1 (X) 連絡(연락)를 반복 사용하여 혼동을 준 오답이다.
2 (X) メール(이메일)와 관련된 送る(보내다)를 사용하여 혼동을 준 오답이다.
3 (O) '어느 쪽이라도 좋습니다'는 전화와 이메일 중 어느 쪽도 상관없다는 말이므로 적절한 응답이다.

어휘 連絡 れんらく 圆 연락　電話 でんわ 圆 전화　~より 图 ~보다
メール 圆 이메일　ほう 圆 쪽　楽 らく だ 대형 편하다
来る くる 图 오다　~かもしれない ~할지도 모른다　もう 里 이미
送る おくる 图 보내다　~ておく ~해 놓다　どっち 圆 어느 쪽
~でも 图 ~라도　いい 대형 좋다

4　난이도 중상

[음성]
女：今週食事をする約束でしたが、来週にしてもいいですか。
男：1　はい、約束していました。
　　2　はい、僕はかまいません。
　　3　うーん、今週は難しいです。

해석 여: 이번 주에 식사를 할 약속이었는데, 다음 주로 해도 될까요?
　　　남: 1 네, 약속했었습니다.
　　　　　2 네, 저는 상관없습니다.
　　　　　3 음, 이번 주는 어렵습니다.

해설 여자가 남자에게 식사 약속을 다음 주로 변경해도 될지 묻고 있다.
1 (X) 約束(약속)를 반복 사용하여 혼동을 준 오답이다.
2 (O) '네, 저는 상관없습니다'는 날짜를 바꿔도 문제없다는 말이므로 적절한 응답이다.
3 (X) '음, 이번 주는 어렵습니다'는 다음 주가 아닌 이번 주에 식사를 하기 어렵다는 말이므로 오답이다.

어휘 今週 こんしゅう 圆 이번 주　食事 しょくじ 圆 식사
約束 やくそく 圆 약속　来週 らいしゅう 圆 다음 주
~にする ~로 하다　~てもいい ~해도 되다　~ている ~하고 있다
僕 ぼく 圆 저　かまわない 상관없다　難しい むずかしい 대형 어렵다

5　난이도 중

[음성]
男：やっぱり漢字は書いて覚えるのが一番ですよね。
女：1　ええ、私もそう思います。
　　2　答えは2番じゃないですか。
　　3　ここに書いてありますよ。

해석 남: 역시 한자는 써서 외우는 게 최고죠?
　　　여: **1 네, 저도 그렇게 생각합니다.**
　　　　　2 답은 2번이 아닌가요?
　　　　　3 여기에 쓰여 있어요.

해설 남자가 한자는 쓰면서 외우는 것이 가장 좋은 방법이라고 말하며 동의를 구하고 있다.
1 (O) '네, 저도 그렇게 생각합니다'는 남자의 의견에 동의하는 적절한 응답이다.
2 (X) 一番(최고)과 관련된 2番(2번)을 사용하여 혼동을 준 오답이다.
3 (X) 書く(쓰다)를 반복 사용하여 혼동을 준 오답이다.

어휘 やっぱり 里 역시　漢字 かんじ 圆 한자　書く かく 图 쓰다
覚える おぼえる 图 외우다　一番 いちばん 圆 최고　私 わたし 圆 저
思う おもう 图 생각하다　答え こたえ 圆 답　~番 ~ばん ~번
ここ 圆 여기　~てある ~해 있다

TIP ~ですよね(~죠?), ~と思いません?(~고 생각하지 않아요?)과 같은 자신의 의견에 동의해 주기를 바라거나 확인을 요구하는 표현이 나오면 동의하거나 사실을 확인해 주는 내용을 정답으로 고른다.

6　난이도 중상

[음성]
女：キムさん、今年の冬休みは何をするつもりですか。
男：1　ゆっくり休んでよかったです。
　　2　友達と会いました。
　　3　スキーをしたいです。

해석 여: 김 씨, 올해 겨울 방학은 무엇을 할 생각이에요?
　　　남: 1 푹 쉬어서 다행이에요.

    2 친구와 만났어요.
    3 스키를 타고 싶어요.
해설 여자가 남자에게 올해 겨울 방학 계획을 묻고 있다.
    1 (X) 질문에서 '방학'이라는 뜻으로 쓰인 休み를 '쉬다'라는 뜻의 休む로 사용하여 혼동을 준 오답이다.
    2 (X) '친구와 만났어요'는 친구와 이미 만났다는 말이므로 질문과 시제가 맞지 않다.
    3 (O) '스키를 타고 싶어요'는 겨울 방학 계획으로 스키를 타고 싶다는 말이므로 적절한 응답이다.
어휘 今年 ことし 뎽 올해 冬休み ふゆやすみ 뎽 겨울 방학
    何 なに 뎽 무엇 ～つもりだ ~할 생각이다 ゆっくり 뵈 푹
    休む やすむ 됭 쉬다 よかった 다행이다 友達 ともだち 뎽 친구
    会う あう 됭 만나다 スキー 뎽 스키 ～たい ~하고 싶다

7 난이도 중

[음성]
男: 森田さん、悪いんだけどお客様にお茶をお願い。
女: 1 すぐにお出しします。
    2 それは悪いです。
    3 森田さんに頼めばいいんですね。

해석 남: 모리타 씨, 미안하지만 손님에게 차를 부탁해.
    여: **1 바로 내어 드릴게요.**
        2 그것은 나쁩니다.
        3 모리타 씨에게 부탁하면 되는군요.

해설 남자가 여자에게 손님에게 대접할 차를 부탁하고 있다.
    1 (O) '바로 내어 드릴게요'는 남자의 부탁을 수락하는 적절한 응답이다.
    2 (X) 질문에서 '미안하다'라는 뜻으로 쓰인 悪い를 '나쁘다'라는 뜻으로 사용하여 혼동을 준 오답이다.
    3 (X) '모리타 씨에게 부탁하면 되는군요'는 모리타 씨에게 차를 부탁하겠다는 말이므로 오답이다.

어휘 悪い わるい い형 미안하다, 나쁘다 ～けど 조 ~지만
    お客様 おきゃくさま 뎽 손님 お茶 おちゃ 뎽 차
    お願い おねがい 뎽 부탁 すぐに 뵈 바로 出す だす 됭 내다
    それ 뎽 그것 頼む たのむ 됭 부탁하다 ～ばいい 하면 되다

8 난이도 중

[음성]
男: 図書館を使うには利用者カードを作らなければなりませんか。
女: 1 はい、これからも図書館を利用するでしょう。
    2 はい、どうしたらカードを作れますか。
    3 はい、こちらでカードを申請してください。

    2 네, 어떻게 하면 카드를 만들 수 있습니까?
    3 네, 이쪽에서 카드를 신청해 주세요.

해설 남자가 도서관을 사용하려면 이용자 카드가 있어야 하는지 묻는 상황이다.
    1 (X) 図書館(도서관)과 利用(이용)를 반복 사용하여 혼동을 준 오답이다.
    2 (X) '네, 어떻게 하면 카드를 만들 수 있습니까?'는 카드 발급 방법에 대해 묻는 말이므로 오답이다.
    3 (O) '네, 이쪽에서 카드를 신청해 주세요'는 카드를 발급할 수 있는 장소와 발급 방법을 안내하는 말이므로 적절한 응답이다.

어휘 図書館 としょかん 뎽 도서관 使う つかう 됭 사용하다
    利用者 りようしゃ 뎽 이용자 カード 뎽 카드 作る つくる 됭 만들다
    ～なければならない ~해야 한다 これから 뵈 앞으로도
    こちら 뎽 이쪽 申請 しんせい 뎽 신청 ～てください ~해 주세요

해석 남: 도서관을 사용하려면 이용자 카드를 만들어야 하나요?
    여: 1 네, 앞으로도 도서관을 이용하겠지요.

제3회 실전모의고사

언어지식(문자·어휘)

문제 1
번호	정답
1	3
2	3
3	1
4	4
5	1
6	2
7	4

문제 2
번호	정답
8	2
9	4
10	1
11	3
12	4

문제 3
번호	정답
13	1
14	3
15	2
16	4
17	1
18	4
19	3
20	2

문제 4
번호	정답
21	1
22	3
23	4
24	2

문제 5
번호	정답
25	1
26	4
27	3
28	1

언어지식(문법)

문제 1
번호	정답
1	2
2	2
3	3
4	1
5	3
6	3
7	4
8	1
9	4
10	2
11	3
12	4
13	1

문제 2
번호	정답
14	1
15	4
16	2
17	2

문제 3
번호	정답
18	3
19	1
20	2
21	1

독해

문제 4
번호	정답
22	3
23	4
24	1

문제 5
번호	정답
25	2
26	3
27	3

문제 6
번호	정답
28	3
29	2

청해

문제 1
번호	정답
1	2
2	3
3	4
4	1
5	1
6	4
7	2
8	4

문제 2
번호	정답
1	2
2	3
3	4
4	3
5	2
6	1
7	2

문제 3
번호	정답
1	3
2	1
3	1
4	3
5	2

문제 4
번호	정답
1	3
2	1
3	3
4	2
5	1
6	2
7	3
8	2

언어지식(문자·어휘) p.123

문제 1의 디렉션

문제1 _____ 의 말은 히라가나로 어떻게 씁니까? 1·2·3·4에서 가장 알맞은 것을 하나 골라 주세요.

---

1 난이도 상

이 애니메이션은 9시에 <u>방송放送</u>됩니다.
1 포장　　　　　2 (없는 단어)
3 방송　　　　4 (없는 단어)

해설　放送는 3 ほうそう로 발음한다. ほう가 장음인 것과 そう가 탁음이 아닌 것에 주의한다.

어휘　放送 ほうそう 〔명〕방송　アニメ 〔명〕애니메이션　～時 ～じ ~시
　　　ほうそう 〔명〕포장

---

2 난이도 중

죄송합니다만, <u>들어持って</u> 주세요.
1 기다려　　　　2 서
3 들어　　　　4 잡아

해설　持って는 3 もって로 발음한다.

어휘　持つ もつ 〔동〕들다　すみません 죄송합니다　待つ まつ 〔동〕기다리다
　　　立つ たつ 〔동〕서다　取る とる 〔동〕잡다

TIP　歩く(あるく, 걷다), 泳ぐ(およぐ, 헤엄치다), 押す(おす, 누르다)와 같은 동작 관련 동사도 자주 출제되므로 함께 알아 둔다.

---

3 난이도 상

<u>목首</u>이 아파서 움직일 수 없습니다.
1 목　　　　　2 발
3 팔　　　　　　4 어깨

해설　首는 1 くび로 발음한다.

어휘　首 くび 〔명〕목　いたい 〔い형〕아프다　うごく 〔동〕움직이다
　　　足 あし 〔명〕발　腕 うで 〔명〕팔　肩 かた 〔명〕어깨

---

4 난이도 중상

기무라 씨와는 <u>한 번一度</u> 만난 적이 있습니다.
1 1회　　　　　　2 (없는 단어)
3 (없는 단어)　　**4 한 번**

해설　一度는 4 いちど로 발음한다. いち가 촉음이 아닌 것에 주의한다.

어휘　一度 いちど 〔명〕한 번　会う あう 〔동〕만나다　一回 いっかい 〔명〕1회

TIP　一度(いちど, 한 번)는 빈출 어휘이므로 한자와 발음을 정확하게 알아 둔다.

---

5 난이도 중

그 의견은 <u>옳다正しい</u>고 생각합니다.
1 옳다　　　　2 이상하다
3 어렵다　　　　4 귀하다

해설　正しい는 1 ただしい로 발음한다.

어휘　正しい ただしい 〔い형〕옳다　その 그　いけん 〔명〕의견
　　　思う おもう 〔동〕생각하다　可笑しい おかしい 〔い형〕이상하다
　　　難しい むずかしい 〔い형〕어렵다　珍しい めずらしい 〔い형〕귀하다

---

6 난이도 중

무엇을 <u>읽고読んで</u> 있습니까?
1 마시고　　　　**2 읽고**
3 고르고　　　　4 나르고

해설　読んで는 2 よんで로 발음한다.

어휘　読む よむ 〔동〕읽다　何 なに 〔명〕무엇　飲む のむ 〔동〕마시다
　　　選ぶ えらぶ 〔동〕고르다　運ぶ はこぶ 〔동〕나르다

---

7 난이도 상

좋은 <u>물건品物</u>을 찾았습니다.
1 (없는 단어)　　2 (없는 단어)
3 (없는 단어)　　**4 물건**

해설　品物는 4 しなもの로 발음한다. 品는 훈독으로 しな, 음독으로 ひん으로 발음할 수 있고, 物는 훈독으로 もの, 음독으로 もつ로 발음할 수 있는데, 品物의 경우에는 しなもの로 발음하는 것에 주의한다.

어휘　品物 しなもの 〔명〕물건　いい 〔い형〕좋다
　　　見つける みつける 〔동〕찾다, 발견하다

문제 2의 디렉션

문제2 _____ 말은 어떻게 씁니까? 1·2·3·4에서 가장 알맞은 것을 하나 골라 주세요.

---

8 난이도 중상

<u>새로운あたらしい</u> 친구가 생겨서, 기쁩니다.
1 친한　　　　　**2 새로운**
3 상냥한　　　　4 즐거운

해설 あたらしいは 2 新しい로 표기한다.

어휘 新しい あたらしい [い형]새롭다 友だち ともだち [명]친구
　　 できる [동]생기다 うれしい [い형]기쁘다 親しい したしい [い형]친하다
　　 優しい やさしい [い형]상냥하다 楽しい たのしい [い형]즐겁다

TIP 新しい(새롭다)와 의미가 관련된 한자를 사용한 단어 古い(ふるい, 낡다)도 출제될 수도 있으므로 함께 알아 둔다.

9 난이도 중상

태양 빛ひかり이 눈부셔서 눈을 뜰 수 없습니다.
1 눈　　　　　　　　2 해
3 바람　　　　　　　**4 빛**

해설 ひかり는 4 光로 표기한다.

어휘 光 ひかり [명]빛 たいよう [명]태양 まぶしい [い형]눈부시다
　　 め [명]눈 あける [동](눈을) 뜨다, 열다 雪 ゆき [명]눈 日 ひ [명]해
　　 風 かぜ [명]바람

10 난이도 중상

빌딩의 옥상おくじょう에서 야채를 기르고 있습니다.
1 옥상　　　　　　2 (없는 단어)
3 (없는 단어)　　　　4 (없는 단어)

해설 おくじょう는 1 屋上로 표기한다. 2, 3, 4는 없는 단어이다. 屋(おく, 집)를 선택지 2와 3의 室(しつ, 방)와 구별해서 알아 두고, 上(じょう, 위)를 선택지 3과 4의 場(じょう, 장소)와 구별해서 알아 둔다.

어휘 屋上 おくじょう [명]옥상 ビル [명]빌딩 やさい [명]야채
　　 そだてる [동]기르다

TIP 上이 포함된 단어 以上(いじょう, 이상)도 자주 출제되므로 함께 알아 둔다.

11 난이도 중상

영어 시험까지 단어를 암기あんき합니다.
1 (없는 단어)　　　　2 (없는 단어)
3 암기　　　　　　4 (없는 단어)

해설 あんき는 3 暗記로 표기한다. 1, 2, 4는 없는 단어이다. 暗(あん, 어둡다)을 선택지 2와 4의 案(あん, 계획)과 구별해서 알아 두고, 記(き, 기록)를 선택지 3과 4의 記(き, 기록)와 구별해서 알아 둔다.

어휘 暗記 あんき [명]암기 えいご [명]영어 しけん [명]시험
　　 ~までに [조]~까지 たんご [명]단어

TIP 記가 포함된 단어 日記(にっき, 일기)도 자주 출제되므로 함께 알아 둔다.

12 난이도 중상

일을 마치고おえて, 지금부터 귀가합니다.
1 (없는 단어)　　　　2 (없는 단어)
3 (없는 단어)　　　　**4 마치고**

해설 おえては 4 終えて로 표기한다. 1, 2, 3은 없는 단어이다.

어휘 終える おえる [동]마치다, 끝내다 しごと [명]일 今 いま [명]지금
　　 ~から [조]~부터 きたく [명]귀가

> 문제 3의 디렉션
> 문제 3 (　　) 에 무엇이 들어갑니까? 1·2·3·4에서 가장 알맞은 것을 하나 골라 주세요.

13 난이도 상

데이트하러 나가기 전에 (　　) 을 보고 화장을 했습니다.
1 거울　　　　　　2 베개
3 빗　　　　　　　　4 안경

해설 무언가를 보고 화장을 했다고 했으므로 かがみを見てけしょうをしました(거울을 보고 화장을 했습니다)가 자연스럽다. 따라서 1 かがみ(거울)가 정답이다.

어휘 デート [명]데이트 出かける でかける [동]나가다 前 まえ [명]전
　　 見る みる [동]보다 けしょう [명]화장 かがみ [명]거울
　　 まくら [명]베개 くし [명]빗 めがね [명]안경

14 난이도 상

유학은 자신을 성장시킬 좋은 (　　) 입니다.
1 마크　　　　　　　2 스타트
3 찬스　　　　　　4 아이디어

해설 유학이 자신을 성장시킨다고 했으므로 りゅうがくは自分をせいちょうさせるよいチャンスです(유학은 자신을 성장시킬 좋은 찬스입니다)가 자연스럽다. 따라서 3 チャンス(찬스)가 정답이다.

어휘 りゅうがく [명]유학 自分 じぶん [명]자신 せいちょう [명]성장
　　 よい [い형]좋다 マーク [명]마크 スタート [명]스타트
　　 チャンス [명]찬스 アイデア [명]아이디어

TIP チャンス(찬스)와 비슷한 의미의 단어 きかい(기회)로 바뀌어 출제될 수도 있으므로 함께 알아 둔다.

15 난이도 상

계속 사용하고 있던 컴퓨터가 (　　) 기 때문에, 수리를 맡겼습니다.
1 끊어졌　　　　　　**2 고장 났**
3 찢어졌　　　　　　4 벗겨졌

해설 컴퓨터의 수리를 맡겼다고 했으므로 パソコンがこわれたから、しゅうりに出しました(컴퓨터가 고장 났기 때문에, 수리를 맡겼습니다)가 자연스럽다. 따라서 2 こわれた(고장 났)가 정답이다.

어휘 ずっと 閉 계속　使う つかう 동 사용하다　パソコン 명 컴퓨터
　　~から 조 ~기 때문에　しゅうりに出す しゅうりにだす 수리를 맡기다
　　きれる 동 끊어지다　こわれる 동 고장 나다　やぶれる 동 찢어지다
　　はがれる 동 벗겨지다

16 난이도 중상

고민이 있을 때는 저에게 언제라도 (　　) 해 주세요.
1 답장　　　　2 찬성
3 약속　　　　**4 상담**

해설 고민이 있을 때라고 했으므로 なやみがあるときはわたしにいつでもそうだんしてください(고민이 있을 때는 저에게 언제라도 상담해 주세요)가 자연스럽다. 따라서 4 そうだん(상담)이 정답이다.

어휘 なやみ 명 고민　ある 동 있다　とき 명 때　わたし 저
　　いつでも 閉 언제라도　へんじ 명 답장　さんせい 명 찬성
　　やくそく 명 약속　そうだん 명 상담

17 난이도 중상

교수님께 부탁해서 다른 학과의 강의도 (　　) 있습니다.
1 듣고　　　2 들리고
3 건네고　　　4 걸고

해설 다른 학과의 강의라고 했으므로 きょうじゅにおねがいしてべつのがっかのこうぎもうけています(교수님께 부탁해서 다른 학과의 강의도 듣고 있습니다)가 자연스럽다. 따라서 1 うけて(듣고)가 정답이다.

어휘 きょうじゅ 명 교수님　おねがい 명 부탁　べつの 다른
　　がっか 명 학과　こうぎ 명 강의　うける 동 (수업을) 듣다, 받다
　　きこえる 동 들리다　わたす 동 건네다　かける 동 걸다

TIP うける는 てがみをうける(편지를 받다)와 같이 '(물건을) 받다', しけんをうける(시험을 보다)와 같이 '(시험을) 보다'라는 의미로도 자주 쓰이므로 함께 알아 둔다.

18 난이도 상

모두가 이해할 수 있게 (　　) 간단한 말로 설명해 주세요.
1 거의　　　　2 꽤
3 몽땅　　　　**4 되도록**

해설 모두가 이해할 수 있게 간단한 말로 설명해 달라고 했으므로 みんながりかいできるようになるべくかんたんなことばでせつめいしてください(모두가 이해할 수 있게 되도록 간단한 말로 설명해 주세요)가 자연스럽다. 따라서 4 なるべく(되도록)가 정답이다. 2 だいぶ(꽤)는 예상보다 정도가 심함을 나타낼 때 사용할 수 있으므로 정답이 될 수 없다.

어휘 みんな 명 모두　りかい 명 이해　かんたんだ な형 간단하다
　　ことば 명 말　せつめい 명 설명　ほとんど 閉 거의　だいぶ 閉 꽤
　　すっかり 閉 몽땅　なるべく 閉 되도록

19 난이도 상

귀신이 (　　) 기 때문에, 호러 영화도 못 봅니다.
1 강하　　　　2 위험하
3 무섭　　　4 단단하

해설 호러 영화를 못 본다고 했으므로 おばけがこわいので、ホラーえいがも見られません(귀신이 무섭기 때문에, 호러 영화도 못 봅니다)가 자연스럽다. 따라서 3 こわい(무섭)가 정답이다.

어휘 おばけ 명 귀신　ホラー 명 호러　えいが 명 영화　見る みる 동 보다
　　つよい い형 강하다　あぶない い형 위험하다　こわい い형 무섭다
　　かたい い형 단단하다

20 난이도 중상

아침과 저녁은 매우 쌀쌀해지기 때문에, (　　) 을 켜고 있습니다.
1 도구　　　　**2 난방**
3 전기　　　　4 목욕

해설 아침과 저녁은 쌀쌀해진다고 했으므로 あさとばんはとてもひえるので、だんぼうをつけています(아침과 저녁은 매우 쌀쌀해지기 때문에, 난방을 켜고 있습니다)가 자연스럽다. 따라서 2 だんぼう(난방)가 정답이다.

어휘 あさ 명 아침　ばん 명 저녁　とても 閉 매우
　　ひえる 동 쌀쌀해지다, 차가워지다　〜ので 조 ~기 때문에
　　つける 동 켜다　どうぐ 명 도구　だんぼう 명 난방　でんき 명 전기
　　おふろ 명 목욕

문제 4의 디렉션

문제 4 ＿＿＿＿＿ 의 문장과 대체로 같은 의미의 문장이 있습니다. 1·2·3·4에서 가장 알맞은 것을 하나 골라 주세요.

21 난이도 중

그림을 좋아하는 조모는 자주 미술관에 갑니다.
1 그림을 좋아하는 할머니는 자주 미술관에 갑니다.
2 그림을 좋아하는 아주머니는 자주 미술관에 갑니다.
3 그림을 좋아하는 엄마는 자주 미술관에 갑니다.
4 그림을 좋아하는 언니는 자주 미술관에 갑니다.

해설 제시문에 사용된 そぼ가 '조모'라는 의미이므로, 의미가 같은 おばあさん(할머니)을 사용한 1 えがすきなおばあさんはよくびじゅつかんに行きます(그림을 좋아하는 할머니는 자주 미술관에 갑니다)가 정답이다.

어휘 え 몡그림　すきだ 나형좋아하다　そぼ 몡조모, 할머니
よく 튀자주　びじゅつかん 몡미술관　行く いく 동가다
おばあさん 몡할머니　おばさん 몡아주머니　おかあさん 몡엄마
おねえさん 몡언니, 누나

22 난이도 중상

이 회사는 자동차를 생산하고 있습니다.
1 이 회사는 자동차를 팔고 있습니다.
2 이 회사는 자동차를 사고 있습니다.
3 이 회사는 자동차를 만들고 있습니다.
4 이 회사는 자동차를 빌려주고 있습니다.

해설 제시문에 사용된 せいさんして가 '생산하고'라는 의미이므로, 의미가 유사한 つくって(만들고)를 사용한 3 この会社はじどうしゃをつくっています(이 회사는 자동차를 만들고 있습니다)가 정답이다.

어휘 この 이　会社 かいしゃ 몡회사　じどうしゃ 몡자동차
せいさん 몡생산　うる 동팔다　かう 동사다　つくる 동만들다
かす 동빌리다

TIP せいさん(생산)과 비슷한 의미의 표현인 せいさく(제작)가 유의 표현으로 출제될 수도 있으므로 함께 알아 둔다.

23 난이도 상

비가 똑똑 내리고 있습니다.
1 비가 계속 내리고 있습니다.
2 비가 꽤 내리고 있습니다.
3 비가 막 내리고 있습니다.
4 비가 조금 내리고 있습니다.

해설 제시문에 사용된 ぽつぽつ가 '똑똑(조금 내리는 모양)'이라는 의미이므로, 의미가 유사한 すこし(조금)를 사용한 4 雨がすこしふっています(비가 조금 내리고 있습니다)가 정답이다.

어휘 雨 あめ 몡비　ぽつぽつ 튀똑똑(조금 내리는 모양)　ふる 동내리다
ずっと 튀계속　かなり 튀꽤　ちょうど 튀막　すこし 튀조금

24 난이도 상

면접에서 저의 결점을 물었습니다.
1 면접에서 저의 좋은 점을 물었습니다.
2 면접에서 저의 좋지 않은 점을 물었습니다.
3 면접에서 제가 하고 싶은 일을 물었습니다.
4 면접에서 제가 하고 싶지 않은 일을 물었습니다.

해설 제시문에 사용된 けってん이 '결점'이라는 의미이므로, 의미가 유사한 よくないところ(좋지 않은 점)를 사용한 2 めんせつでわたしのよくないところを聞かれました(면접에서 저의 좋지 않은 점을 물었습니다)가 정답이다.

어휘 めんせつ 몡면접　わたし 몡저　けってん 몡결점

聞く きく 동묻다　いい 이형좋다　ところ 몡점　やる 동하다
こと 몡일

TIP けってん(결점)과 비슷한 의미의 표현인 たりないところ(부족한 점), ふじゅうぶんなところ(불충분한 점)가 유의 표현으로 출제될 수도 있으므로 함께 알아 둔다.

문제 5의 디렉션

문제 5 다음 말의 사용법으로 가장 좋은 것을 1·2·3·4에서 하나 고르세요.

25 난이도 중상

도중
1 테스트 도중에 교실을 나갈 수는 없습니다.
2 이 영화는 친구들 도중에서 매우 인기였습니다.
3 도서관은 마을 도중에 세워지게 되었습니다.
4 영업 팀 도중에서 누가 가장 연하입니까?

해설 とちゅう(도중)는 시작과 끝이 있는 어떤 작업이나 과정의 중간 단계를 말할 때 사용한다. 1의 テストのとちゅうできょうしつを出ることはできません(테스트 도중에 교실을 나갈 수는 없습니다)에서 시작과 끝이 있는 테스트와 사용되었으므로 1이 정답이다. 참고로, 2는 あいだ(사이), 3은 ちゅうしん(중심), 4는 なか(중)를 사용하는 것이 올바른 문장이다.

어휘 とちゅう 몡도중　テスト 몡테스트　きょうしつ 몡교실
出る でる 동나가다　～ことができる ~할 수 있다　この 이
えいが 몡영화　友だち ともだち 몡친구　とても 튀매우
人気 にんき 몡인기　としょかん 몡도서관　町 まち 몡마을
たてる 동세우다　～ことになる ~하게 되다　えいぎょう 몡영업
チーム 몡팀　だれ 몡누구　いちばん 튀가장
年下 としした 몡연하

26 난이도 상

비다
1 학교의 아이의 숫자가 점점 비어 있습니다.
2 바람이 불어 촛불이 비어 버렸습니다.
3 열이 빌 때까지는 얌전하게 자고 있는 편이 좋아요.
4 길이 비어 있기 때문에 목적지까지 빨리 도착할 수 있을 것 같습니다.

해설 すく(비다)는 어떤 공간을 채우고 있던 것이 줄어 공간이 비는 것을 나타낼 때 사용한다. 4의 道がすいているからもくてきちまで早くつきそうです(길이 비어 있기 때문에 목적지까지 빨리 도착할 수 있을 것 같습니다)에서 비어 있을 수 있는 공간인 길과 사용되었으므로 4가 정답이다. 참고로, 1은 へる(줄어들다), 2는 きえる(사라지다), 3은 さがる(내려가다)를 사용하는 것이 올바른 문장이다.

어휘 すく 동비다　学校 がっこう 몡학교　子ども こども 몡아이

かず 図숫자 どんどん 튀점점 かぜ 図바람 ふく 동불다
ろうそく 図초 火 ひ 図불 ねつ 図열 ~まで 조~까지
おとなしい い형얌전하다 ねる 동자다
~たほうがいい ~하는 편이 좋다 道 みち 図길
~から 조~기 때문에 もくてきち 図목적지 早く はやく 튀빨리
つく 동도착하다

とても 튀매우 だんだん 튀점점 フランス 図프랑스
せいかつ 図생활

TIP にあう(어울리다)와 같이 合う를 사용한 동사 であう(만나다), はなしあう(대화하다, 상의하다)도 출제될 수도 있으므로 함께 알아 둔다.

TIP すく(비다)는 おなか(배), へや(방) 등 안에 무언가를 채울 수 있는 것을 나타내는 단어와 자주 사용되므로 이와 같은 단어가 있는 선택지가 정답일 가능성이 높다.

28 난이도 중상

불편

1 이사한 집은 역에서 멀어서 조금 **불편**합니다.
2 일로 불편한 실수를 해서 선배에게 혼났습니다.
3 저는 배구 등의 공을 사용하는 스포츠가 불편합니다.
4 이번 대회에서 1위가 되는 것은 불편하다고 생각합니다.

해설 ふべん(불편)은 환경이나 상황이 편리하지 않거나 실용적이지 않음을 표현할 때 사용한다. 1의 ひっこした家はえきからとおくてちょっとふべん(이사한 집은 역에서 멀어서 조금 불편)에서 이사한 집이 역에서 멀다는 편리하지 않은 상황을 언급하고 있으므로 1이 정답이다. 참고로, 2는 たいへんだ(큰일이다), 3은 にがてだ(서투르다), 4는 むずかしい(어렵다)를 사용하는 것이 올바른 문장이다.

어휘 ふべんだ な형불편하다 ひっこす 동이사하다 家 いえ 図집
えき 図역 ~から 조~에서 とおい い형멀다 ちょっと 튀조금
しごと 図일 しっぱい 図실수 せんぱい 図선배
おこる 동혼내다 わたし 図저 バレー 図배구 ~など 조~등
ボール 図공 使う つかう 동사용하다 スポーツ 図스포츠
こんかい 図이번 たいかい 図대회 ~い ~위
~になる ~가 되다 ~と思う ~とおもう ~라고 생각하다

27 난이도 상

어울리다

1 내일 친구를 어울려서 영화를 보러 갑니다.
2 저와 여동생은 자매인데 얼굴이 어울리지 않습니다.
3 **다나카 씨는 하얀 드레스가 매우 어울립니다.**
4 점점 프랑스 생활에도 어울려 왔습니다.

해설 にあう(어울리다)는 어떤 것이 서로 조화롭거나 잘 맞는 상태를 표현할 때 사용한다. 3의 白いドレスがとてもにあっています(하얀 드레스가 매우 어울립니다)에서 서로 조화로울 수 있는 대상인 다나카 씨와 하얀 드레스가 언급되었으므로 3이 정답이다. 참고로, 1은 あう(만나다), 2는 にる(닮다), 4는 なれる(익숙해지다)를 사용하는 것이 올바른 문장이다.

어휘 にあう 동어울리다 明日 あした 図내일 友だち ともだち 図친구
えいが 図영화 見る みる 동보다 行く いく 동가다 わたし 図저
妹 いもうと 図여동생 しまい 図자매 ~のに 조~인데
顔 かお 図얼굴 白い しろい い형하얗다 ドレス 図드레스

언어지식(문법) p.133

문제 1의 디렉션

문제1 (　　) 에 무엇을 넣습니까? 1·2·3·4 에서 가장 알맞은 것을 하나 골라주세요.

1 난이도 중

옛날에는 자주 울어서 부모님 (　　) 곤란하게 했었습니다.

1 은　　　　　　　　2 **을**
3 에　　　　　　　　4 로

해설 빈칸 앞에서 '부모님'이라고 하고, 빈칸 뒤에서 '곤란하게 했었습니다'라고 했으므로, 곤란하게 한 대상, 즉 목적어를 나타내는 'を(을)'를 사용하는 것이 자연스럽다. 따라서 2 を(을)가 정답이다.

어휘 むかし 図옛날 よく 튀자주 泣く なく 동울다
両親 りょうしん 図부모님 こまらせる 곤란하게 하다 ~は 조~은
~を 조~을 ~に 조~에 ~で 조~로

2 난이도 중

학생 "선생님, 작문 숙제는 언제 (　　) 제출하면 되나요?"
선생님 "다음 주 화요일 수업에서 제출해 주세요."

1 까지　　　　　　　2 **까지**
3 보다　　　　　　　4 보나노

해설 빈칸 앞에서 '언제'라고 하고, 빈칸 뒤에서 '제출하면 되나요'라고 했으므로, 기한 전에 동작이 끝나야 함을 나타내는 'までに(까지)'를 사용하는 것이 자연스럽다. 따라서 2 までに(까지)가 정답이다. 1의 까지는 12時まで勉強する(12시까지 공부하다)와 같이 어느 시점까지 동작이 지속되는 것을 나타내므로 までに와 구분하여 알아 둔다.

어휘 学生 がくせい 図학생 先生 せんせい 図선생(님)
作文 さくぶん 図작문 宿題 しゅくだい 図숙제 いつ 언제
出す だす 동제출하다, 내다 来週 らいしゅう 図다음 주
火曜日 かようび 図화요일 授業 じゅぎょう 図수업

~まで 图~까지 (지속)   ~までに 图~까지 (기한, 한계)
~より 图~보다   ~よりも 图~보다도

> TIP ~までに(~까지)는 明日(あした, 내일), 来週(らいしゅう, 다음 주) 등 시간, 날짜를 나타내는 표현과 자주 사용되므로 제시문에 이와 같은 표현이 있다면 정답일 가능성이 높다.

---

3 난이도 중

어제 읽은 책 (   ), 노란색은 사람의 주의를 끄는 색이라고 합니다.

1 부터   2 정도
3 에 따르면   4 에 대해

해설 모든 선택지가 빈칸 앞의 本(책)에 접속할 수 있다. 빈칸 앞에서 '책'이라고 하고, 빈칸 뒤에서 '노란색은 사람의 주의를 끄는 색이라고 합니다'라고 했으므로, 정보의 출처를 나타내는 'によると(에 따르면)'를 사용하는 것이 자연스럽다. 따라서 3 によると(에 따르면)가 정답이다. 1 からは '~부터', 2 ほどは '~정도', 4 については '~에 대해'라는 의미임을 알아 둔다.

어휘 きのう 图어제   読む よむ 图읽다   本 ほん 图책
      黄色 きいろ 图노란색   人 ひと 图사람   注意 ちゅうい 图주의
      ひく 图끌다, 당기다   色 いろ 图색   ~そうだ ~라고 한다
      ~から 图~부터   ほど 图~정도   ~によると ~에 따르면
      ~について ~에 대해

> TIP ~によると(~에 따르면)는 しんぶん(신문), ニュース(뉴스) 등 정보의 출처를 나타내는 표현과 자주 사용되므로 제시문에 이와 같은 표현이 있다면 정답일 가능성이 높다.

---

4 난이도 상

A "싫어하는 음식은 있어?"
B "케이크 (   ) 초콜릿이려나."
A "그렇구나. 단 것을 좋아하지 않는구나."

1 라든가   2 등
3 도   4 정도

해설 빈칸 앞에서 '케이크'라고 하고, 빈칸 뒤에서 '초콜릿이려나'라고 했으므로 선택지 1 とか(라든가), 3 も(도)가 정답의 후보이다. A가 '싫어하는 음식은 있어?'라고 했으므로, 예시를 나열하는 조사인 'とか(라든가)'를 사용하는 것이 자연스럽다. 따라서 1 とか(라든가)가 정답이다.

어휘 苦手だ にがてだ 图싫어하다, 거북하다   食べ物 たべもの 图음식
      ある 图있다   ケーキ 图케이크   チョコレート 图초콜릿
      甘い あまい 图달다   物 もの 图것, 물건
      好きだ すきだ 图좋아하다   ~とか ~라든가   ~など 图~등
      ~も 图~도   ~くらい 图~정도

---

5 난이도 중상

(회사에서)
A "히라이 씨, 새로운 상품 아이디어, 매우 좋았습니다."
B "감사합니다. (   ) 성공시키겠습니다."

1 역시   2 결코
3 반드시   4 그다지

해설 빈칸 앞에서 '감사합니다'라고 하고, 빈칸 뒤에서 '성공시키겠습니다'라고 했으므로 선택지 1 やはり(역시), 3 かならず(반드시)가 정답의 후보이다. A가 '히라이 씨, 새로운 상품 아이디어, 매우 좋았습니다'라며 격려했으므로, 강한 의지와 결심을 나타내는 부사 'かならず(반드시)'를 사용하는 것이 자연스럽다. 따라서 3 かならず(반드시)가 정답이다.

어휘 会社 かいしゃ 图회사   新しい あたらしい 图새롭다
      商品 しょうひん 图상품   アイデア 图아이디어   とても 图매우
      よい 图좋다   せいこう 图성공   やはり 图역시
      けっして 图결코   かならず 图반드시   それほど 图그다지, 그만큼

---

6 난이도 상

아들이 (   ) 사이에 청소와 세탁을 끝낼 작정입니다.

1 자고   2 잔
3 자고 있는   4 자고 있어서

해설 빈칸 뒤의 あいだ(사이)는 동사 사전형, 혹은 て형+いる와 접속할 수 있으므로 寝る와 사용하는 경우 寝るあいだ(자는 동안) 혹은 寝ているあいだ(자고 있는 사이)로 연결된다. 따라서 3 寝ている(자고 있는)가 정답이다.

어휘 息子 むすこ 图아들   ~あいだ ~하는 사이, 동안   そうじ 图청소
      せんたく 图세탁   終わる おわる 图끝나다
      ~つもりだ ~할 작정이다   寝る ねる 图자다

---

7 난이도 중상

내가 다니고 있는 학교에서는 학생이 급식을 준비하는 (   ). 담당은 차례로 돌아옵니다.

1 편이 좋습니다   2 것으로 하겠습니다
3 참입니다   **4 것으로 되어 있습니다**

해설 빈칸 앞에서 '학생이 급식을 준비하는'이라고 하고, 빈칸 뒤에서 '담당은 차례로 돌아옵니다'라고 했으므로, 정해진 규정을 나타내는 표현인 '~ことになっている(~하기로 되어 있다)'를 사용하는 것이 자연스럽다. 따라서 4 ことになっています(것으로 되어 있습니다)가 정답이다. 1의 ほうがいい는 '~하는 편이 좋다', 2의 ことにする는 '~하는 것으로 하다', 3의 ところだ는 '~하려는 참이다'라는 의미임을 알아 둔다.

어휘 わたし 图나   通う かよう 图다니다   学校 がっこう 图학교
      学生 がくせい 图학생   給食 きゅうしょく 图급식   じゅんび 图준비

たんとう 담당　じゅんばん 차례, 순번　回る まわる 돌다
~てくる ~해 오다　~ほうがいい ~하는 편이 좋다
~ことにする ~하는 것으로 하다　~ところだ ~하려는 참이다
~ことになっている ~하는 것으로 되어 있다

TIP　A ことになる(A하게 되다)에서 A는 누군가에 의해 결정되거나 자연스럽게 그렇게 된 행동이고, B ことにする(B하기로 하다)에서 B는 본인이 하기로 결정한 행동이므로 문맥에 따라 올바르게 구별해야 한다.

8 난이도 중상

(회사에서)
야스이 "가와니시 씨, (　　　) 자료, 이미 프린트했습니까?"
가와니시 "음, 어느 것 말인가요?"
야스이 "오늘 회의에서 사용할 조사 리포트입니다."

1 그　　　　　　　　　2 저런
3 그러한　　　　　　　4 그 정도의

해설　야스이가 '자료, 이미 프린트했습니까'라고 하자 가와니시가 '음, 어느 것 말인가요?'라며 여러 자료 중 어느 것인지 물었으므로, 서로 알고 있는 특정 대상 가운데 하나를 가리키는 'あの(그)'를 사용하는 것이 자연스럽다. 따라서 1 あの(그)가 정답이다.

어휘　会社 かいしゃ 회사　資料 しりょう 자료　もう 이미
プリント 프린트　どれ 어느 것　今日 きょう 오늘
会議 かいぎ 회의　使う つかう 사용하다　ちょうさ 조사
レポート 리포트　あの 그, 저　あんな 저런　そういう 그러한
そのくらい 그 정도

9 난이도 상

며칠 전에 자전거 열쇠를 잃어버렸습니다. 아무리 (　　　) 발견되지 않습니다.

1 찾았기 때문에　　　　2 찾아서는
3 찾지 않고　　　　　　**4 찾아도**

해설　빈칸 앞에서 '아무리'라고 하고, 빈칸 뒤에서 '발견되지 않습니다'라고 했으므로, 예상과 다른 결과를 나타내는 표현인 '~ても(~해도)'를 사용하는 것이 자연스럽다. 따라서 4 探しても(찾아도)가 정답이다. 1의 ので는 '~하기 때문에', 2의 ては는 '~해서는', 3의 ないで는 '~하지 않고'라는 의미임을 알아 둔다.

어휘　数日 すうじつ 며칠　前 まえ 전　自転車 じてんしゃ 자전거
かぎ 열쇠　なくす 잃어버리다　いくら 아무리
見つかる みつかる 발견되다　探す さがす 찾다
~ので ~하기 때문에　~ては ~해서는
~ないで ~하지 않고　~ても ~해도

10 난이도 중상

A "역 앞에 있는 라면집, (　　　)."
B "앗, 없어졌나요? 맛있었는데 아쉽네요."

1 없어질 것 같습니다　　　**2 없어졌다고 해요**
3 없어질지도 모르겠습니다　4 없어져도 됩니다

해설　빈칸 앞에서 '역 앞에 있는 라면집'이라고 했으므로 모든 선택지가 정답의 후보이다. 대화문에서 B가 '앗, 없어졌나요? 맛있었는데 아쉽네요'라며 라면집 없어졌다는 새로운 정보를 듣고 그에 대한 아쉬움을 표현하고 있으므로, 전해 들은 정보를 전달하는 '~らしい(~라고 한다)'를 사용하는 것이 자연스럽다. 따라서 2 なくなったらしいです(없어졌다고 해요)가 정답이다. 1의 そうだ는 '~(할) 것 같다', 3의 かもしれない는 '~지도 모른다', 4의 てもいい는 '~해도 된다'라는 의미임을 알아 둔다.

어휘　駅 えき 역　前 まえ 앞　ラーメン屋 ラーメンや 라면집
なくなる 없어지다　おいしい 맛있다
ざんねんだ 아쉽다, 유감스럽다　~そうだ ~(할) 것 같다
~らしい ~라고 한다　~かもしれない ~지도 모른다
~てもいい ~해도 된다

11 난이도 중

딸이 계속 (　　　) 크리스마스에 게임을 사 주려고 생각합니다.

1 원했기 때문에　　　　2 원하게 되면
3 원하고 있었기 때문에　4 원하지 않으면

해설　빈칸 앞에서 '딸이 계속'이라고 하고, 빈칸 뒤에서 '크리스마스에 게임을 사 주려고 생각합니다'라고 했으므로, 이유와 원인을 나타내는 표현인 '~から(~때문에)'를 사용하는 것이 자연스럽다. 선택지 1 ほしかったから의 ほしい는 '(내가) 원하다'라는 뜻이므로, 내가 아닌 딸이 원하고 있는 상황에서는 적절하지 않다. 따라서 3 ほしがっていたから(원하고 있었기 때문에)가 정답이다. 2의 くなる는 '~하게 되다', 4의 くなければ는 '~하지 않으면'이라는 의미임을 알아 둔다.

어휘　娘 むすめ 딸　ずっと 계속　クリスマス 크리스마스
ゲーム 게임　買う かう 사다　~てあげる ~해 주다
~ようと思う ~ようとおもう ~하려고 생각하다
ほしい (내가) 원하다　~くなる ~하게 되다
ほしがる (남이) 원하다

TIP　ほしがる(원하다)는 타인이 무언가를 원한다는 뜻을 나타내는 표현이고, ほしい(원하다)는 본인이 무언가를 원한다는 뜻을 나타내는 표현이므로 문맥에 따라 올바르게 구별해야 한다.

12 난이도 상

A "여행에서 가장 가고 싶은 나라는 어디입니까?"
B "가 보고 싶은 곳이 많이 있어서, (　　　)."

1 정하게 했습니다　　　2 정하게 하지 않습니다
3 정할 수 있었습니다　　**4 정할 수 없습니다**

해설 빈칸 앞에서 '가 보고 싶은 곳이 많이 있어서'라고 했으므로 선택지 3 決められました(정할 수 있었습니다), 4 決められません(정할 수 없습니다)이 정답의 후보이다. 대화문에서 A가 '여행에서 가장 가고 싶은 나라는 어디입니까?'라고 했으므로, 질문을 듣고 생각한 현재의 답변을 전달하는 '~ません(~없습니다)'을 사용하는 것이 자연스럽다. 선택지 2 決めさせません의 させる는 '(다른 사람에게) 시키다, ~하게 하다'라는 뜻이므로, 다른 사람이 아닌 나의 생각을 말하는 상황에서는 적절하지 않다. 따라서 4 決められません(정할 수 없습니다)이 정답이다. 3, 4의 られる는 '~(할) 수 있다'라는 의미임을 알아 둔다.

어휘 旅行 りょこう 圏 여행 一番 いちばん 閉 가장 行く いく 图 가다
国 くに 圏 나라 どこ 어디 ~てみる ~해 보다 ところ 圏 곳
たくさん 閉 많이 ある 图 있다 決める きめる 图 정하다

13 난이도 상

(집에서)
어머니 "누나는 어디야?"
아들 "방에 있어. 최근, 자기 방에 (　　　) 거실에 나오지 않네."
아버지 "혼자 있고 싶은 시기일지도 모르겠어."

1 있기만 하고　　　　2 있기를 바라서
3 있기 어려워서　　　　4 있는지 어떤지

해설 빈칸 앞에서 '방에 있어. 최근, 자기 방에'라고 하고, 빈칸 뒤에서 '거실에 나오지 않네'라고 했으므로, 오랫동안 방에 있는 상태가 유지되고 있음을 나타내는 '~てばかりいる(~하기만 하다)'를 사용하는 것이 자연스럽다. 따라서 1 いてばかりいて(있기만 하고)가 정답이다. 선택지 2의 てほしい는 상대방이 '(하)길 바라다'라는 뜻이므로, 아들이 딸이 방에 있기를 바란다는 의미가 되므로 아들이 아닌 딸이 원하고 있는 상황에서는 적절하지 않다. 3의 にくい는 '~하기 어렵다', 4의 かどうか는 '~(인)지 어떤지'라는 의미임을 알아 둔다.

어휘 家 いえ 圏 집 母親 ははおや 圏 어머니
お姉ちゃん おねえちゃん 圏 누나, 언니 どこ 어디
息子 むすこ 圏 아들 部屋 へや 圏 방 いる 图 있다
最近 さいきん 圏 최근 自分 じぶん 圏 자기, 자신 居間 いま 圏 거실
出る でる 图 나오다 ~てくる ~해 오다 父親 ちちおや 圏 아버지
一人 ひとり 圏 혼자, 한 사람 時期 じき 圏 시기
~かもしれない ~일지도 모른다 ~てばかりいる ~하기만 하다
~てほしい ~하길 바라다 ~にくい ~하기 어렵다
~かどうか ~(인)지 어떤지

> TIP ばかり가 포함된 표현 ~たばかり(~(한) 지 얼마 되지 않다)도 출제될 수도 있으므로 함께 알아 둔다.

문제 2의 디렉션
문제2 ★ 에 들어갈 것은 어느 것입니까? 1·2·3·4에서 가장 알맞은 것을 하나 골라 주세요.

14 난이도 중

친구 에게 들을 때 ★까지 재킷 에 가격표가 붙은 채였습니다.

1 까지　　　　2 에게
3 들을 때　　　　4 재킷

해설 전체 선택지를 의미가 통하게 배열하면 2 に 3 言われる 1 まで 4 ジャケット(에게 들을 때까지 재킷)가 된다. 전체 문맥과도 자연스럽게 연결되므로 1 まで(까지)가 정답이다.

어휘 友達 ともだち 圏 친구 値札 ねふだ 圏 가격표 つく 图 붙다
~たまま ~(한) 채 ~まで 图 ~까지 ~に 图 ~에게
言われる いわれる 듣다, 말해지다 ジャケット 圏 재킷

15 난이도 중

이대로는 수업에 맞출 수 없을 거라고 ★생각해서 뛰어서 학교로 향했다.

1 거라고　　　　2 맞출 수 없을
3 뛰어서 학교로 향했다　　　　**4 생각해서**

해설 선택지 1의 と는 선택지 4 思って와 접속하여 ~と思う(~(라)고 생각하다)라는 문형이 된다. 그러므로 선택지 1 だろうと와 선택지 4 思って를 우선 연결할 수 있다. 이후 나머지 선택지를 의미가 통하게 배열하면 2 間に合わない 1 だろうと 4 思って 3 走って学校に向かった(맞출 수 없을 거라고 생각해서 뛰어서 학교로 향했다)가 된다. 전체 문맥과도 자연스럽게 연결되므로 4 思って(생각해서)가 정답이다.

어휘 このまま 이대로 授業 じゅぎょう 圏 수업 ~だろう ~(일) 것이다
間に合う まにあう 图 (제시간에) 맞추다 走る はしる 图 뛰다
学校 がっこう 圏 학교 向かう むかう 图 향하다
~と思う ~とおもう ~라고 생각하다

> TIP 間に合う((시간에) 맞출 수 있다) 앞에는 電車(でんしゃ, 전철), 会議(かいぎ, 회의) 등 시간이 정해져 있는 사항이 올 수 있으므로 이와 같은 표현이 있다면 間に合う 앞에 배치한다.

16 난이도 중

A "연락은 이메일과 전화 중, 어느 쪽이 좋겠습니까?"
B "이메일 로도 전화로도 ★어느 쪽이든 괜찮 습니다. 편한 쪽으로 상관없습니다."

1 전화로도　　　　**2 어느 쪽이든**
3 로도　　　　4 괜찮

해설 전체 선택지를 의미가 통하게 배열하면 3 でも 1 電話でも 2 どっ

ちでも 4 いい(로도 전화로도 어느 쪽이든 괜찮)가 된다. 전체 문맥과도 자연스럽게 연결되므로 2 どっちでも(어느 쪽이든)가 정답이다.

어휘 れんらく 圏 연락   メール 圏 이메일   電話 でんわ 圏 전화
どちら 圏 어느 쪽   いい い형 좋다, 괜찮다   楽だ らくだ な형 편하다
かまわない 상관없다   電話 でんわ 圏 전화
~でも 区 ~로도, ~라도   どっち 圏 어느 쪽

17 난이도 중상

A "선반은 어떻게 조립하면 될까요?"
B "이 설명서에 방법이 쓰여 ★있으 니까, 잘 읽고 만들어 주세요."

1 니까   **2 있으**
3 방법이   4 쓰여

해설 선택지 4의 て는 선택지 2 あります와 접속하여 ~てある(~되어 있다)라는 문형이 된다. 그러므로 선택지 4 書いて와 선택지 2 あります를 우선 연결할 수 있다. 이후 나머지 선택지를 의미가 통하게 배열하면 3 方法が 4 書いて 2 あります 1 から(방법이 쓰여 있으니까)가 된다. 전체 문맥과도 자연스럽게 연결되므로 2 あります(있으)가 정답이다.

어휘 たな 圏 선반   どうやって 어떻게
組み立てる くみたてる 图 조립하다   ~たらいい ~하면 되다
この 이   説明書 せつめいしょ 圏 설명서   よく 閉 잘
読む よむ 图 읽다   作る つくる 图 만들다   ~から ~니까
~てある ~되어 있다   方法 ほうほう 圏 방법   書く かく 图 쓰다

문제 3의 디렉션

문제3 **18** 부터 **21** 에 무엇을 넣습니까? 문장의 의미를 생각해서, 1·2·3·4 에서 가장 알맞은 것을 하나 골라 주세요.

18-21

아래의 글은, 유학생의 작문입니다.

전철 여행

루이스 토마스

겨울 방학에 친구와 전철로 여행을 갔습니다. 이 여행에서는, [18]3일간 얼마든지 전철을 탈 수 있는 표를 샀습니다. **18**, [18]행선지를 정하지 않고 타고, 궁금한 역에서 내리는 자유로운 여행을 즐겼습니다.
[19]잠시 전철을 **19**, [19]창문으로 예쁜 바다가 보였습니다. 우리는 그곳에서 내리기로 했습니다. [20]전철을 내려서 출구로 향했지만, 그곳에는 역무원이 없었습니다. 다른 사람은 출구에 있는 상자 안에 승차권을 넣고 **20**. 우리는 몇 번이고 사용할 수 있는 표이므로, 그대로 통과했습니다.

일본에서는 이용하는 사람이 적은 역에서, 이런 경우가 있다고 합니다. [21]내 나라 **21** [21]본 적이 없었기 때문에, 매우 놀랐습니다.

어휘 下 した 圏 아래   文章 ぶんしょう 圏 글
留学生 りゅうがくせい 圏 유학생   作文 さくぶん 圏 작문
電車 でんしゃ 圏 전철   旅 たび 圏 여행
冬休み ふゆやすみ 圏 겨울 방학   友達 ともだち 圏 친구
旅行 りょこう 圏 여행   行く いく 图 가다   いくらでも 얼마든지
乗る のる 图 타다   きっぷ 圏 표   買う かう 图 사다
行き先 ゆきさき 圏 행선지   決める きめる 图 정하다
気になる きになる 궁금하다, 신경 쓰이다   駅 えき 圏 역
降りる おりる 图 내리다   自由だ じゆうだ な형 자유롭다
楽しむ たのしむ 图 즐기다   しばらく 閉 잠시   窓 まど 圏 창문
きれいだ な형 예쁘다   海 うみ 圏 바다   見える みえる 图 보이다
~ことにする 하기로 하다   出口 でぐち 圏 출구
向かう むかう 图 향하다   駅員 えきいん 圏 역무원   ほかの 다른
箱 はこ 圏 상자   中 なか 圏 안   入れる いれる 图 넣다
何度 なんど 圏 몇 번   使う つかう 图 사용하다   そのまま 그대로
通る とおる 图 통과하다   日本 にほん 圏 일본   利用 りよう 圏 이용
少ない すくない い형 적다   場合 ばあい 圏 경우   国 くに 圏 나라
見る みる 图 보다   とても 閉 매우   おどろく 图 놀라다

18 난이도 중상

1 그러자   2 그런데
3 그래서   4 그렇다면

해설 빈칸 앞의 '3일간 얼마든지 전철을 탈 수 있는 표를 샀습니다'는 빈칸 뒤의 '행선지를 정하지 않고 타고, 궁금한 역에서 내리는 자유로운 여행을 즐겼습니다'의 이유가 되는 내용이므로, 빈칸에는 인과 관계를 나타내는 접속사가 필요하다. 따라서 3 それで(그래서)가 정답이다.

어휘 すると 圏 그러자   ところが 圏 그런데   それで 圏 그래서
それなら 圏 그렇다면

19 난이도 상

1 타고 있으니   2 타고 있기 보다
3 타고 있다면   4 타고 있기 때문에

해설 빈칸 앞에서 '잠시 전철을'이라고 하고, 빈칸 뒤에서 '창문으로 예쁜 바다가 보였습니다'라고 했으므로, 바다가 보이게 된 배경 상황을 제시하는 표현인 '~と(~하니)'를 사용하는 것이 자연스럽다. 따라서 1 乗っていると(타고 있으니)가 정답이다. 2의 より는 '~하기보다', 3의 なら는 '~(라)면', 4의 ので는 '~때문에'라는 의미임을 알아 둔다.

어휘 ~と 区 ~하니   ~より ~하기 보다   ~なら ~(라)면
~ので 区 ~때문에

20 난이도 중상

1 나와져 있습니다　　2 **나갔습니다**
3 나가 두었습니다　　4 나가겠지요

해설 빈칸 앞에서 '전철을 내려서 출구로 향했지만, 그곳에는 역무원이 없었습니다. 다른 사람은 출구에 있는 상자 안에 승차권을 넣고'라고 했으므로, 출구를 통해 역 바깥으로 나가는 방향을 나타내는 표현인 '~ていく(~해 가다)'를 사용하는 것이 자연스럽다. 따라서 2 出ていきました(나갔습니다)가 정답이다. 1의 てある는 '~되어 있다', 3의 ておく는 '~해 두다', 4의 でしょう는 '~겠지요'라는 의미임을 알아 둔다.

어휘 出る でる 동 나오다, 나가다　~てある ~되어 있다
~ていく ~해 가다　~ておく ~해 두다　~でしょう ~겠지요

21 난이도 중상

1 **에서는**　　2 에는
3 에서만　　4 에만

해설 빈칸 앞에서 '내 나라'라고 하고, 빈칸 뒤에서 '본 적이 없었기 때문에, 매우 놀랐습니다'라고 했으므로, 나라라는 장소를 나타내는 조사인 'で(에서)'와 일본과의 대조를 나타내는 'は(는)'를 사용하는 것이 자연스럽다. 따라서 1 では(에서는)가 정답이다.

어휘 ~では 조 ~에서는　~には 조 ~에는　~でだけ 조 ~에서만
~にだけ 조 ~에만

독해 p.140

문제 4의 디렉션

문제4 다음의 (1)부터 (3)의 글을 읽고, 질문에 답해 주세요. 답은, 1·2·3·4에서 가장 알맞은 것을 하나 골라 주세요.

22 난이도 중상

이것은 야마모토 씨로부터 사토 씨에게 도착한 이메일입니다.

사토 씨
　　다음 달의 캠핑 여행에 대해서입니다. 오늘 텐트를 예약하려고 생각해서 캠핑장에 연락했는데, 사이즈가 작은 것과 큰 것이 있다고 합니다. 작은 텐트는 4명까지, 큰 텐트는 8명까지 들어갈 수 있습니다. 어느 쪽 텐트를 준비하면 좋을까요? 참가할 사람의 인원수가 정해지면, 알려 주세요.
　　　　　　　　　　　　　　　　　　　야마모토

이 이메일을 읽고, 사토 씨는 무엇을 하지 않으면 안 됩니까?

1 텐트의 사이즈를 정하고, 스스로 텐트를 예약합니다.
2 4인용과 8인용 텐트가 있다는 것을, 모두에게 알립니다.
3 텐트는 4인용과 8인용 중 어느 쪽이 좋은지, 야마모토 씨에게 전합니다.
4 캠핑 여행에 몇 명 참가하는지, 야마모토 씨에게 확인합니다.

해설 지문의 중반부에서 小さいテントは4人まで、大きいテントは8人まで入ることができます。どちらのテントを準備すればいいでしょうか(작은 텐트는 4명까지, 큰 텐트는 8명까지 들어갈 수 있습니다. 어느 쪽 텐트를 준비하면 좋을까요)라고 언급하고 있으므로 3 テントは4人用と8人用のどちらがいいか、山本さんに伝えます(텐트는 4인용과 8인용 중 어느 쪽이 좋은지, 야마모토 씨에게 전합니다)가 정답이다.

어휘 これ 명 이것　~から 조 ~로부터　届く とどく 동 도착하다
メール 명 이메일　来月 らいげつ 명 다음 달　キャンプ 명 캠핑
旅行 りょこう 명 여행　~について ~에 대해서　今日 きょう 명 오늘
テント 명 텐트　予約 よやく 명 예약
~ようと思う ~ようとおもう ~하려고 생각하다
キャンプ場 キャンプじょう 명 캠핑장　連絡 れんらく 명 연락
サイズ 명 사이즈　小さい ちいさい い형 작다　もの 명 것
大きい おおきい い형 크다　ある 동 있다　~そうだ ~라고 하다
~人 ~にん ~명　~まで 조 ~까지　入る はいる 동 들어가다
~ことができる ~할 수 있다　どちら 명 어느 쪽
準備 じゅんび 명 준비　いい い형 좋다　~でしょうか ~할까요?
参加 さんか 명 참가　人数 にんずう 명 인원수
決まる きまる 동 정해지다　~たら ~하면
教える おしえる 동 알리다　~てください ~해 주세요　この 이
読む よむ 동 읽다　何 なに 명 무엇
~なければならない ~하지 않으면 안 된다
決める きめる 동 정하다　自分で じぶんで 스스로　~用 ~よう ~용
こと 명 것　みんな 명 모두　知らせる しらせる 동 알리다
伝える つたえる 동 전하다　何人 なんにん 명 몇 명
確認 かくにん 명 확인

> **TIP** 실용문에서는 ~でしょうか(~(일)까요?), ~ますか(~(합)니까)와 같은 표현이 사용된 문장에서 이 글을 읽은 사람이 확인해야 할 일이 자주 언급되므로 특히 꼼꼼히 읽고 해석한다.

23 난이도 중상

김 씨는 항상 웃는 얼굴로 그 날에 있었던 좋은 일을 이야기해 줍니다. 저는 왜 김 씨에게만 좋은 일이 일어나는지 신기했습니다. 하지만, 그렇지 않았습니다. 어제 김 씨와 학생 기숙사로 돌아갈 때, 전철이 사고로 멈춰 있어서 걸어서 돌아가게 되었습니다. 저는 싫다고 생각했지만, 김 씨는 "거리를 산책할 좋은 기회네"라고 말했습니다. 그것을 듣고, 저도 생각하는 방식을 바꾸자고 생각했습니다. 좋은 일은 스스로 찾는 것입니다.

생각하는 방식을 바꾸자고 라고 되어 있는데, 나는 어떻게 할 생각입니까?

1 좋은 일이 있으면, 다른 사람에게 이야기하도록 합니다.
2 좋은 일이 있어도, 다른 사람에게 이야기하지 않도록 합니다.
3 안 좋은 일 뒤에는, 좋은 일이 생긴다고 생각하도록 합니다.
4 안 좋은 일 속에서, 좋은 일을 찾도록 합니다.

해설 지문의 중반부에서 私は嫌だと思いましたが、キムさんは「街を散歩するいいチャンスだね」と言いました(저는 싫다고 생각했지만, 김 씨는 "거리를 산책할 좋은 기회네"라고 말했습니다)라고 하고, 후반부에서 いいことは自分で探すものなのです(좋은 일은 스스로 찾는 것입니다)라고 언급하고 있으므로 4 よくないことのなかで、いいことを探すようにします(안 좋은 일 속에서, 좋은 일을 찾도록 합니다)가 정답이다.

어휘 いつも 🖉항상 笑顔 えがお 🖉웃는 얼굴 その 그 日 ひ 🖉날
ある 🖉있다 いい 🖉좋다 こと 🖉일
話す はなす 🖉이야기하다 ~てくれる ~해 주다 私 わたし 🖉저
どうして 🖉왜 ~ばかり 🖉~만 起こる おこる 🖉일어나다
不思議だ ふしぎだ 🖉신기하다 しかし 🖉하지만
昨日 きのう 🖉어제 学生寮 がくせいりょう 🖉학생 기숙사
帰る かえる 🖉돌아가다 とき 🖉때 電車 でんしゃ 🖉전철
じこ 🖉사고 止まる とまる 🖉멈추다 ~ている ~해 있다
歩く あるく 🖉걷다 ~ことになる ~하게 되다
嫌だ いやだ 🖉싫다 思う おもう 🖉생각하다 街 まち 🖉거리
散歩 さんぽ 🖉산책 チャンス 🖉기회 言う いう 🖉말하다
それ 🖉그것 聞く きく 🖉듣다
考え方 かんがえかた 🖉생각하는 방식 変える かえる 🖉바꾸다
~ようと思う ~ようとおもう ~하자고 생각하다
自分で じぶんで 🖉스스로 探す さがす 🖉찾다 もの 🖉것
どのように 어떻게 ~つもりだ ~(할) 생각이다 ~たら ~하면
他の ほかの 다른 人 ひと 🖉사람 ~ようにする ~하도록 하다
後 あと 🖉뒤, 후

24 난이도 중상

가게 계산대에 점장으로부터의 메모가 있습니다.

기타가와 씨

오늘 오후, 스즈키 씨라는 손님이 가게에 옵니다. 스즈키 씨가 오면, 셔츠를 받고 새로운 것으로 교환해 주세요. 아까 스즈키 씨로부터 전화가 와서 산 셔츠를 입으려고 했더니, 가장 위의 단추가 떨어져 있었다고 들었습니다. 주기 전에 셔츠에 단추가 모두 있는지, 확인하는 것을 잊지 말아 주세요. 저는 오늘 오후부터 휴무라서 대신 잘 부탁합니다.

점장은 기타가와 씨에게 무엇을 부탁하고 있습니까?

1 오늘 오후에 스즈키 씨에게 셔츠를 주는 것
2 오늘 오후에 스즈키 씨에게 전화를 하는 것
3 오늘 오후에 셔츠의 단추를 다는 것
4 스즈키 씨에게 점장이 휴무라고 전하는 것

해설 지문의 초반부에서 鈴木さんが来たら、シャツをもらって新しいものに交換してください(스즈키 씨가 오면, 셔츠를 받고 새로운 것으로 교환해 주세요)라고 언급하고 있으므로 1 今日の午後に鈴木さんにシャツをわたすこと(오늘 오후에 스즈키 씨에게 셔츠를 주는 것)가 정답이다.

어휘 店 みせ 🖉가게 レジ 🖉계산대 店長 てんちょう 🖉점장
~から 🖉~로부터 メモ 🖉메모 ある 🖉있다 今日 きょう 🖉오늘
午後 ごご 🖉오후 ~という ~라는 お客さん おきゃくさん 🖉손님
来る くる 🖉오다 ~たら 🖉~하면 シャツ 🖉셔츠
もらう 🖉받다 新しい あたらしい 🖉새롭다 もの 🖉것
交換 こうかん 🖉교환 ~てください ~해 주세요 さっき 🖉아까
電話 でんわ 🖉전화 買う かう 🖉사다 着る きる 🖉입다
~ようとする ~하려고 하다 一番 いちばん 🖉가장 上 うえ 🖉위
ボタン 🖉단추 とれる 🖉떨어지다 ~ている ~해 있다
言われる いわれる 듣다, 말해지다 わたす 🖉주다
~前に ~まえに ~하기 전에 ぜんぶ 🖉모두
確認 かくにん 🖉확인 こと 🖉것 忘れる わすれる 🖉잊다
~ないでください ~하지 말아 주세요 私 わたし 🖉저
休み やすみ 🖉휴무, 휴식 ~ので 🖉~라서
代わりに かわりに 🖉대신 よろしく 🖉잘 お願い 🖉부탁
何 なに 🖉무엇 頼む たのむ 🖉부탁하다 つける 🖉달다
伝える つたえる 🖉전하다

문제 5의 디렉션

문제 5 다음의 글을 읽고, 질문에 답해 주세요. 답은, 1·2·3·4에서 가장 알맞은 것을 하나 골라 주세요.

25-27

저는 3개월 전에 아파트로 ①이사했습니다. 이전에는 본가에서 가족과 살고 있었지만, [25]회사가 멀어서 다니기가 힘들었어서 이사하기로 정했습니다. 아파트는 본가보다도 매우 좁습니다. 게다가 집안일은 모두 스스로 하지 않으면 안 됩니다. 불편하게 느끼는 것도 있어서 익숙해질 때까지 시간이 걸렸지만, 집안일도 점점 편해졌습니다.

아파트 근처에 공원이 있어서, 저는 자주 거기서 러닝을 하거나 책을 읽거나 합니다. 어느 주말, 그 공원의 벤치에서 책을 읽고

있을 때, 기타 소리가 들려 왔습니다. 소리가 나는 쪽으로 가 보니 남자가 있었습니다. 그 연주가 매우 훌륭해서, 계속 듣고 있었습니다.

원래 기타를 매우 좋아해서, 본가에 있을 때는 일이 바빠도 치고 있었지만, 이사하고 나서는 ②기타를 치지 않게 되었습니다. [26]지금 살고 있는 아파트는 벽이 얇아서, 큰 기타 소리는 민폐가 되기 때문입니다. 공원의 남자를 보고, 저도 공원에서 기타를 쳐 보려고 생각했습니다. 그 다음 주에, 본가에 가서 기타를 가져 왔습니다.

처음 [27]공원에서 기타를 쳤을 때는, 다른 사람들 앞에서 치는 것이 부끄러웠지만, 지금은 매주 주말의 ③즐거움이 되었습니다. 들으러 와 준 사람에게 칭찬을 받는 일이 많아져서 기쁩니다.

어휘 私 わたし 圀 저 ~か月 ~かげつ ~개월 前 まえ 圀 전, 앞
アパート 圀 아파트 引っ越す ひっこす 图 이사하다
以前 いぜん 圀 이전 実家 じっか 圀 본가 家族 かぞく 圀 가족
暮らす くらす 图 살다 ~ている ~하고 있다
会社 かいしゃ 圀 회사 遠い とおい イ 멀다 通う かよう 图 다니다
大変だ たいへんだ ナ 힘들다 ~ので 图 ~해서
決める きめる 图 정하다 ~よりも 图 ~보다도 とても 튀 매우
せまい イ 좁다 それに 쥅 게다가 家事 かじ 圀 집안일
すべて 튀 모두 自分で じぶんで 스스로 やる 图 하다
~ないといけない ~하지 않으면 안 된다
不便だ ふべんだ ナ 불편하다 感じる かんじる 图 느끼다
ある 图 있다 慣れる なれる 图 익숙해지다 ~まで 图 ~까지
時間 じかん 圀 시간 かかる 图 걸리다 だんだん 튀 점점
楽だ らくだ ナ 편하다 ~になる ~해지다 近く ちかく 圀 근처
公園 こうえん 圀 공원 よく 튀 자주 そこ 圀 거기
ランニング 圀 러닝 ~たり~たりする ~하거나 ~하거나 하다
ある~ 어느~ 週末 しゅうまつ 圀 주말 その 그 ベンチ 벤치
本 ほん 圀 책 読む よむ 图 읽다 とき 때 ギター 기타
音 おと 圀 소리 聞こえる きこえる 图 들리다 ほう 쪽, 편
行く いく 图 가다 ~てみる ~해 보다 男の人 おとこのひと 圀 남자
いる 图 있다 演奏 えんそう 圀 연주 とても 튀 매우
すばらしい イ 훌륭하다 ずっと 튀 계속 聞く きく 图 듣다
もともと 튀 원래 大好きだ だいすきだ ナ 매우 좋아하다
頃 ころ 圀 때 仕事 しごと 圀 일 忙しい いそがしい イ 바쁘다
弾く ひく 图 치다 ~てから ~하고 나서 今 いま 圀 지금
住む すむ 图 살다 かべ 圀 벽 うすい イ 얇다
大きい おおきい イ 크다 迷惑 めいわく 圀 민폐
~から 图 ~기 때문에 見る みる 图 보다
~ようと思う ~ようとおもう ~하려고 생각하다 次 つぎ 圀 다음
週 しゅう 圀 주 持ってくる もってくる 가져오다
初めて はじめて 튀 처음 他の ほかの 다른 人 ひと 圀 사람
はずかしい イ 부끄럽다 毎週末 まいしゅうまつ 圀 매주 주말
楽しみ たのしみ 圀 즐거움 なる 图 되다
~に来る ~にくる ~하러 오다 ~てくれる ~해 주다
ほめる 图 칭찬하다 増える ふえる 图 많아지다, 늘다
うれしい イ 기쁘다

25 난이도 상

'나'는 왜 ①이사했습니까?
1 가족과 함께 사는 것이 힘들었기 때문에
2 회사에 다니는 데 시간이 걸렸었기 때문에
3 본가가 좁아서, 생활하는 것이 불편했기 때문에
4 본가 근처에 러닝할 수 있는 공원이 없었기 때문에

해설 밑줄의 뒷부분에서 会社が遠くて通うのが大変だったので引っ越すことに決めました(회사가 멀어서 다니기가 힘들었어서 이사하기로 정했습니다)라고 언급하고 있으므로, 2 会社に通うのに時間がかかっていたから(회사에 다니는 데 시간이 걸렸었기 때문에)가 정답이다.

어휘 なぜ 튀 왜 いっしょに 튀 함께 生活 せいかつ 圀 생활
ない イ 없다

26 난이도 상

②기타를 치지 않게 되었습니다라고 있는데, 왜입니까?
1 기타를 치는 것보다도, 러닝이나 독서 쪽을 좋아하기 때문에
2 일이 바빠서, 기타를 칠 시간이 없기 때문에
3 기타 소리가 아파트에 사는 사람에게 들려 버리기 때문에
4 이사할 때에 본가에 기타를 깜빡 두고 와 버렸기 때문에

해설 밑줄의 뒷부분에서 今住んでいるアパートはかべがうすくて、大きいギターの音は迷惑になるからです(지금 살고 있는 아파트는 벽이 얇아서, 큰 기타 소리는 민폐가 되기 때문입니다)라고 언급하고 있으므로, 3 ギターの音がアパートに住んでいる人に聞こえてしまうから(기타 소리가 아파트에 사는 사람에게 들려 버리기 때문에)가 정답이다.

어휘 好きだ すきだ ナ 좋아하다 ~てしまう ~해 버리다
忘れてくる わすれてくる 깜빡 두고 오다

TIP 밑줄친 부분의 이유를 묻는 질문에서는 주로 ~からだ(~때문이다), ~ためだ(~때문이다)와 같은 표현이 있는 문장에서 정답을 찾을 수 있다.

27 난이도 중상

③즐거움이라고 되어 있는데, 무엇이 즐거움입니까?
1 공원에서 남자의 기타 연주를 듣는 것
2 남자와 함께 기타를 연습하는 것
3 공원에서 다른 사람이 기타 연주를 들어 주는 것
4 기타 연주를 들어 주는 사람이 늘어 가는 것

해설 밑줄의 앞부분에서 公園でギターを弾いたときは、他の人たちの前で弾くのがはずかしかったですが、今では毎週末の(공원에서 기타를 쳤을 때는, 다른 사람들 앞에서 치는 것이 부끄러웠지만, 지금은 매주 주말의)라고 언급하고 있으므로, 3 公園で他の人にギターの演奏を聞いてもらうこと(공원에서 다른 사람이 기타 연주를 들어 주는 것)가 정답이다.

어휘 練習 れんしゅう 📖연습　～てもらう (다른 사람이) ~해 주다
　　～ていく ~해 가다

場所 ばしょ 📖장소　調理室 ちょうりしつ 📖조리실
料金 りょうきん 📖요금　まっちゃ 📖말차　本物 ほんもの 📖진짜
チャレンジ 📖도전　～てみる ~해 보다
～てください ~해 주세요　おかし 📖과자　出る でる 동나오다
教室 きょうしつ 📖교실　ゆかた 📖유카타　一人で ひとりで 혼자서
簡単だ かんたんだ 나형간단하다　着る きる 동입다
方法 ほうほう 📖방법　覚える おぼえる 동배우다　方 かた 📖분
おすすめ 📖추천　書道 しょどう 📖서예　ふで 📖붓
使う つかう 동사용하다　かっこいい い형멋지다　書く かく 동쓰다
～ましょう ~합시다　受付 うけつけ 📖접수처　～時 ~じ ~시
～までに 조~까지　申し込み もうしこみ 📖신청
参加 さんか 📖참가

문제 6의 디렉션
문제 6 오른쪽 페이지의 안내를 보고, 아래의 질문에 답해 주세요.
답은, 1·2·3·4에서, 가장 알맞은 것을 하나 골라 주세요.

28-29

★하루카와시민센터 일본 문화 체험★
일본의 여러 문화를 체험할 수 있습니다.
홀에서는, 가부키나 우키요에 등의 전통 문화나, 켄다마나 종이접기 등의 옛날 놀이를 소개하고 있습니다.
또, 그 이외에 4개의 특별 체험도 준비하고 있습니다.

①경단 체험	②말차 체험
쫄깃한 경단을 만듭니다. 팥소 경단은 달고 맛있습니다.	진짜 말차에 도전해 보세요. 과자도 나옵니다.
시간…13:00, 15:00	시간…13:30, [29]14:30, 15:30
체험 시간…1시간 30분	체험 시간…[29]40분
장소…조리실	장소…101교실
요금…300엔	요금…[29]100엔
③유카타 체험	④서예 체험
유카타를 혼자서 간단히 입는 방법을 배우고 싶은 분께 추천입니다.	붓을 사용해서, 한자를 멋지게 써 봅시다.
시간…[28]13:00, 14:00, 15:00	시간…14:00, 15:30
체험 시간…[28]50분	체험 시간…1시간
장소…201교실	장소…103교실
요금…200엔	요금…100엔

※ 특별 체험은 접수처에서 12시까지 신청을 하지 않으면 참가할 수 없습니다.

어휘 市民 しみん 📖시민　センター 📖센터　日本 にほん 📖일본
文化 ぶんか 📖문화　体験 たいけん 📖체험　いろんな 여러
ホール 📖홀　かぶき 📖가부키　うきよえ 📖우키요에
～など 조~등　伝統 でんとう 📖전통　けん玉 けんだま 📖켄다마
折り紙 おりがみ 📖종이접기　昔 むかし 📖옛날　遊び あそび 📖놀이
紹介 しょうかい 📖소개　また 부또　それ 📖그
以外 いがい 📖이외　4つ よっつ 📖4개　特別 とくべつ 📖특별
準備 じゅんび 📖준비　だんご 📖경단　もちもち 📖쫄깃함
作る つくる 동만들다　あんこ 📖팥소　甘い あまい い형달다
おいしい い형맛있다　時間 じかん 📖시간　～分 ~ふん ~분

28 난이도 중상

그린 씨는 하루카와시에 사는 유학생입니다. 한자를 좋아하기 때문에 14시부터 시작하는 서예 체험에 신청하려고 생각하고 있습니다. 하지만, 그 전에 다른 체험도 하고 싶습니다. 그린 씨가 서예 체험 전에 신청할 수 있는 것은 어느 것입니까?

1 ①
2 ②
3 ③
4 ②、③

해설 질문에서 제시된 조건 (1) 14時からの書道体験に申し込もうと思っています。でも、その前に他の体験もしたいです(14시부터 시작하는 서예 체험에 신청하려고 생각하고 있습니다. 하지만, 그 전에 다른 체험도 하고 싶습니다)에 따라 지문을 보면
(1) 14시부터 시작되는 서예 체험 전에 할 수 있는 다른 체험 : 표의 時間(시간)을 보면 14시 전에 시작하는 체험은 ①의 13시, ②의 13시 30분, ③의 13시이다. 体験時間(체험 시간)을 보면, ③의 체험 시간이 50분이므로, 14시 전에 끝난다.
따라서, 3 ③이 정답이다.

어휘 市 し 📖시　住む すむ 동살다　留学生 りゅうがくせい 📖유학생
漢字 かんじ 📖한자　好きだ すきだ 나형좋아하다
～ので 접~기 때문에　～から 조~부터
申し込む もうしこむ 동신청하다
～ようと思う ~ようとおもう ~하려고 생각하다
～ている ~하고 있다　でも 접하지만　その 그　前 まえ 📖전
他の ほかの 다른　～たい ~하고 싶다　どれ 📖어느 것

29 난이도 상

오우 씨는 친구와 특별 체험에 참가하고 싶습니다. 친구는 14시 15분까지 센터에 도착하기 때문에, 먼저 특별 체험을 신청해 둘 생각입니다. 16시까지 끝나는 것으로, 가격은 두 명이서 200엔 이하인 것이 좋습니다. 오우 씨는 어느 걸로 신청합니까?

1 ①
2 ②
3 ③
4 ④

해설 질문에서 제시된 조건 (1) 友達は14時15分までにセンターに着く(친구는 14시 15분까지 센터에 도착), (2) 16時までに終わるもの(16시까지 끝나는 것), (3) 値段は二人で200円以下のもの(가격은 두 명이서 200엔 이하)에 따라 지문을 보면

(1) 14시 15분까지 센터에 도착 : 표의 時間(시간)을 보면, 14시 15분 이후에 시작하는 체험은 ①의 15시, ②의 14시 30분, 15시 30분 ③의 15시, ④의 15시 30분이다.

(2) 16시까지 끝나는 것 : 표의 体験時間(체험 시간)을 보면, 16시까지 끝나는 것은 ②의 14시 30분(15시 10분에 끝남), ③의 15시(15시 50분에 끝남)이다.

(3) 가격은 두 명이서 200엔 이하 : 표의 料金(요금)을 보면, ②가 1인당 100엔, 두 명이서 200엔 이하이다.

따라서, 2 ②가 정답이다.

어휘 友達 ともだち 團 친구　着く つく 團 도착하다　〜ので 困 〜기 때문에
先に さきに 團 먼저　〜ておく 〜해 두다
〜つもりだ 〜(할) 생각이다　終わる おわる 團 끝나다　もの 團 것
値段 ねだん 團 가격　二人 ふたり 團 두 명　〜円 〜えん 〜엔
以下 いか 團 이하　いい い團 좋다

청해 p.151

문항별 분할 파일 바로 듣기

☞ 문제 1의 디렉션과 예제를 들려줄 때 1번부터 8번까지의 문제의 선택지를 미리 읽고 내용을 재빨리 파악해 둡니다. 음성에서 では、始めます(그러면, 시작합니다)가 들리면, 곧바로 문제 풀 준비를 합니다. 디렉션과 예제는 제1회 실전모의고사의 해설(p.17)에서 확인할 수 있습니다.

1 난이도 중

[음성]
家で夫と妻が話しています。妻は何のスープを作りますか。
男:お腹が空いたな。昼ご飯は何にする?
女:隣の山田さんからじゃがいもをたくさんもらったから、じゃがいもを使ってスープを作ろうと思っているけど。それとパン。どう?
男:いいね。ベーコンも入れてよ。このあいだ買ったよね?
女:それはもう全部食べちゃった。代わりに鶏肉じゃだめ?
男:それでもいいよ。玉ねぎも少し入れて…。
女:私は入れないほうが好き。
男:そうなの?じゃあ、任せたよ。
女:うん、玉ねぎは今度使うね。

妻は何のスープを作りますか。

[문제지]
1 じゃがいもと　ベーコン
2 じゃがいもと　とりにく
3 たまねぎと　ベーコン
4 たまねぎと　とりにく

해석 집에서 남편과 아내가 이야기하고 있습니다. 아내는 무슨 수프를 만듭니까?
남: 배가 고프네. 점심은 뭘로 할래?
여: 이웃집 야마다 씨로부터 감자를 많이 받았으니까, 감자를 사용해서 수프를 만들려고 생각하고 있는데. 그거랑 빵. 어때?
남: 좋네. 베이컨도 넣어. 요전에 샀지?
여: 그건 이미 전부 먹어 버렸어. 대신에 닭고기로는 안 돼?
남: 그걸로도 괜찮아. 양파도 조금 넣어서….
여: 나는 넣지 않는 편이 좋아.
남: 그래? 그럼, 맡길게.
여: 응, 양파는 다음에 사용할게.

아내는 무슨 수프를 만듭니까?

1 감자와 베이컨
2 감자와 닭고기
3 양파와 베이컨
4 양파와 닭고기

해설 아내가 じゃがいもを使ってスープを作ろうと思っているけど(감자를 사용해서 수프를 만들려고 생각하고 있는데)라고 하자, 남편이 いいね(좋네)라고 하고, 베이컨을 넣어달라는 남편의 말에 아내가 代わりに鶏肉じゃだめ?(대신에 닭고기로는 안 돼?)라고 하자, 남편이 それでもいいよ(그걸로도 괜찮아)라고 했으므로, 2 じゃがいもととりにく(감자와 닭고기)가 정답이다. 1, 3은 베이컨은 전부 먹어 버렸다고 했고, 4는 아내가 양파를 넣지 않는 편이 좋다고 했으므로 오답이다.

어휘 家 いえ 團 집　夫 おっと 團 남편　妻 つま 團 아내　スープ 團 수프
作る つくる 團 만들다　お腹 おなか 團 배　空く すく 團 고프다
昼ご飯 ひるごはん 團 점심　隣 となり 團 이웃(집)
じゃがいも 團 감자　たくさん 團 많이　もらう 團 받다
使う つかう 團 사용하다　思う おもう 團 생각하다　パン 團 빵
ベーコン 團 베이컨　入れる いれる 團 넣다　このあいだ 團 요전
買う かう 團 사다　もう 團 이미　全部 ぜんぶ 團 전부
食べる たべる 團 먹다　代わり かわり 團 대신
鶏肉 とりにく 團 닭고기　玉ねぎ たまねぎ 團 양파
少し すこし 團 조금　好きだ すきだ な團 좋다
任せる まかせる 團 맡기다　今度 こんど 團 다음

2 난이도 중상

[음성]

電話で女の学生と男の学生が話しています。女の学生はまず何をしますか。

女: もしもし、白川くん。この後の研究発表で配る資料、忘れずに持ってきてね。
男: うん。資料は受付にまとめて置くんだよね?
女: そうよ。白川くんが来るまで、参加者用の水を運んでおくね。
男: あれは重いから、あとで一緒に運ぼう。段ボール1箱分あったはず。
女: そう?ありがとう。じゃあ、今、何かしておくことはあるかな。
男: あ、じゃあ、発表で使うマイクなんだけど、隣の教室から借りてきてもらえる?
女: 分かった。それを先にしておくね。あ、スクリーンはちゃんと映ったから大丈夫だよ。
男: ありがとう。じゃあ、また後で。

女の学生はまず何をしますか。

[문제지]

해석 전화로 여학생과 남학생이 이야기하고 있습니다. 여학생은 우선 무엇을 합니까?

여: 여보세요, 시라카와 군. 이 뒤의 연구 발표에서 나눠 줄 자료, 잊지 말고 가지고 와.
남: 응. 자료는 접수처에 정리해서 두는 거지?
여: 맞아. 시라카와 군이 올 때까지, 참가자용 물을 운반해 둘게.
남: 그건 무거우니까, 나중에 함께 옮기자. 박스 1상자 분량 있을 거야.
여: 그래? 고마워. 그럼, 지금, 뭔가 해 둘 것은 있을까?
남: 아, 그럼, 발표에서 쓸 마이크 말인데, 옆 교실에서 빌려 와 줄래?
여: 알겠어. 그걸 먼저 해 둘게. 아, 스크린은 제대로 비쳤으니까 괜찮아.
남: 고마워. 그럼, 이따 봐.

여학생은 우선 무엇을 합니까?

해설 남학생이 発表で使うマイクなんだけど、隣の教室から借りてきてもらえる?(발표에서 쓸 마이크 말인데, 옆 교실에서 빌려 와 줄래?)라고 하자, 여학생이 分かった(알겠어)라고 했으므로, 마이크를 들고 오는 그림인 3이 정답이다. 1은 남학생이 자료를 가지고 온 후에 할 일이며, 2는 나중에 함께 하기로 했고, 4는 여학생이 이미 했으므로 오답이다.

어휘 電話 でんわ 명 전화 まず 부 우선 研究 けんきゅう 명 연구
発表 はっぴょう 명 발표 配る くばる 동 나눠 주다
資料 しりょう 명 자료 忘れる わすれる 동 잊다 持つ もつ 동 가지다
~てくる ~해 오다 受付 うけつけ 명 접수(처)
まとめる 동 정리하다 置く おく 동 두다, 놓다
参加者 さんかしゃ 명 참가자 ~用 ~よう ~용 水 みず 명 물
運ぶ はこぶ 동 운반하다 重い おもい い형 무겁다
一緒に いっしょに 부 함께 段ボール だんボール 명 박스
箱 はこ 명 상자 ~分 ~ぶん ~분(량) ~はずだ ~일 것이다
使う つかう 동 쓰다, 사용하다 マイク 명 마이크
隣 となり 명 옆, 이웃 教室 きょうしつ 명 교실
借りる かりる 동 빌리다 ~てもらう ~해 주다 先に さきに 부 먼저
スクリーン 명 스크린 ちゃんと 부 제대로 映る うつる 동 비치다
大丈夫だ だいじょうぶだ な형 괜찮다

TIP 先にA(먼저 A), とりあえずA(우선 A)는 A를 먼저 하겠다는, 또는 A를 먼저 하라는 의미이므로 우선 해야 할 일을 고르는 문제는 先に, とりあえず 와 함께 언급되는 행동을 주의 깊게 듣는다.

3 난이도 중

[음성]

体育館で先生が話しています。学生はこのあと何をしますか。

男: 今日の授業はバレーボールをします。倉庫にあるボールとネットを持ってきますから、その間に準備運動をしてください。寒くて体が固まっていると思うので、ゆっくり伸ばしましょう。先週は体操のあとにランニングをしましたが、今日はいいです。それが終わったら、ネットをセットするのを手伝ってください。では、体操の音楽を流しますね。

学生はこのあと何をしますか。

[문제지]

1 ア イ
2 イ ウ
3 ウ エ
4 イ エ

해석 체육관에서 선생님이 이야기하고 있습니다. 학생은 이후에 무엇을 합니까?

남: 오늘 수업은 배구를 합니다. 창고에 있는 공과 네트를 가지고 올 테니, 그 사이에 준비 운동을 해 주세요. 추워서 몸이 굳어 있을 거라고 생각하니, 천천히 늘립시다. 지난주에 체조 후에 러닝을 했지만, 오늘은 괜찮습니다. 그것이 끝나면, 네트를 설치하는 것을 도와주세요. 그럼, 체조 음악을 틀겠습니다.

학생은 이후에 무엇을 합니까?

해설 선생님이 準備運動をしてください(준비 운동을 해 주세요)라고 하고, それが終わったら、ネットをセットするのを手伝ってください(그것이 끝나면, 네트를 설치하는 것을 도와주세요)라고 했으므로, 체조를 하는 그림인 イ와 네트를 설치하는 그림인 エ로 구성된 4가 정답이다. 그림 ア는 선생님이 할 일이며, 그림 ウ는 오늘은 괜찮다고 했으므로 오답이다.

어휘 体育館 たいいくかん 명 체육관　先生 せんせい 명 선생(님)
　　 学生 がくせい 명 학생　今日 きょう 명 오늘　授業 じゅぎょう 명 수업
　　 バレーボール 명 배구　倉庫 そうこ 명 창고　ボール 명 공
　　 ネット 명 네트　持つ もつ 동 가지다　間 あいだ 명 사이
　　 準備 じゅんび 명 준비　運動 うんどう 명 운동　寒い さむい い형 춥다
　　 体 からだ 명 몸　固まる かたまる 동 굳다　思う おもう 동 생각하다
　　 ゆっくり 부 천천히　伸ばす のばす 동 늘리다
　　 先週 せんしゅう 명 지난주　体操 たいそう 명 체조
　　 ランニング 명 러닝, 달리기　終わる おわる 동 끝나다
　　 セット 명 설치, 세트　手伝う てつだう 동 도와주다
　　 音楽 おんがく 명 음악　流す ながす 동 (음악을) 틀다

4 난이도 중

[음성]
会社で部長と女の人が話しています。木曜日の会議は何時にどこで行いますか。

男: 木曜日の午後4時からの会議、第一会議室だったよね?
女: まだ予約していません。ですが、その時間は、毎週他のチームが使っています。
男: あ、そうだった。第二会議室は空いていたっけ?
女: 第二会議室は今、エアコンが壊れていて、金曜日に修理の人が来るそうです。
男: そうか。暑いと集中できないし、日にちはそのままがいいから、時間を変えよう。午後3時からなら問題ないか確認してみて。
女: はい。えっと、その時間なら大丈夫です。予約しておきます。

木曜日の会議は何時にどこで行いますか。

[문제지]
1　3時に　だい一かいぎしつ

2　3時に　だい二かいぎしつ
3　4時に　だい一かいぎしつ
4　4時に　だい二かいぎしつ

해석 회사에서 부장과 여자가 이야기하고 있습니다. 목요일 회의는 몇 시에 어디에서 진행합니까?

남: 목요일 오후 4시부터의 회의, 제1회의실이었지?
여: 아직 예약하지 않았습니다. 그런데, 그 시간은, 매주 다른 팀이 사용하고 있습니다.
남: 아, 그랬지. 제2회의실은 비어 있었나?
여: 제2회의실은 지금, 에어컨이 고장 나 있어서, 금요일에 수리하는 사람이 온다고 합니다.
남: 그렇군. 더우면 집중할 수 없으니, 날짜는 그대로 좋으니까, 시간을 바꾸자. 오후 3시부터라면 문제없는지 확인해 봐.
여: 네. 음, 그 시간이라면 괜찮습니다. 예약해 두겠습니다.

목요일 회의는 몇 시에 어디에서 진행합니까?

1　3시에 제1회의실
2　3시에 제2회의실
3　4시에 제1회의실
4　4시에 제2회의실

해설 부장의 木曜日の午後4時からの会議、第一会議室だったよね?(목요일 오후 4시부터의 회의, 제1회의실이었지?)라는 말에 여자가 그 시간에 다른 팀이 사용한다고 하자, 부장이 午後3時からなら問題ないか確認してみて(오후 3시부터라면 문제없는지 확인해 봐)라고 하고, 여자가 はい。えっと、その時間なら大丈夫です(네. 음, 그 시간이라면 괜찮습니다)라고 했으므로, 1 3時にだい一かいぎしつ(3시에 제1회의실)가 정답이다. 2, 4는 제2회의실의 에어컨이 고장 나서 더우니 사용하지 않기로 했고, 3은 4시에 다른 팀이 사용한다고 했으므로 오답이다.

어휘 会社 かいしゃ 명 회사　部長 ぶちょう 명 부장
　　 木曜日 もくようび 명 목요일　会議 かいぎ 명 회의
　　 行う おこなう 동 진행하다　午後 ごご 명 오후　第一 だいいち 제1
　　 会議室 かいぎしつ 명 회의실　まだ 부 아직　予約 よやく 명 예약
　　 時間 じかん 명 시간　他の ほかの 다른　チーム 명 팀
　　 使う つかう 동 사용하다　第二 だいに 제2　空く あく 동 비다
　　 エアコン 명 에어컨　壊れる こわれる 동 고장 나다
　　 金曜日 きんようび 명 금요일　修理 しゅうり 명 수리
　　 暑い あつい い형 덥다　集中 しゅうちゅう 명 집중
　　 日にち ひにち 명 날짜　そのまま 그대로　変える かえる 동 바꾸다
　　 問題 もんだい 명 문제　確認 かくにん 명 확인
　　 大丈夫だ だいじょうぶだ な형 괜찮다

5 난이도 중

[음성]
教室で先生が話しています。学生はごみ拾いの日に何を持っていきますか。

女: 明日は南公園でごみ拾いをしますね。手が汚れるかもしれませんから、家から手袋を持ってきてください。それから、明日は外で2時間ほど作業することになります。水筒に飲み物を入れてそれぞれ持ってくるようにしてください。拾ったごみを入れるごみ袋は学校で用意しますから、持ってくる必要はありません。

学生はごみ拾いの日に何を持っていきますか。

[문제지]

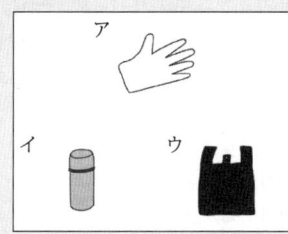

1 ア イ
2 イ ウ
3 ア ウ
4 ア イ ウ

6 난이도 중상

[음성]

店で男の人と店員が話しています。男の人はこれから何をしますか。

男: すみません、商品の包装は無料ですか。プレゼント用にしていただきたいんですが。
女: 箱代として、300円頂いています。箱の柄は星とハートの二種類があります。
男: 星柄にします。
女: かしこまりました。商品はお決まりですか。
男: はい、これです。
女: まずはお会計をお願いします。こちらの商品が1500円、箱代が300円で合計1800円です。
男: カードでお願いします。
女: はい、お預かりしました。…カードのお返しです。包装が終わるまで、椅子に座ってお待ちください。
男: はい。

男の人はこれから何をしますか。

[문제지]

해석 교실에서 선생님이 이야기하고 있습니다. 학생은 쓰레기 줍기 날에 무엇을 가지고 갑니까?

여: 내일은 미나미 공원에서 쓰레기 줍기를 하지요. 손이 더러워질지도 모르니, 집에서 장갑을 가지고 와 주세요. 그리고, 내일은 밖에서 2시간 정도 작업하게 됩니다. 물통에 음료수를 넣어 각자 가지고 오도록 해 주세요. 주운 쓰레기를 담을 쓰레기 봉투는 학교에서 준비할 테니, 가지고 올 필요는 없습니다.

학생은 쓰레기 줍기 날에 무엇을 가지고 갑니까?

해설 선생님이 手が汚れるかもしれませんから、家から手袋を持ってきてください(손이 더러워질지도 모르니, 집에서 장갑을 가지고 와 주세요)라고 하고, 水筒に飲み物を入れてそれぞれ持ってくるようにしてください(물통에 음료수를 넣어 각자 가지고 오도록 해 주세요)라고 했으므로, 장갑 그림인 ア와 물통 그림인 イ로 구성된 1이 정답이다. 쓰레기 봉투 그림인 ウ는 학교에서 준비한다고 했으므로 오답이다.

어휘 教室 きょうしつ 명 교실 先生 せんせい 명 선생(님)
学生 がくせい 명 학생 ごみ拾い ごみひろい 쓰레기 줍기
日 ひ 명 날, 일 持つ もつ 동 가지다 公園 こうえん 명 공원
手 て 명 손 汚れる よごれる 동 더러워지다 家 いえ 명 집
手袋 てぶくろ 명 장갑 それから 집 그리고 明日 あした 명 내일
外 そと 명 밖 ~時間 ~じかん ~시간 ~ほど 조 ~정도
作業 さぎょう 명 작업 ~ことになる ~하게 되다
水筒 すいとう 명 물통 飲み物 のみもの 명 음료수
入れる いれる 동 넣다 それぞれ 부 각자
~ようにする ~하도록 하다 拾う ひろう 동 줍다
学校 がっこう 명 학교 用意 ようい 명 준비 必要 ひつよう 명 필요

해석 가게에서 남자와 점원이 이야기하고 있습니다. 남자는 이제부터 무엇을 합니까?

남: 실례합니다, 상품 포장은 무료인가요? 선물용으로 해 주셨으면 하는데요.
여: 상자 비용으로써, 300엔 받고 있습니다. 상자의 무늬는 별과 하트 두 종류가 있습니다.
남: 별 무늬로 할게요.
여: 알겠습니다. 상품은 정해지셨나요?
남: 네, 이거예요.
여: 우선은 계산을 부탁드립니다. 이쪽의 상품이 1500엔, 상자 비용이 300엔으로 합계 1800엔입니다.
남: 카드로 부탁해요.
여: 네, 받았습니다. … 카드 돌려드립니다. 포장이 끝날 때까지 의자에 앉아서 기다려 주세요.
남: 네.

남자는 이제부터 무엇을 합니까?

해설 점원이 包装が終わるまで、椅子に座ってお待ちください(포장이 끝날 때까지 의자에 앉아서 기다려 주세요)라고 하자, 남자가 はい(네)라고 했으므로, 의자에 앉아 있는 그림인 4가 정답이다.

1, 2, 3은 이미 했으므로 오답이다.

어휘 店 みせ 图가게　店員 てんいん 图점원　商品 しょうひん 图상품
包装 ほうそう 图포장　無料 むりょう 图무료　プレゼント 图선물
~用 ~よう ~용　~ていただく (상대방이) ~해 주시다
箱 はこ 图상자　~代 ~だい ~비용, ~값　頂く いただく 图받다
柄 がら 图무늬　星 ほし 图별　ハート 图하트
種類 しゅるい 图종류　星柄 ほしがら 图별 무늬
決まる きまる 图정해지다　まず 图우선　会計 かいけい 图계산
合計 ごうけい 图합계　カード 图카드
預かる あずかる 图받다, 맡다　返す かえす 图돌려주다
終わる おわる 图끝나다　椅子 いす 图의자　座る すわる 图앉다
待つ まつ 图기다리다

7　난이도 중

[음성]
会社で女の人と男の人が話しています。女の人はこのあと何をしますか。
女：今日の仕事は終わりましたか。
男：えっと、今朝頼まれた資料もまだ出来上がっていませんし、みどり工業に送る書類も発送の準備ができていません。
女：みどり工業に送るものは、書類を封筒に入れるだけですか。
男：はい。書類はもう印刷してあります。
女：じゃあ、それは私がやりますよ。
男：すみません、お願いします。
女：はい。それが終わったら郵便局に行って出してきましょうか。
男：いえ、それは大丈夫です。帰り道にポストがあるので、僕が出します。
女：分かりました。

女の人はこのあと何をしますか。

[문제지]

1

2

3

4

해석 회사에서 여자와 남자가 이야기하고 있습니다. 여자는 이후 무엇을 합니까?
여: 오늘 일은 끝났나요?
남: 음, 오늘 아침 부탁받은 자료도 아직 완성되어 있지 않고, 미도리 공업에 보낼 서류도 발송 준비가 되어 있지 않습니다.
여: 미도리 공업에 보낼 것은, 서류를 봉투에 넣는 것 뿐인가요?
남: 네. 서류는 이미 인쇄해 놓았습니다.
여: 그럼, 그건 제가 할게요.
남: 죄송합니다, 부탁드립니다.
여: 네. 그게 끝나면 우체국에 가서 부치고 올까요?
남: 아니요, 그건 괜찮습니다. 귀갓길에 우체통이 있어서, 제가 부치겠습니다.
여: 알겠어요.

여자는 이후 무엇을 합니까?

해설 여자의 みどり工業に送るものは、書類を封筒に入れるだけですか(미도리 공업에 보낼 것은, 서류를 봉투에 넣는 것 뿐인가요?)라는 말에, 남자가 はい(네)라고 하자, 여자가 じゃあ、それは私がやりますよ(그럼, 그건 제가 할게요)라고 했으므로, 서류를 봉투에 넣는 그림인 2가 정답이다. 1, 4는 남자가 할 일이고, 3은 남자가 이미 했으므로 오답이다.

어휘 会社 かいしゃ 图회사　今日 きょう 图오늘　仕事 しごと 图일
終わる おわる 图끝나다　今朝 けさ 图오늘 아침
頼む たのむ 图부탁하다　資料 しりょう 图자료　まだ 图아직
出来上がる できあがる 图완성되다　工業 こうぎょう 图공업
送る おくる 图보내다　書類 しょるい 图서류　発送 はっそう 图발송
準備 じゅんび 图준비　封筒 ふうとう 图봉투
入れる いれる 图넣다　~だけ 图~뿐　印刷 いんさつ 图인쇄
やる 图하다　郵便局 ゆうびんきょく 图우체국　行く いく 图가다
出す だす 图부치다　大丈夫だ だいじょうぶだ な형괜찮다
帰り道 かえりみち 图귀갓길　ポスト 图우체통　僕 ぼく 图저, 나

8　난이도 중상

[음성]
女の人と男の人が話しています。男の人はサンドイッチをどう切りますか。
女：ピクニックに持っていくサンドイッチが出来上がったから、切ってくれる？
男：うん。横に半分でいいの？
女：それだと一つでけっこうお腹がいっぱいになるでしょ？おかずも色々あるから、小さくしたほうがいいかなって思っているの。
男：じゃあ、それをさらに半分にする？
女：そうねえ。ななめに2回切るのはどう？三角になって、売っているサンドイッチみたいだよ。
男：うん。だけど、ちょっと小さすぎると思うな。僕みたいにたくさん食べたい人もいるだろうし、大きいのと小さいのを両方作るのはどう？
女：それいいね。じゃあ、横に1回切って、その片方だけさらに半分にしよう。
男：うん、分かった。

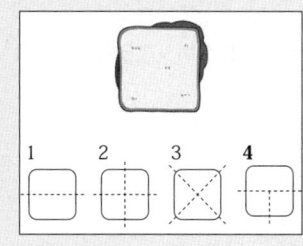

男の人はサンドイッチをどう切りますか。

[문제지]

해석 여자와 남자가 이야기하고 있습니다. 남자는 샌드위치를 어떻게 자릅니까?

여: 피크닉에 가지고 갈 샌드위치가 완성됐으니, 잘라 줄래?
남: 응. 가로로 절반이면 돼?
여: 그거라면 한 개로 꽤 배가 가득 차게 되겠지? 반찬도 여러 가지 있으니까, 작게 하는 편이 좋으려나 생각하고 있어.
남: 그럼, 그걸 또 절반으로 할까?
여: 그렇네. 대각선으로 두 번 자르는 건 어때? 삼각형이 되어서, 팔고 있는 샌드위치 같아.
남: 응. 그런데, 좀 너무 작다고 생각해. 나처럼 많이 먹고 싶은 사람도 있을 거고, 큰 것과 작은 것을 둘 다 만드는 건 어때?
여: 그거 좋네. 그럼, 가로로 한 번 자르고, 그 한쪽만 또 절반으로 하자.
남: 응, 알겠어.

남자는 샌드위치를 어떻게 자릅니까?

해설 여자가 横に1回切って、その片方だけさらに半分にしよう(가로로 한 번 자르고, 그 한쪽만 또 절반으로 하자)라고 하자, 남자가 うん、分かった(응, 알겠어)라고 했으므로, 가로로 자른 후 한쪽만 절반으로 자른 그림인 4가 정답이다. 1은 한 개로 배가 가득 차게 된다고 했고, 2는 남자가 제안했으나 여자가 대각선으로 자르는 것이 팔고 있는 샌드위치 같다고 거절했으며, 3은 너무 작다고 했으므로 오답이다.

어휘 サンドイッチ 명 샌드위치 切る きる 동 자르다
ピクニック 명 피크닉 持つ もつ 동 가지다, 들다
出来上がる できあがる 동 완성되다 ~てくれる ~해 주다
横 よこ 명 가로, 옆 半分 はんぶん 명 절반 けっこう 부 꽤
お腹 おなか 명 배 いっぱい 부 가득 참 おかず 명 반찬
色々 いろいろ 부 여러 가지 小さい ちいさい い형 작다
~たほうがいい ~하는 편이 좋다 思う おもう 동 생각하다
さらに 부 또, 더욱 ななめ 명 대각선 三角 さんかく 명 삼각형
売る うる 동 팔다 ~みたいだ ~같다 ちょっと 부 좀
~すぎる 너무 ~하다 僕 ぼく 명 나 たくさん 부 많이
食べる たべる 동 먹다 大きい おおきい い형 크다
両方 りょうほう 명 둘 다, 양쪽 作る つくる 동 만들다
片方 かたほう 명 한쪽

☞ 문제 2의 디렉션과 예제를 들려줄 때 1번부터 7번까지의 선택지를 미리 읽고 내용을 재빨리 파악해 둡니다. 음성에서 では、始めます(그러면, 시작합니다)가 들리면, 곧바로 문제 풀 준비를 합니다. 디렉션과 예제는 제1회 실전모의고사의 해설(p.23)에서 확인할 수 있습니다.

1 난이도 중

[음성]
学校で男の留学生と女の留学生が話しています。女の留学生は日本語の試験が終わったらどうすると言っていますか。女の留学生です。

男: 最近忙しそうですね。
女: はい。来月日本語の試験があって、それの勉強が大変なんです。
男: また試験ですか。先月も受けるって言っていませんでしたか。
女: あ、それは英語の試験です。今度の試験が終わったら、旅行に行く予定なので、頑張っています。
男: へえ、海外旅行ですか。
女: はい、フランスです。昔から絵が好きで、有名な美術館に行くのがとても楽しみなんです。
男: いいですね。僕はフランスに行くなら、サッカーの試合を見に行きたいです。
女: そうですか。ベンさんは、旅行の予定、何かありますか。
男: 僕は国内旅行を計画中です。

女の留学生は日本語の試験が終わったらどうすると言っていますか。

[문제지]
1 えいごの しけんを うける
2 かいがいりょこうに 行く
3 しあいを 見に 行く
4 こくないりょこうに 行く

해석 학교에서 남자 유학생과 여자 유학생이 이야기하고 있습니다. 여자 유학생은 일본어 시험이 끝나면 어떻게 한다고 말하고 있습니까? 여자 유학생입니다.

남: 요즘 바쁜 것 같네요.
여: 네. 다음 달에 일본어 시험이 있어서, 그 공부가 힘들어요.
남: 또 시험이에요? 지난달도 본다고 말했었지 않아요?
여: 아, 그건 영어 시험이에요. 이번 시험이 끝나면, 여행을 갈 예정이라서, 열심히 하고 있어요.
남: 우와, 해외여행이에요?

여: 네, 프랑스예요. 옛날부터 그림을 좋아해서, 유명한 미술관에 가는 것이 매우 기대돼요.
남: 좋네요. 저는 프랑스에 간다면, 축구 시합을 보러 가고 싶어요.
여: 그래요? 벤 씨는, 여행 예정, 뭐가 있어요?
남: 저는 국내 여행을 계획 중이에요.

여자 유학생은 일본어 시험이 끝나면 어떻게 한다고 말하고 있습니까?

1 영어 시험을 본다
2 해외여행을 간다
3 시합을 보러 간다
4 국내 여행을 간다

해설 여자의 今度の試験が終わったら、旅行に行く予定なので、頑張っています(이번 시험이 끝나면, 여행을 갈 예정이라서, 열심히 하고 있어요)라는 말에, 남자 유학생이 へえ、海外旅行ですか(우와, 해외여행이에요?)라고 묻자, 여자 유학생이 はい(네)라고 언급했으므로, 2 かいがいりょこうに行く(해외여행을 간다)가 정답이다. 1은 이미 했고, 3은 남자가 하고 싶다고 한 일이고, 4는 남자가 할 일이므로 오답이다.

어휘 学校 がっこう 圐학교　留学生 りゅうがくせい 圐유학생
日本語 にほんご 圐일본어　試験 しけん 圐시험
終わる おわる 圄끝나다　最近 さいきん 圐요즘
忙しい いそがしい い휑바쁘다　~そうだ ~것 같다
来月 らいげつ 圐다음 달　勉強 べんきょう 圐공부
大変だ たいへんだ 圀휑힘들다　また 囯또　先月 せんげつ 圐지난달
受ける うける 圄(시험을) 보다　英語 えいご 圐영어
今度 こんど 圐이번　旅行 りょこう 圐여행　行く いく 圄가다
予定 よてい 圐예정　頑張る がんばる 圄열심히 하다
海外 かいがい 圐해외　フランス 프랑스　昔 むかし 圐옛날
絵 え 圐그림　好きだ すきだ 圀휑좋아하다
有名だ ゆうめいだ 圀휑유명하다　美術館 びじゅつかん 圐미술관
とても 囯매우　楽しみだ たのしみだ 圀휑기대되다　僕 ぼく 圐저, 나
サッカー 圐축구　試合 しあい 圐시합　国内 こくない 圐국내
計画 けいかく 圐계획　~中 ~ちゅう ~중

TIP 앞으로 할 일을 묻는 문제는, 정답의 단서가 予定(예정), ~するつもり(~할 생각)와 함께 자주 언급되므로 주의 깊게 듣는다.

2 난이도 상

[음성]
男の人と女の人が話しています。女の人はどうして髪を切ったと言っていますか。

男：川野さん、髪切ったんだね。とても似合っているよ。
女：ありがとう。
男：最近、髪が短い人が多いけど、流行っているのかな。
女：どうだろう。確かに私が好きなアイドルも最近切っていたな。
男：へえ、それで川野さんも?
女：いや、私は髪を乾かすのに時間がかかるのが嫌で切ったの。前は15分もかかっていたんだから。
男：えー、それは大変だね。髪を切ったら夏は少し涼しくなるんじゃない?
女：うーん、そんなに変わらないと思うよ。

女の人はどうして髪を切ったと言っていますか。

[문제지]
1 みじかい かみが はやって いるから
2 すきな アイドルが かみを きったから
3 かみを かわかすのに じかんが かかるから
4 かみが ながくて あついから

해석 남자와 여자가 이야기하고 있습니다. 여자는 왜 머리를 잘랐다고 말하고 있습니까?

남: 가와노 씨, 머리 잘랐네. 매우 어울려.
여: 고마워.
남: 최근, 머리가 짧은 사람이 많은데, 유행하고 있는 건가.
여: 어떠려나. 확실히 내가 좋아하는 아이돌도 최근에 잘랐어.
남: 아, 그래서 가와노 씨도?
여: 아니, 나는 머리카락을 말리는 데 시간이 걸리는 게 싫어서 잘랐어. 전에는 15분이나 걸리고 있었거든.
남: 와, 그건 힘들겠네. 머리를 자르면 여름은 조금 시원해지는 거 아냐?
여: 음, 그렇게 다르지 않다고 생각해.

여자는 왜 머리를 잘랐다고 말하고 있습니까?

1 짧은 머리가 유행하고 있으니까
2 좋아하는 아이돌이 머리를 잘랐으니까
3 머리카락을 말리는 데 시간이 걸리니까
4 머리가 길어서 더우니까

해설 여자가 私は髪を乾かすのに時間がかかるのが嫌で切ったの (나는 머리카락을 말리는 데 시간이 걸리는 게 싫어서 잘랐어)라고 언급했으므로, 3 かみをかわかすのにじかんがかかるから(머리카락을 말리는 데 시간이 걸리니까)가 정답이다. 1은 최근에 머리가 짧은 사람이 많은 이유이고, 2는 여자가 아니라고 했고, 4는 잘라도 더운 것은 그렇게 다르지 않다고 했으므로 오답이다.

어휘 どうして 囯왜　髪 かみ 圐머리(카락)　切る きる 圄자르다
とても 囯매우　似合う にあう 圄어울리다　最近 さいきん 圐최근
短い みじかい い휑짧다　多い おおい い휑많다
流行る はやる 圄유행하다　確かに たしかに 囯확실히
好きだ すきだ 圀휑좋아하다　アイドル 圐아이돌
乾かす かわかす 圄말리다　時間 じかん 圐시간　かかる 圄걸리다
嫌だ いやだ 圀휑싫다　前 まえ 圐전, 앞
大変だ たいへんだ 圀휑힘들다　夏 なつ 圐여름　少し すこし 囯조금
涼しい すずしい い휑시원하다　変わる かわる 圄다르다, 변하다
思う おもう 圄생각하다　ながい い휑길다　あつい い휑덥다

3 난이도 중

[음성]
授業で先生が話しています。今日の宿題は何課から何課までですか。

女：皆さん、今日の授業もお疲れ様でした。今週も宿題を出します。授業で学んだ14課から17課までの練習問題を解いてきてください。先週の宿題だった8課から13課までよりも問題は難しくなりますが、その分、量は少ないですよ。8課から17課までが来週の試験に出ますから、宿題をしながらしっかり復習しましょう。

今日の宿題は何課から何課までですか。

[문제지]
1　8かから　13かまで
2　8かから　17かまで
3　13かから　17かまで
4　14かから　17かまで

해석 수업에서 선생님이 이야기하고 있습니다. 오늘의 숙제는 몇 과부터 몇 과까지입니까?

여: 여러분, 오늘 수업도 수고했습니다. 이번주도 숙제를 내겠습니다. 수업에서 배운 14과부터 17과까지의 연습 문제를 풀어 와 주세요. 지난주 숙제였던 8과부터 13과까지보다도 문제는 어려워지지만, 그만큼, 양은 적습니다. 8과부터 17과까지가 다음 주 시험에 나오니, 숙제를 하면서 착실히 복습합시다.

오늘의 숙제는 몇 과부터 몇 과까지입니까?

1 8과부터 13과까지
2 8과부터 17과까지
3 13과부터 17과까지
4 14과부터 17과까지

해설 선생님이 授業で学んだ14課から17課までの練習問題を解いてきてください(수업에서 배운 14과부터 17과까지의 연습 문제를 풀어 와 주세요)라고 언급했으므로, 4 14かから17かまで(14과부터 17과까지)가 정답이다. 1은 지난주 숙제이고, 2는 시험 범위이고, 3은 언급되지 않았으므로 오답이다.

어휘 授業 じゅぎょう 圐 수업　先生 せんせい 圐 선생(님)
今日 きょう 圐 오늘　宿題 しゅくだい 圐 숙제　〜課 〜か ~과
皆さん みなさん 여러분　今週 こんしゅう 圐 이번주
出す だす 图 내다　学ぶ まなぶ 图 배우다　練習 れんしゅう 圐 연습
問題 もんだい 圐 문제　解く とく 图 풀다　先週 せんしゅう 圐 지난주
難しい むずかしい い형 어렵다　その分 そのぶん 그만큼
量 りょう 圐 양　少ない すくない い형 적다　来週 らいしゅう 圐 다음 주
試験 しけん 圐 시험　出る でる 图 나오다　しっかり 图 착실히
復習 ふくしゅう 圐 복습

4 난이도 중상

[음성]
お母さんと息子が話しています。息子は遠足の何が良かったと言っていますか。

女：わかば公園の遠足はどうだった？天気が良かったから気持ちよかったでしょう。
男：でも、ずっと外にいたらちょっと寒かったよ。
女：あら、そう？あそこの公園は動物園もあるよね。小さいとき、ライオンを見に行ったじゃない。そこにも入れたの？
男：動物園は入場料がかかるから入れなかったよ。でも、桜がすごくきれいで驚いた。
女：そう。わかば公園の桜は他の市から見に来る人も多いそうよ。
男：そうなんだ。桜の下でお弁当を食べたら、おいしかっただろうな。
女：お昼ご飯は別のところで食べたの？
男：うん。そこは人が多かったからね。

息子は遠足の何が良かったと言っていますか。

[문제지]
1　天気が　よかったこと
2　どうぶつえんで　ライオンを　見たこと
3　さくらが　きれいだったこと
4　さくらを　見ながら　ごはんを　食べたこと

해석 어머니와 아들이 이야기하고 있습니다. 아들은 소풍의 무엇이 좋았다고 말하고 있습니까?

여: 와카바 공원 소풍은 어땠어? 날씨가 좋아서 기분 좋았겠구나.
남: 하지만, 계속 밖에 있었더니 조금 추웠어.
여: 어머, 그래? 그 공원은 동물원도 있지? 어렸을 때, 사자를 보러 갔었잖아. 거기에도 들어갈 수 있었어?
남: 동물원은 입장료가 드니까 못 들어갔어. 하지만, 벚꽃이 너무 예뻐서 놀랐어.
여: 그래. 와카바 공원의 벚꽃은 다른 시에서 보러 오는 사람도 많다고 해.
남: 그렇구나. 벚꽃 아래에서 도시락을 먹었으면, 맛있었겠다.
여: 점심은 다른 곳에서 먹었어?
남: 응. 거기는 사람이 많았거든.

남자아이는 소풍의 무엇이 좋았다고 말하고 있습니까?

1 날씨가 좋았던 것
2 동물원에서 사자를 본 것
3 벚꽃이 예뻤던 것
4 벚꽃을 보면서 밥을 먹은 것

해설 어머니가 소풍에 대해 이것저것 물어보자, 아들이 桜がすごくきれいで驚いた(벚꽃이 너무 예뻐서 놀랐어)라고 벚꽃에 대해 긍정적으로 언급했으므로, 3 さくらがきれいだったこと(벚꽃이 예뻤던 것)가 정답이다. 1은 조금 추웠다고 했고, 2는 동물원에 들어가지 못했다고 했으며, 4는 사람이 많아서 다른 곳에서 먹었다고 했으므로 오답이다.

어휘 お母さん おかあさん 图 어머니　息子 むすこ 图 아들
遠足 えんそく 图 소풍　公園 こうえん 图 공원　天気 てんき 图 날씨
気持ちよい きもちよい [い형] 기분 좋다　でも 쮑 하지만
ずっと 쮑 계속　外 そと 图 밖　ちょっと 쮑 조금
寒い さむい [い형] 춥다　動物園 どうぶつえん 图 동물원
小さい ちいさい [い형] 어리다, 작다　ライオン 图 사자
入る はいる 图 들어가다　入場料 にゅうじょうりょう 图 입장료
かかる 图 (돈이) 들다　でも 쮑 하지만　桜 さくら 图 벚꽃
すごく 쮑 너무　きれいだ [な형] 예쁘다　驚く おどろく 图 놀라다
他の ほかの 다른　市 し 图 시　多い おおい [い형] 많다
~そうだ ~라고 한다　下 した 图 아래　お弁当 おべんとう 图 도시락
食べる たべる 图 먹다　おいしい [い형] 맛있다
昼ご飯 ひるごはん 图 점심 (식사)　別の べつの 다른, 별도의

5 난이도 중

[음성]
クリーニング店で女の人と店の人が話しています。女の人はいつスーツを取りに行きますか。

女: すみません。スーツのクリーニングはどのくらいかかりますか。
男: スーツでしたら、20日の午後に取りに来てください。
女: 20日ですか。その日の午前に面接があって、前の日までに受け取れるとありがたいんですが。
男: でしたら、19日の午前に出来上がって午後受け取れるスピード仕上げプランで承ります。追加料金は500円です。
女: ああ、よかった。じゃあ、それでお願いします。
男: かしこまりました。

女の人はいつスーツを取りに行きますか。

[문제지]
1　19日　午前
2　19日　午後
3　20日　午前
4　20日　午後

해석 클리닝 가게에서 여자와 가게 사람이 이야기하고 있습니다. 여자는 언제 양복을 찾으러 갑니까?

여: 실례합니다. 양복 클리닝은 얼마나 걸리나요?
남: 양복이라면, 20일 오후에 가지러 와 주세요.
여: 20일이요? 그날 오전에 면접이 있어서, 전날까지 받을 수 있으면 감사하겠는데요.
남: 그렇다면, 19일 오전에 완성되고 오후에 받을 수 있는 스피드 완성 플랜으로 받겠습니다. 추가 요금은 500엔입니다.
여: 아, 다행이다. 그럼, 그걸로 부탁드려요.
남: 알겠습니다.

여자는 언제 양복을 찾으러 갑니까?

1　19일 오전
2　19일 오후
3　20일 오전
4　20일 오후

해설 가게 사람이 19日の午前に出来上がって午後受け取れるスピード仕上げプランで承ります(19일 오전에 완성되고 오후에 받을 수 있는 스피드 완성 플랜으로 받겠습니다)라고 하자, 여자가 じゃあ、それでお願いします(그럼, 그걸로 부탁드려요)라고 언급했으므로, 2 19日午後(19일 오후)가 정답이다. 2는 클리닝이 끝나는 때이고, 3, 4는 20일 오전에 면접이 있어 전날까지 받아야 한다고 했으므로 오답이다.

어휘 クリーニング 图 클리닝, 세탁　~店 ~てん ~가게, 점
店 みせ 图 가게　いつ 图 언제　スーツ 图 양복, 정장
取る とる 图 찾다, 받다　行く いく 图 가다　どのくらい 쮑 얼마나
かかる 图 걸리다　午後 ごご 图 오후　午前 ごぜん 图 오전
面接 めんせつ 图 면접　前 まえ 图 전　日 ひ 图 날, 일
出来上がる できあがる 图 완성되다　受け取る うけとる 图 받다
ありがたい [い형] 감사하다　スピード 图 스피드, 속도
仕上げ しあげ 图 완성　プラン 图 플랜　承る うけたまわる 图 받다
追加 ついか 图 추가　料金 りょうきん 图 요금

6 난이도 중상

[음성]
会社で女の人と男の人が話しています。女の人は仕事ができるようになるのはどんな人だと言っていますか。

女: 赤坂君、仕事には少し慣れてきた?
男: まだです。分からないことばかりで、先輩に色々質問をしているので、何をするにも時間がかかっています。
女: そうねえ、昨日も残業していたみたいね。
男: はい。
女: でも、人に聞くのはいいことよ。そういう人が仕事ができるようになるって言われているの。
男: そうですか。習ったことはメモして忘れないようにしています。
女: うん、その調子で頑張って。

女の人は仕事ができるようになるのはどんな人だと言っていますか。

[문제지]

1 わからない ことを 聞く 人
2 ざんぎょうを する 人
3 ならった ことを メモする 人
4 しごとを がんばる 人

해석 회사에서 여자와 남자가 이야기하고 있습니다. 여자는 일을 잘할 수 있게 되는 것은 어떤 사람이라고 말하고 있습니까?

여: 아카사카 군, 일에는 조금 익숙해졌어?
남: 아직입니다. 모르는 것 뿐이라서, 선배에게 여러 가지 질문을 하고 있어서, 무엇을 하든 시간이 걸리고 있습니다.
여: 그렇구나, 어제도 잔업했었던 것 같네.
남: 네.
여: 하지만, 다른 사람에게 묻는 것은 좋은 일이야. 그런 사람이 일을 잘할 수 있게 된다고 말해지고 있어.
남: 그렇습니까? 배운 것은 메모해서 잊지 않도록 하고 있습니다.
여: 응, 그 기세로 열심히 해.

여자는 일을 잘할 수 있게 되는 것은 어떤 사람이라고 말하고 있습니까?

1 모르는 것을 묻는 사람
2 잔업을 하는 사람
3 배운 것을 메모하는 사람
4 일을 열심히 하는 사람

해설 여자가 人に聞くのはいいことよ。そういう人が仕事ができるようになるって言われているの(다른 사람에게 묻는 것은 좋은 일이야. 그런 사람이 일을 잘할 수 있게 된다고 말해지고 있어)라고 언급했으므로, 1 わからないことを聞く人(모르는 것을 묻는 사람)가 정답이다. 2, 3, 4는 일을 잘할 수 있게 되는 행동으로 언급된 것이 아니므로 오답이다.

어휘 会社 かいしゃ 뗑회사   仕事 しごと 뗑일
できる 동잘하다, 할 수 있다   ~ようになる ~하게 되다
慣れる なれる 동익숙해지다   ~てくる ~해지다, ~해 오다
まだ 분아직   ~ばかり 죄~뿐   先輩 せんぱい 뗑선배
色々 いろいろ 분여러 가지   質問 しつもん 뗑질문
時間 じかん 뗑시간   かかる 동걸리다   昨日 きのう 뗑어제
残業 ざんぎょう 뗑잔업, 야근   でも 집하지만   聞く きく 동묻다
習う ならう 동배우다   メモ 뗑메모   忘れる わすれる 동잊다
調子 ちょうし 뗑기세, 상태   頑張る がんばる 동열심히 하다

7 난이도 중상

[음성]

女の人と男の人が話しています。男の人はいつパン作りを始めましたか。

女: 田口さん、この間いただいたパン、とてもおいしかったです。
男: それはよかった。また作ったら持ってくるね。
女: ありがとうございます。最近、作るようになったんですか。
男: ううん、結構前から。大学生になって一人で住むようになってから始めたんだ。
女: へえ、どんなきっかけで?
男: 小学生のときからパンが好きでね。中学生のときは、将来パン屋で働きたいって思っていたんだ。一人暮らしを始めてから、自由な時間が増えて、趣味でやってみようって。
女: すごいですね。私も何か始めたいです。

男の人はいつパン作りを始めましたか。

[문제지]

1 さいきん
2 大学生のとき
3 小学生のとき
4 中学生のとき

해석 여자와 남자가 이야기하고 있습니다. 남자는 언제 빵 만들기를 시작했습니까?

여: 다구치 씨, 요전에 받은 빵, 매우 맛있었어요.
남: 그건 다행이다. 또 만들면 가지고 올게.
여: 감사합니다. 최근에, 만들게 된 건가요?
남: 아니, 꽤 전부터. 대학생이 되어 혼자서 살게 되고부터 시작했어.
여: 와, 어떤 계기로요?
남: 초등학생 때부터 빵을 좋아해서 말이야. 중학생 때는, 장래에 빵집에서 일하고 싶다고 생각하고 있었어. 자취를 시작하고 나서, 자유로운 시간이 늘어나서, 취미로 해 보자 하고.
여: 대단하네요. 저도 뭔가 시작하고 싶어요.

남자는 언제 빵 만들기를 시작했습니까?

1 최근
2 대학생 때
3 초등학생 때
4 중학생 때

해설 여자가 최근에 만들기 시작하게 되었냐고 묻자, 남자가 大学生になって一人で住むようになってから始めたんだ(대학생이 되어 혼자서 살게 되고부터 시작했어)라고 언급했으므로, 2 大学生のとき(대학생 때)가 정답이다. 1은 아니라고 했고, 3은 빵을 좋아하기 시작한 시기이며, 4는 빵집에서 일하고 싶다고 생각한 시기이므로 오답이다.

어휘 いつ 뗑언제   パン 뗑빵   ~作り ~づくり ~만들기
始める はじめる 동시작하다   この間 このあいだ 뗑요전
いただく 동받다   とても 분매우   おいしい い형맛있다
また 분또   作る つくる 동만들다   持ってくる もってくる 가지고 오다
最近 さいきん 뗑최근   ~ようになる ~하게 되다
結構 けっこう 분꽤   前 まえ 뗑전   大学生 だいがくせい 뗑대학생

一人 ひとり 圏혼자　住む すむ 图살다　きっかけ 圏계기
小学生 しょうがくせい 圏초등학생　好きだ すきだ な형좋아하다
中学生 ちゅうがくせい 圏중학생　将来 しょうらい 圏장래
パン屋 パンや 圏빵집　働く はたらく 图일하다
思う おもう 图생각하다　一人暮らし ひとりぐらし 圏자취
自由だ じゆうだ な형자유롭다　時間 じかん 圏시간
増える ふえる 图늘어나다　趣味 しゅみ 圏취미　やる 图하다
~てみる ~해 보다　すごい い형대단하다

☞ 문제 3은 예제를 들려줄 때 1번부터 5번까지의 그림을 보고 상황을 미리 떠올려봅니다. 음성에서 では、始めます(그러면, 시작합니다)가 들리면, 곧바로 문제 풀 준비를 합니다. 디렉션과 예제는 제1회 실전모의고사의 해설(p.28)에서 확인할 수 있습니다.

1 난이도 중상

[문제지]

[음성]
教授の部屋に入ります。何と言いますか。
男：1　お邪魔しました。
　　2　お疲れ様です。
　　3　失礼いたします。

해석 교수님 방에 들어갑니다. 뭐라고 말합니까?
남: 1 실례했습니다.
　　2 수고하십니다.
　3 실례하겠습니다.

해설 교수님 방에 들어갈 때 사용할 적절한 인사말을 고르는 문제이다.
1 (X) お邪魔しました(실례했습니다)는 다른 사람의 공간에서 나갈 때 하는 말이므로 오답이다.
2 (X) お疲れ様です(수고하십니다)는 동등한 위치의 사람이나 손아랫사람에게 하는 말이므로 오답이다.
3 (O) 失礼いたします(실례하겠습니다)는 다른 사람의 공간에 들어갈 때 하는 말이므로 정답이다.

어휘 教授 きょうじゅ 圏교수(님)　部屋 へや 圏방
　　入る はいる 图들어가다　邪魔 じゃま 圏실례, 방해
　　失礼 しつれい 圏실례　いたす 图하다 (する의 겸양어)

2 난이도 상

[문제지]

[음성]
友達が車を運転しています。道を間違えているようです。何と言いますか。
男：1　この道、違うんじゃない？
　　2　どの道が近いの？
　　3　どうして道が混んでいるの？

해석 친구가 차를 운전하고 있습니다. 길을 잘못 든 것 같습니다. 뭐라고 말합니까?
남: **1 이 길, 틀린 거 아니야?**
　　2 어느 길이 가까워?
　　3 왜 길이 붐비고 있어?

해설 친구가 차를 운전하는 중에 길을 잘못 들었다고 생각될 때 하는 말을 고르는 문제이다.
1 (O) この道、違うんじゃない？(이 길, 틀린 거 아니야?)는 길을 잘못 들었을 가능성을 부드럽게 지적하는 말이므로 정답이다.
2 (X) どの道が近いの？(어느 길이 가까워?)는 여러 길 중에서 어느 길이 가까운지 묻는 말이므로 오답이다.
3 (X) どうして道が混んでいるの？(왜 길이 붐비고 있어?)는 길이 붐비는 이유를 묻는 말이므로 오답이다.

어휘 友達 ともだち 圏친구　車 くるま 圏차　運転 うんてん 圏운전
　　道 みち 圏길　間違える まちがえる 图잘못 들다, 틀리다
　　~ようだ ~인 것 같다　違う ちがう 图틀리다
　　近い ちかい い형가깝다　どうして 图왜　混む こむ 图붐비다

3 난이도 중

[문제지]

[음성]
電車の中です。おばあさんに席を譲りたいです。何と言いますか。

여: 1　どうぞ、お座りください。
　　2　あのう、座ってもいいですか。
　　3　あ、この電車に乗りますか。

해석 전철 안입니다. 할머니께 자리를 양보하고 싶습니다. 뭐라고 말합니까?
　여: 1 여기요, 앉으세요.
　　　2 저, 앉아도 될까요?
　　　3 아, 이 전철에 타요?

해설 전철 안에서 할머니께 자리를 양보하려고 할 때 하는 말을 고르는 문제이다.
　1 (O) どうぞ、お座りください(여기요, 앉으세요)는 할머니에게 자리를 양보하며 정중하게 권유하는 말이므로 정답이다.
　2 (X) あのう、座ってもいいですか(저, 앉아도 될까요?)는 자리에 앉아도 되는지 묻는 말이므로 오답이다.
　3 (X) あ、この電車に乗りますか(아, 이 전철에 타요?)는 전철에 타기 전에 할 수 있는 말이므로 오답이다.

어휘 電車 でんしゃ 圏 전철　中 なか 圏 안　おばあさん 圏 할머니
　　 席 せき 圏 자리, 좌석　譲る ゆずる 图 양보하다
　　 どうぞ 囘 여기요, 부디　座る すわる 图 앉다
　　 ~てもいい ~해도 된다　乗る のる 图 타다

4 난이도 중

[문제지]

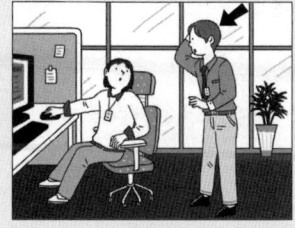

[음성]
部長が席にいません。探しています。何と言いますか。

남: 1　部長に聞いてみましょうか。
　　2　部長は外に出ているはずです。
　　3　部長がどこにいるか分かりますか。

해석 부장님이 자리에 없습니다. 찾고 있습니다. 뭐라고 말합니까?
　남: 1 부장님께 물어볼까요?
　　　2 부장님은 밖에 나가 있을 겁니다.
　　　3 부장님이 어디 있는지 아세요?

해설 부장님이 어디에 있는지 다른 사원에게 묻는 말을 고르는 문제이다.
　1 (X) 部長に聞いてみましょうか(부장님께 물어볼까요)는 부장님께 물어볼지 확인하는 말이므로 오답이다.
　2 (X) 部長は外に出ているはずです(부장님은 밖에 나가 있을 겁니다)는 상대가 할 수 있는 말이므로 오답이다.
　3 (O) 部長がどこにいるか分かりますか(부장님이 어디 있는지 아세요)는 부장님의 위치를 묻는 말이므로 정답이다.

어휘 部長 ぶちょう 圏 부장(님)　席 せき 圏 자리, 좌석
　　 探す さがす 图 찾다　聞く きく 图 묻다　~てみる ~해 보다
　　 外 そと 圏 밖　出る でる 图 나가다　~はずだ ~(일) 것이다
　　 分かる わかる 图 알다

5 난이도 중

[문제지]

[음성]
友達と一緒にバーベキューがしたいです。何と言いますか。

여: 1　バーベキューはもう終わったよ。
　　2　今度バーベキューをやろうよ。
　　3　バーベキューに誘ったって。

해석 친구와 함께 바비큐를 하고 싶습니다. 뭐라고 말합니까?
　여: 1 바비큐는 벌써 끝났어.
　　　2 다음에 바비큐를 하자.
　　　3 바비큐에 초대했대.

해설 친구와 함께 바비큐를 하고 싶을 때 하는 말을 고르는 문제이다.
　1 (X) バーベキューはもう終わったよ(바비큐는 벌써 끝났어)는 바비큐가 끝난 사실을 알리는 말이므로 오답이다.
　2 (O) 今度バーベキューをやろうよ(나음에 바비큐를 하지)는 친구를 바비큐에 초대하는 말이므로 정답이다.
　3 (X) バーベキューに誘ったって(바비큐에 초대했대)는 누군가가 바비큐에 초대받은 사실을 전달하는 말이므로 오답이다.

어휘 友達 ともだち 圏 친구　一緒に いっしょに 囘 함께
　　 バーベキュー 圏 바비큐　もう 囘 벌써　終わる おわる 图 끝나다
　　 今度 こんど 圏 다음, 이번　やる 图 하다　誘う さそう 图 초대하다
　　 ~って 国 ~대, ~래

☞ 문제 4는 문제지에 아무것도 인쇄되어 있지 않습니다. 따라서, 예제를 들려줄 때, 그 내용을 들으면서 즉시응답의 문제 풀이 전략을 떠올려 봅니다. 음성에서 では、始めます(그러면, 시작합니다)가 들리면, 실제 문제 풀 준비를 합니다. 디렉션과 예제는 제1회 실전모의고사의 해설(p.30)에서 확인할 수 있습니다.

1 난이도 중

[음성]
男: 今日の試合は勝つだろうね。
女: 1 え、もう勝ったの？
　　 2 試合に出られたらいいね。
　　 3 そうだといいけど、どうかな。

해석 남: 오늘 시합은 이기겠지.
　　 여: 1 아, 벌써 이겼어?
　　　　 2 시합에 나갈 수 있으면 좋겠네.
　　　　 3 그러면 좋겠는데, 어떨까.

해설 남자가 여자에게 오늘 시합은 이길 거라며 희망이 담긴 예측을 전하고 있다.
　　 1 (X) 아직 시합이 시작되지 않은 상황과 맞지 않다.
　　 2 (X) 試合(시합)를 반복 사용하여 혼동을 준 오답이다.
　　 3 (O) '그러면 좋겠는데, 어떨까'는 남자의 예측에 대해 반신반의하는 적절한 응답이다.

어휘 今日 きょう 圏 오늘　 試合 しあい 圏 시합　 勝つ かつ 图 이기다
　　 もう 囝 벌써　 出る でる 图 나가다

2 난이도 상

[음성]
女: これは何という料理ですか。
男: **1 ひつまぶしという日本の料理です。**
　　 2 この料理は簡単です。
　　 3 私は何も食べていません。

해석 여: 이건 뭐라고 하는 요리입니까?
　　 남: **1 히쓰마부시라고 하는 일본 요리입니다.**
　　　　 2 이 요리는 간단합니다.
　　　　 3 저는 아무것도 먹고 있지 않습니다.

해설 여자가 남자에게 요리의 이름을 물어보고 있다.
　　 1 (O) '히쓰마부시라고 하는 일본 요리입니다'는 요리의 이름을 명확하게 대답하는 적절한 응답이다.
　　 2 (X) 料理(요리)를 반복 사용하여 혼동을 준 오답이다.
　　 3 (X) 料理(요리)와 관련된 食べる(먹다)를 사용하여 혼동을 준 오답이다.

어휘 ～という ~라고 하는　 料理 りょうり 圏 요리
　　 ひつまぶし 히쓰마부시(일본의 장어 덮밥 요리)
　　 日本 にほん 圏 일본　 簡単だ かんたんだ な형 간단하다
　　 食べる たべる 图 먹다

3 난이도 중상

[음성]
女: 腕時計、かっこいいね。新しく買ったの？
男: 1 デジタル時計でもかまわないよ。
　　 2 どこで買うのがいいかな。
　　 3 うん、父に買ってもらったんだ。

해석 여: 손목시계, 멋있네. 새로 샀어?
　　 남: 1 전자시계라도 상관없어.
　　　　 2 어디서 사는 게 좋을까?
　　　　 3 응, 아버지가 사 주셨어.

해설 여자가 남자의 손목시계를 보고 새로 샀는지 묻고 있다.
　　 1 (X) 時計(시계)를 반복 사용하여 혼동을 준 오답이다.
　　 2 (X) '어디서 사는 게 좋을까?'는 시계를 사기에 적당한 곳을 묻는 말이므로 오답이다.
　　 3 (O) '응, 아버지가 사 주셨어'는 산 것이 아니라 아버지에게 선물 받았다고 답변하는 말이므로 적절한 응답이다.

어휘 腕時計 うでどけい 圏 손목시계　 かっこいい い형 멋있다
　　 新しい あたらしい い형 새롭다　 買う かう 图 사다
　　 デジタル時計 デジタルどけい 전자시계　 かまわない 상관없다
　　 どこ 어디　 いい い형 좋다　 父 ちち 圏 아버지
　　 ～てもらう (상대방이) ~해 주다

4 난이도 중

[음성]
女: 高橋さん、早退するんですか。お大事に。
男: 1 どういたしまして。
　　 2 ありがとうございます。
　　 3 いただきます。

해석 여: 다카하시 씨, 조퇴하는 거예요? 몸조심하세요.
　　 남: 1 천만에요.
　　　　 2 감사합니다.
　　　　 3 잘 먹겠습니다.

해설 남자가 조퇴하는 것을 보고 여자가 건강을 당부하고 있다.
　　 1 (X) '천만에요'는 감사 인사를 받은 사람이 할 수 있는 말이므로 오답이다.
　　 2 (O) '감사합니다'는 여자의 배려에 대해 감사를 표현하는 말이므로 적절한 응답이다.
　　 3 (X) '잘 먹겠습니다'는 밥을 먹기 전에 하는 인사말이므로 오답이다.

어휘 早退 そうたい 圏 조퇴　 どういたしまして 천만에요
　　 いただきます 잘 먹겠습니다

TIP お大事に(몸조심하세요)와 같은 상대방에게 걱정과 위로를 건네는 표현이 나오면 감사하는 내용을 정답으로 고른다.

5 난이도 중

[음성]
男: サラさん、川田君の結婚式に行きますよね?
女: 1　はい、行くつもりです。
　　 2　先週行ってきましたよ。
　　 3　結婚おめでとうございます。

해석 남: 사라 씨, 가와다 군의 결혼식에 가죠?
여: **1　네, 갈 생각입니다.**
　　2　지난주에 갔다 왔어요.
　　3　결혼 축하드립니다.

해설 남자가 여자에게 지인 결혼식에 참석할 것인지 묻고 있다.
1 (O) '네, 갈 생각입니다'는 결혼식에 참석하겠다는 말이므로 적절한 응답이다.
2 (X) '지난주에 갔다 왔어요'는 결혼식이 이미 치러졌다는 말이므로 시제에 맞지 않아 오답이다.
3 (X) '결혼 축하드립니다'는 결혼을 했거나 할 당사자에게 축하를 건네는 말이므로 오답이다.

어휘 結婚式 けっこんしき 圏 결혼식　行く いく 圄 가다
　　 ~つもりだ ~할 생각이다　先週 せんしゅう 圏 지난주

6 난이도 중

[음성]
女: 明日も学校だから、早く寝なさい。
男: 1　もう寝たみたいだよ。
　　 2　まだ眠くないよ。
　　 3　寝ていないよ?

해석 여: 내일도 학교니까, 빨리 자렴.
남: 1　이미 잔 것 같아.
　　2　아직 졸리지 않아.
　　3　안 자고 있었어?

해설 여자가 남자에게 내일도 학교에 가야 하니 일찍 자라고 당부하고 있다.
1 (X) '이미 잔 것 같아'는 누군가가 벌써 잠을 잔 것 같다고 추측하는 말이므로 오답이다.
2 (O) '아직 졸리지 않아'는 빨리 자라는 여자의 권유를 거절하는 말이므로 적절한 응답이다.
3 (X) 寝る(자다)를 반복 사용하여 혼동을 준 오답이다.

어휘 明日 あした 圏 내일　学校 がっこう 圏 학교　早く はやく 囝 빨리
　　 寝る ねる 圄 자다　~なさい ~하렴　もう 囝 이미
　　 ~みたいだ ~것 같다　まだ 囝 아직　眠たい ねむたい い형 졸리다

7 난이도 상

[음성]
女: この資料、コピーしたほうがいいですか。
男: 1　資料が見つかりません。
　　 2　コピー機を動かしますか。
　　 3　はい、5枚お願いします。

해석 여: 이 자료, 복사하는 편이 좋을까요?
남: 1　자료를 못 찾겠어요.
　　2　복사기를 옮기나요?
　　3　네, 5장 부탁드려요.

해설 여자가 남자에게 자료를 복사할 필요가 있는지 묻고 있다.
1 (X) '자료를 못 찾겠어요'는 여자가 자료를 가리키며 이야기하고 있는 상황과 맞지 않다.
2 (X) コピー(복사)와 관련된 コピー機(복사기)를 사용하여 혼동을 준 오답이다.
3 (O) '네, 5장 부탁드려요'는 복사가 필요하다고 동의하고 복사할 매수를 전달하는 말이므로 적절한 응답이다.

어휘 資料 しりょう 圏 자료　コピー 圏 복사
　　 ~ほうがいい ~하는 편이 좋다　見つかる みつかる 圄 찾다, 발견되다
　　 コピー機 コピーき 圏 복사기　動かす うごかす 圄 옮기다, 움직이다
　　 ~枚 ~まい ~장　お願い おねがい 圏 부탁

8 난이도 중상

[음성]
男: ご飯のあとでカフェに行きませんか。
女: 1　温かいスープにします。
　　 2　いいですね。行きましょう。
　　 3　ご飯を食べる前にカフェですか。

해석 남: 식사 후에 카페에 가지 않을래요?
여: 1　따뜻한 수프로 하겠습니다.
　　2　좋네요. 가요.
　　3　밥을 먹기 전에 카페인가요?

해설 남자가 여자에게 식사 후 카페에 가자고 제안하고 있다.
1 (X) 카페에 가자고 권유하는 상황에 메뉴를 선택하는 말인 '~にします(~로 하겠습니다)'를 사용해서 혼동을 준 오답이다.
2 (O) '좋네요. 가요'는 제안을 받아들이는 말이므로 직절한 응답이다.
3 (X) '밥을 먹기 전에 카페인가요?'는 식사 후에 가자고 제안한 남자의 말과 반대되는 말이므로 오답이다.

어휘 ご飯 ごはん 圏 식사, 밥　あと 圏 후, 나중　カフェ 圏 카페
　　 行く いく 圄 가다　温かい あたたかい い형 따뜻하다
　　 スープ 圏 수프　食べる たべる 圄 먹다　前 まえ 圏 전

> TIP ~ませんか(~하지 않을래요?), いかがですか(어떠세요?)와 같은 정중히 권유하는 표현이 나오면 감사하며 수락하거나 정중히 거절하는 내용을 정답으로 고른다.

무료 온라인 실전모의고사·학습자료 제공
해커스일본어 japan.Hackers.com

해커스 JLPT 실전모의고사 N4

부록

회차별 단어·문형
JLPT 빈출 단어·문형

회차별 단어 · 문형

제1회 실전모의고사

■ 문자 · 어휘 · 문법 단어

☐ 赤(あか)い*	[い형] 빨갛다
☐ アンケート*	[명] 설문조사
☐ いる	[동] 필요하다
☐ うれしい	[い형] 기쁘다
☐ 起(お)きる	[동] 일어나다
☐ 教(おし)える*	[동] 가르치다
☐ 遅(おそ)い	[い형] 늦다
☐ おつり	[명] 거스름돈
☐ おとなしい*	[い형] 조용하다
☐ 思(おも)う*	[동] 생각하다
☐ 片(かた)づける	[동] 정리하다
☐ 北(きた)	[명] 북쪽
☐ きっと	[부] 반드시
☐ 近所(きんじょ)*	[명] 근처
☐ 経験(けいけん)*	[명] 경험
☐ けが*	[명] 부상
☐ 公園(こうえん)	[명] 공원
☐ 答(こた)える*	[동] 대답하다
☐ 寒(さむ)い*	[い형] 춥다
☐ 島(しま)	[명] 섬
☐ すぐに	[부] 곧바로

☐ 座(すわ)る	[동] 앉다
☐ だいぶ	[부] 꽤, 상당히
☐ 遅刻(ちこく)	[명] 지각
☐ チャレンジ	[명] 도전
☐ つける	[동] 켜다
☐ 到着(とうちゃく)	[명] 도착
☐ 読書(どくしょ)	[명] 독서
☐ 寝坊(ねぼう)*	[명] 늦잠
☐ 林(はやし)	[명] 숲
☐ 低(ひく)い	[い형] 낮다
☐ 必要(ひつよう)だ*	[な형] 필요하다
☐ 復習(ふくしゅう)*	[명] 복습
☐ 放送(ほうそう)	[명] 방송
☐ ほめる*	[동] 칭찬하다
☐ 休(やす)む	[동] 쉬다
☐ やる	[동] 하다
☐ 喜(よろこ)ぶ*	[동] 기뻐하다
☐ 理由(りゆう)*	[명] 이유
☐ 連絡(れんらく)*	[명] 연락
☐ 沸(わ)かす*	[동] 데우다, 끓이다
☐ わけ	[명] 이유, 뜻

회차별 단어·문형

■ 독해 단어

☐ 返(かえ)す	동	돌려주다
☐ 借(か)りる	동	빌리다
☐ 汚(きたな)い*	い형	더럽다
☐ 気持(きも)ち	명	기분
☐ 教科書(きょうかしょ)	명	교과서
☐ 空気(くうき)	명	공기
☐ 健康(けんこう)	명	건강
☐ 参加(さんか)	명	참가
☐ 試合(しあい)	명	시합
☐ 授業(じゅぎょう)*	명	수업
☐ 準備(じゅんび)*	명	준비
☐ 資料(しりょう)	명	자료
☐ すっきり	부	상쾌하게
☐ セミナー	명	세미나
☐ そうじ	명	청소
☐ 体調(たいちょう)	명	몸 상태
☐ 担当(たんとう)	명	담당
☐ 地域(ちいき)	명	지역
☐ デザート	명	디저트
☐ 部屋(へや)	명	방
☐ ボランティア	명	자원봉사
☐ 本(ほん)	명	책
☐ 留学(りゅうがく)	명	유학

■ 청해 단어

☐ 案内(あんない)*	명	안내
☐ 遠足(えんそく)	명	소풍
☐ 係(かか)り*	명	관계자
☐ カフェ	명	카페
☐ クーポン	명	쿠폰
☐ 講義(こうぎ)	명	강의
☐ 閉(し)まる	동	닫히다
☐ 就職(しゅうしょく)	명	취직
☐ 紹介(しょうかい)	명	소개
☐ 正月(しょうがつ)	명	설, 새해 첫날
☐ 商品(しょうひん)	명	상품
☐ 背(せ)	명	키
☐ 卒業(そつぎょう)	명	졸업
☐ 特急(とっきゅう)*	명	특급 (열차)
☐ 入院(にゅういん)*	명	입원
☐ 風船(ふうせん)	명	풍선
☐ ペット	명	반려동물
☐ また	전	또
☐ まとめる	동	정리하다
☐ マラソン	명	마라톤
☐ 浴衣(ゆかた)	명	유카타
☐ ~行(ゆ)き		~행
☐ 雪(ゆき)*	명	눈

■ 문형

☐	**〜あとで** 〜한 후에	運動した**あとで**シャワーを浴びました。 운동한 후에 샤워를 했습니다.
☐	**〜ずつ** 〜씩	漢字を10個**ずつ**覚えます。 한자를 10개씩 외웁니다.
☐	**〜そうだ** 〜라고 하다	キムさんは来月出張に行く**そうです**。 김 씨는 다음 달에 출장을 간다고 합니다.
☐	**〜たい** 〜하고 싶다	きれいな海で泳ぎ**たい**です。 아름다운 바다에서 수영하고 싶습니다.
☐	**〜たほうがいい** 〜하는 편이 좋다	わからないことは聞い**たほうがいい**です。 모르는 것은 묻는 편이 좋습니다.
☐	**〜てあげる** 〜해 주다	友達を駅まで送っ**てあげました**。 친구를 역까지 데려다주었습니다.
☐	**〜によって** 〜에 따라	国**によって**文化が違います。 나라에 따라 문화가 다릅니다.
☐	**〜ば** 〜하면	雨が降れ**ば**、試合は中止です。 비가 오면, 시합은 중지입니다.
☐	**〜まま** 〜한 채	まどを開けた**まま**、出かけました。 창문을 연 채, 외출했습니다.
☐	**〜やすい** 〜하기 쉽다	田中さんの説明は分かり**やすい**です。 다나카 씨의 설명은 이해하기 쉽습니다.

제2회 실전모의고사

■ 문자·어휘·문법 단어

□	秋^{あき}*	명 가을		□	すべる	동 미끄러지다
□	歩く^{ある}*	동 걷다		□	座る^{すわ}	동 앉다
□	言う^い	동 말하다		□	大事だ^{だいじ}*	な형 소중하다, 중요하다
□	いきなり	부 갑자기		□	大丈夫だ^{だいじょうぶ}	な형 괜찮다
□	生きる^い	동 살다		□	大切だ^{たいせつ}	な형 소중하다
□	映画^{えいが}*	명 영화		□	頼む^{たの}*	동 부탁하다
□	多い^{おお}	い형 많다		□	食べる^た	동 먹다
□	教える^{おし}*	동 가르치다		□	つける	동 켜다
□	親指^{おやゆび}*	명 엄지손가락		□	なかなか*	부 좀처럼
□	紙^{かみ}*	명 종이		□	飲む^の	동 (약을) 먹다, 마시다
□	通う^{かよ}	동 다니다		□	計る^{はか}	동 재다
□	技術^{ぎじゅつ}	명 기술		□	始まる^{はじ}	동 시작되다
□	季節^{きせつ}	명 계절		□	発見^{はっけん}	명 발견
□	昨日の夜^{きのう よる}	명 어젯밤		□	払う^{はら}*	동 지불하다
□	急に^{きゅう}	부 갑자기		□	ヒーター	명 히터
□	競争^{きょうそう}	명 경쟁		□	文学^{ぶんがく}	명 문학
□	空港^{くうこう}*	명 공항		□	短い^{みじか}	い형 짧다
□	クーラー	명 쿨러, 냉방 장치		□	見る^み	동 보다
□	誘う^{さそ}*	동 권유하다		□	夕べ^{ゆう}	명 어젯밤
□	触る^{さわ}	동 손을 대다, 만지다		□	列車^{れっしゃ}	명 열차
□	食事^{しょくじ}*	명 식사		□	悪い^{わる}	い형 나쁘다

■ 독해 단어

- [ ] 謝る* (あやま) 동 사과하다
- [ ] 意味 (いみ) 명 의미
- [ ] 伺う (うかが) 동 찾아뵙다
- [ ] 受付* (うけつけ) 명 접수(처)
- [ ] 会議 (かいぎ) 명 회의
- [ ] 感謝 (かんしゃ) 명 감사
- [ ] 感動 (かんどう) 명 감동
- [ ] 経験* (けいけん) 명 경험
- [ ] 言葉 (ことば) 명 말
- [ ] サービス 명 서비스
- [ ] 出張 (しゅっちょう) 명 출장
- [ ] 将来* (しょうらい) 명 장래
- [ ] 親切だ* (しんせつ) な형 친절하다
- [ ] 団体 (だんたい) 명 단체
- [ ] 違う (ちが) 동 다르다
- [ ] ツアー 명 투어
- [ ] 都合* (つごう) 명 형편
- [ ] 伝える* (つた) 동 전하다
- [ ] 出来事 (できごと) 명 (일어난) 일
- [ ] 当日 (とうじつ) 명 당일
- [ ] 泊まる (と) 동 묵다
- [ ] 博物館 (はくぶつかん) 명 박물관
- [ ] 働く (はたら) 동 일하다

■ 청해 단어

- [ ] 空く (あ) 동 비다
- [ ] アンケート* 명 설문조사
- [ ] 動かす (うご) 동 움직이다
- [ ] 運動着 (うんどうぎ) 명 운동복
- [ ] 起きる (お) 동 일어나다
- [ ] 学生証 (がくせいしょう) 명 학생증
- [ ] 飾る* (かざ) 동 장식하다
- [ ] 結婚式 (けっこんしき) 명 결혼식
- [ ] 砂糖 (さとう) 명 설탕
- [ ] 塩 (しお) 명 소금
- [ ] 卒業 (そつぎょう) 명 졸업
- [ ] ダイエット 명 다이어트
- [ ] タオル 명 수건
- [ ] 注文 (ちゅうもん) 명 주문
- [ ] 並べる (なら) 동 진열하다
- [ ] 入社 (にゅうしゃ) 명 입사
- [ ] 走る* (はし) 동 달리다
- [ ] 旗 (はた) 명 깃발
- [ ] 発売 (はつばい) 명 발매
- [ ] 窓口 (まどぐち) 명 창구
- [ ] 申込書 (もうしこみしょ) 명 신청서
- [ ] 用事* (ようじ) 명 일
- [ ] 予約* (よやく) 명 예약

■ 문형

☐ **〜かどうか**
~하는지 어떤지

試験に受かるかどうか、心配です。
시험에 합격할지 어떤지, 걱정됩니다.

☐ **〜ことになっている**
~하기로 되어 있다

新入社員は教育を受けることになっています。
신입사원은 교육을 받기로 되어 있습니다.

☐ **〜すぎる**
너무~하다

このシャツは私には大きすぎます。
이 셔츠는 나에게는 너무 큽니다.

☐ **〜たら**
~하면

卒業したら、旅行に行きたいです。
졸업하면, 여행을 가고 싶습니다.

☐ **〜ておく**
~해 두다

引っ越しの前に、荷物をまとめておきました。
이사하기 전에, 짐을 정리해 두었습니다.

☐ **〜てもらう**
(상대방이) ~해 주다

父にかばんを買ってもらいました。
아버지가 가방을 사줬습니다.

☐ **〜ないといけない**
~하지 않으면 안 된다

会議室を予約しないといけません。
회의실을 예약하지 않으면 안 됩니다.

☐ **〜について**
~에 대해

韓国の歴史について調べました。
한국 역사에 대해 조사했습니다.

☐ **〜ようだ**
~하는 것 같다

あのおばあさんは道に迷っているようです。
저 할머니는 길을 헤매고 있는 것 같습니다.

☐ **〜ようとする**
~하려고 하다

赤ちゃんが頑張って立とうとしています。
아기가 힘내서 서려고 하고 있습니다.

제3회 실전모의고사

■ 문자·어휘·문법 단어

☐	新_{あたら}しい*	[い형] 새롭다		☐	正_{ただ}しい	[い형] 옳다
☐	暗記_{あんき}	[명] 암기		☐	暖房_{だんぼう}	[명] 난방
☐	一度_{いちど}*	[명] 한번		☐	チャンス*	[명] 찬스, 기회
☐	終_おえる	[동] 마치다, 끝내다		☐	作_{つく}る*	[동] 만들다
☐	屋上_{おくじょう}*	[명] 옥상		☐	出_でる	[동] 나가다
☐	おばあさん	[명] 할머니		☐	ところ	[명] 점
☐	かがみ	[명] 거울		☐	途中_{とちゅう}*	[명] 도중
☐	かなり	[부] 꽤		☐	なくなる	[동] 없어지다
☐	決_きめる*	[동] 정하다		☐	なるべく	[부] 되도록
☐	首_{くび}	[명] 목		☐	似合_{にあ}う*	[동] 어울리다
☐	欠点_{けってん}	[명] 결점		☐	寝_ねる	[동] 자다
☐	怖_{こわ}い*	[い형] 무섭다		☐	乗_のる	[동] 타다
☐	壊_{こわ}れる*	[동] 고장 나다		☐	光_{ひかり}	[명] 빛
☐	探_{さが}す*	[동] 찾다		☐	不便_{ふべん}だ*	[な형] 불편하다
☐	品物_{しなもの}	[명] 물건		☐	放送_{ほうそう}	[명] 방송
☐	空_すく*	[동] 비다		☐	ほしい	[い형] (내가) 원하다
☐	少_{すこ}し	[부] 조금		☐	ぽつぽつ	[부] 똑똑(조금 내리는 모양)
☐	生産_{せいさん}*	[명] 생산		☐	昔_{むかし}	[명] 옛날
☐	成長_{せいちょう}	[명] 성장		☐	持_もつ*	[동] 들다
☐	相談_{そうだん}*	[명] 상담		☐	破_{やぶ}れる	[동] 찢어지다
☐	そぼ	[명] 조모, 할머니		☐	読_よむ	[동] 읽다

■ 독해 단어

- 笑顔(えがお) 명 웃는 얼굴
- 演奏(えんそう) 명 연주
- 起こる(おこる) 동 생기다
- 家事(かじ) 명 집안일
- 通う(かよう) 동 다니다
- キャンプ 명 캠핑
- 暮らす(くらす) 동 살다
- 交換(こうかん) 명 교환
- 書道(しょどう) 명 서예
- すばらしい い형 훌륭하다
- 体験(たいけん) 명 체험
- テント 명 텐트
- 伝統(でんとう) 명 전통
- 特別(とくべつ)* 명 특별
- 止まる(とまる) 동 멈추다
- とれる 동 떨어지다
- 人数(にんずう) 명 인원수
- 弾く(ひく) 동 치다
- 引っ越す(ひっこす)* 동 이사하다
- 不思議だ(ふしぎだ) な형 신기하다
- 迷惑(めいわく) 명 민폐
- 料金(りょうきん) 명 요금
- レジ* 명 계산대

■ 청해 단어

- 印刷(いんさつ) 명 인쇄
- 受付(うけつけ)* 명 접수(처)
- 運転(うんてん)* 명 운전
- 会議(かいぎ) 명 회의
- 勝つ(かつ) 동 이기다
- ごみ拾い(ごみひろい) 명 쓰레기 줍기
- 誘う(さそう) 동 초대하다
- 三角(さんかく) 명 삼각형
- 残業(ざんぎょう) 명 잔업, 야근
- 試験(しけん) 명 시험
- 修理(しゅうり) 명 수리
- 宿題(しゅくだい) 명 숙제
- 倉庫(そうこ) 명 창고
- 早退(そうたい) 명 조퇴
- 体操(たいそう) 명 체조
- 玉ねぎ(たまねぎ) 명 양파
- 鶏肉(とりにく) 명 닭고기
- 運ぶ(はこぶ) 동 운반하다
- 流行る(はやる) 동 유행하다
- 包装(ほうそう) 명 포장
- 美術館(びじゅつかん) 명 미술관
- 面接(めんせつ) 명 면접
- 予約(よやく) 명 예약

■ 문형

☐	**~間に** ~하는 사이에	留学している間に、たくさん観光しました。 유학하는 사이에, 많이 관광했습니다.
☐	**いくら~ても** 아무리~해도	いくら待っても、バスが来ません。 아무리 기다려도, 버스가 오지 않습니다.
☐	**~だろう** ~일 것이다	次の試合はきっと勝てるだろう。 다음 경기에서는 분명 이길 것이다.
☐	**~てある** ~해 있다	駅に祭りのポスターが貼ってあります。 역에 축제 포스터가 붙여져 있습니다.
☐	**~ていく** ~해 가다	会社にお弁当を持っていきます。 회사에 도시락을 가져갑니다.
☐	**~てばかりいる** ~만 하다	夫は週末、ゲームしてばかりいます。 남편은 주말, 게임만 합니다.
☐	**~になる** ~가 되다	子どもの頃からあこがれていた歌手になりました。 어린 시절부터 동경했던 가수가 되었습니다.
☐	**~によると** ~에 따르면	天気予報によると、明日は雪だそうです。 일기예보에 따르면, 내일은 눈이라고 합니다.
☐	**~までに** ~까지	7時までに会場に集まってください。 7시까지 행사장에 모여 주세요.
☐	**~らしい** ~한 것 같다	その小説は面白いらしい。 그 소설은 재미있는 것 같다.

JLPT 빈출 단어 · 문형

N5 단어 · 문형

■ 가족, 일상생활 단어

- ☐ 朝(あさ) 명 아침
- ☐ 浴びる(あびる) 동 (샤워를) 하다
- ☐ 犬(いぬ) 명 개
- ☐ 男の人(おとこのひと) 명 남자
- ☐ 帰る(かえる) 동 돌아가다
- ☐ 今日(きょう) 명 오늘
- ☐ 薬(くすり) 명 약
- ☐ 今朝(けさ) 명 오늘 아침
- ☐ ～才(さい) ~세
- ☐ 財布(さいふ) 명 지갑
- ☐ 吸う(すう) 동 빨다, 흡입하다
- ☐ 祖父(そふ) 명 할아버지
- ☐ 父(ちち) 명 아버지
- ☐ 手(て) 명 손
- ☐ 友だち(ともだち) 명 친구
- ☐ 猫(ねこ) 명 고양이
- ☐ 履く(はく) 동 신다
- ☐ 話(はなし) 명 이야기
- ☐ ～匹(ひき) ~마리
- ☐ 帽子(ぼうし) 명 모자
- ☐ 読む(よむ) 동 읽다

■ 회사, 학교 단어

- ☐ 忙しい(いそがしい) い형 바쁘다
- ☐ 英語(えいご) 명 영어
- ☐ 教える(おしえる) 동 가르치다
- ☐ 終わる(おわる) 동 끝나다
- ☐ 会社(かいしゃ) 명 회사
- ☐ 学生(がくせい) 명 학생
- ☐ 簡単だ(かんたんだ) な형 간단하다
- ☐ 聞く(きく) 동 듣다
- ☐ ～冊(さつ) ~권
- ☐ 上手だ(じょうずだ) な형 능숙하다
- ☐ 新聞(しんぶん) 명 신문
- ☐ 出す(だす) 동 내다, 빼다
- ☐ 電話(でんわ) 명 전화
- ☐ 習う(ならう) 동 배우다
- ☐ 入る(はいる) 동 들어가다
- ☐ ひまだ な형 한가하다
- ☐ 下手だ(へただ) な형 서툴다
- ☐ 勉強(べんきょう) 명 공부
- ☐ 易しい(やさしい) い형 쉽다
- ☐ 休む(やすむ) 동 쉬다
- ☐ 忘れる(わすれる) 동 잊다

■ 날씨, 장소, 교통 단어

- 新しい 〔い형〕 새롭다
- いい 〔い형〕 좋다
- エレベーター 〔명〕 엘리베이터
- お国 〔명〕 나라
- 下りる 〔동〕 내리다
- 川 〔명〕 강
- 外国 〔명〕 외국
- 北側 〔명〕 북쪽
- 来る 〔동〕 오다
- 信号 〔명〕 신호
- 少ない 〔い형〕 적다
- 空 〔명〕 하늘
- 立つ 〔동〕 서다
- 冷たい 〔い형〕 차갑다
- 出口 〔명〕 출구
- 天気 〔명〕 날씨
- 電気 〔명〕 전기
- 遠い 〔い형〕 멀다
- 中 〔명〕 안
- 晴れ 〔명〕 맑음
- 左 〔명〕 왼쪽
- 古い 〔い형〕 오래되다
- 道 〔명〕 길

■ 문화, 쇼핑, 음식 단어

- 足 〔명〕 발
- いつつ 〔명〕 다섯
- 買う 〔동〕 사다
- 軽い 〔い형〕 가볍다
- 金曜日 〔명〕 금요일
- 九月 〔명〕 9월
- 5こ 〔명〕 5개
- 五千円 〔명〕 5천 엔
- 午前 〔명〕 오전
- 七時 〔명〕 7시
- 水曜日 〔명〕 수요일
- スーパー 〔명〕 슈퍼마켓
- 食べる 〔동〕 먹다
- チケット 〔명〕 티켓
- ちょっと 〔부〕 조금
- 土曜日 〔명〕 토요일
- 何か月 〔명〕 몇 개월
- 飲む 〔동〕 마시다
- にぎやかだ 〔な형〕 활기차다
- パスポート 〔명〕 여권
- 毎週 〔명〕 매주
- 店 〔명〕 가게
- 休み 〔명〕 휴식

JLPT 빈출 단어·문형

■ 문형

- [ ] **〜か**
  ~가

  いつか 外国に 住みたいです。
  언젠가 외국에서 살고 싶습니다.

- [ ] **〜がほしい**
  ~를 갖고 싶다

  もっと 大きい テレビが ほしいです。
  더 큰 TV를 갖고 싶습니다.

- [ ] **〜から**
  ~부터

  来週から 新しい 仕事を 始めます。
  다음 주부터 새로운 일을 시작합니다.

- [ ] **〜ぐらい**
  ~정도

  友達と 2時間ぐらい 電話しました。
  친구와 두 시간 정도 전화했습니다.

- [ ] **〜だから**
  ~니까

  この店は 人気だから いつも 人が いっぱいです。
  이 가게는 인기니까 항상 사람이 가득입니다.

- [ ] **〜たり**
  ~하거나

  東京では すもうを 見たり 寺に 行ったり しました。
  도쿄에서는 스모를 보거나 절에 가기도 했습니다.

- [ ] **〜ている**
  ~하고 있다

  子どもが ピアノを 弾いて います。
  아이가 피아노를 치고 있습니다.

- [ ] **〜てから**
  ~하고 나서

  窓を 開けてから 掃除します。
  창문을 열고 나서 청소합니다.

- [ ] **〜てください**
  ~해 주세요

  写真を 撮って ください。
  사진을 찍어 주세요.

- [ ] **〜ではなくて**
  ~가 아니고

  教室では 英語ではなくて 日本語で 話します。
  교실에서는 영어가 아니고 일본어로 이야기합니다.

☐	**～とき** ~때	ソファで 休んでいるとき、電話が 鳴りました。 소파에서 쉬고 있을 때, 전화가 울렸습니다.
☐	**～と～とどちらが** ~와 ~중 어느 쪽이	肉と 魚と どちらが 好きですか。 고기와 생선 중 어느 쪽이 좋습니까?
☐	**～ながら** ~하면서	音楽を 聞きながら ランニングしました。 음악을 들으면서 러닝을 했습니다.
☐	**～など** ~등	趣味は 料理や 散歩などです。 취미는 요리나 산책 등입니다.
☐	**～に行く** ~하러 가다	郵便局に 手紙を 出しに 行きます。 우체국에 편지를 부치러 갑니다.
☐	**～のは** ~것은	ずっと 運転するのは 大変では ないですか。 계속 운전하는 것은 힘들지 않나요?
☐	**～前に** ~하기 전에	出かける前に 天気を チェックします。 외출하기 전에 날씨를 확인합니다.
☐	**～ましょうか** ~할까요?	荷物を 持ちましょうか。 짐을 들까요?
☐	**～や** ~나	家の 近くに コンビニや パン屋が あります。 집 근처에 편의점이나 빵집이 있습니다.
☐	**～より** ~보다	弟の 部屋は 私の 部屋より 広いです。 남동생의 방은 제 방보다 넓습니다.

N4 단어·문형

■ 신분, 회사생활 단어

- ☐ 営業(えいぎょう) 명 영업
- ☐ 行う(おこな) 동 실행하다, 수행하다
- ☐ 厳しい(きび) い형 엄격하다
- ☐ 禁煙(きんえん) 명 금연
- ☐ 計画(けいかく) 명 계획
- ☐ 区(く) 명 구
- ☐ 工場(こうじょう) 명 공장
- ☐ 出発(しゅっぱつ) 명 출발
- ☐ 説明(せつめい) 명 설명
- ☐ 注意(ちゅうい) 명 주의
- ☐ 使う(つか) 동 사용하다
- ☐ 丁寧だ(ていねい) な형 정중하다
- ☐ 独身(どくしん) 명 독신
- ☐ 止める(と) 동 멈추다, 세우다
- ☐ 取る(と) 동 잡다, 취하다
- ☐ 輸出(ゆしゅつ) 명 수출
- ☐ 利用(りよう) 명 이용

■ 가족, 일상생활 단어

- ☐ 兄(あに) 명 형, 오빠
- ☐ 妹(いもうと) 명 여동생
- ☐ うそ 명 거짓말
- ☐ 産む(う) 동 낳다
- ☐ 送る(おく) 동 보내다
- ☐ 弟(おとうと) 명 남동생
- ☐ お姉さん(ねえ) 명 언니, 누나
- ☐ 思い出(おも で) 명 추억
- ☐ お礼(れい) 명 감사
- ☐ 女の人(おんな ひと) 명 여자
- ☐ 家具(かぐ) 명 가구
- ☐ 結婚(けっこん) 명 결혼
- ☐ 心(こころ) 명 마음
- ☐ 寂しい(さび) い형 외롭다
- ☐ しかる 동 꾸짖다, 혼내다
- ☐ 閉める(し) 동 닫다
- ☐ 住所(じゅうしょ) 명 주소
- ☐ 女性(じょせい) 명 여성
- ☐ 心配(しんぱい) 명 걱정
- ☐ 住む(す) 동 살다
- ☐ 世話(せわ) 명 보살핌, 돌봄
- ☐ 洗濯(せんたく) 명 세탁
- ☐ 足りない(た) い형 부족하다
- ☐ 貯金(ちょきん) 명 저금
- ☐ 手伝う(てつだ) 동 돕다
- ☐ 日記(にっき) 명 일기

				■ 쇼핑, 음식 단어			
☐	眠い(ねむい)	[い형]	졸리다	☐	色(いろ)	[명]	색
☐	早い(はやい)	[い형]	이르다, 빠르다	☐	薄い(うすい)	[い형]	얇다
☐	秘密(ひみつ)	[명]	비밀	☐	重い(おもい)	[い형]	무겁다
☐	待つ(まつ)	[동]	기다리다	☐	固い(かたい)	[い형]	딱딱하다
☐	家賃(やちん)	[명]	집세	☐	形(かたち)	[명]	형태
☐	用意(ようい)	[명]	준비	☐	食堂(しょくどう)	[명]	식당
				☐	足す(たす)	[동]	더하다
■ 공부, 학교생활 단어				☐	包む(つつむ)	[동]	포장하다
☐	運動(うんどう)	[명]	운동	☐	苦い(にがい)	[い형]	쓰다
☐	教わる(おそわる)	[동]	배우다	☐	値段(ねだん)	[명]	가격
☐	覚える(おぼえる)	[동]	기억하다	☐	貼る(はる)	[동]	붙이다
☐	カッター	[명]	커터	☐	深い(ふかい)	[い형]	깊다
☐	考える(かんがえる)	[동]	생각하다	☐	メニュー	[명]	메뉴
☐	規則(きそく)	[명]	규칙	☐	野菜(やさい)	[명]	야채
☐	具合(ぐあい)	[명]	상태	☐	柔らかい(やわらかい)	[い형]	부드럽다
☐	結果(けっか)	[명]	결과				
☐	最初(さいしょ)	[명]	처음	■ 날씨, 장소 단어			
☐	種類(しゅるい)	[명]	종류	☐	浅い(あさい)	[い형]	얕다
☐	調べる(しらべる)	[동]	조사하다	☐	暑い(あつい)	[い형]	덥다
☐	スポーツ	[명]	스포츠	☐	海(うみ)	[명]	바다
☐	説明(せつめい)	[명]	설명	☐	会場(かいじょう)	[명]	회장
☐	初めに(はじめに)	[부]	처음에	☐	暗い(くらい)	[い형]	어둡다
☐	増える(ふえる)	[동]	늘어나다	☐	景色(けしき)	[명]	경치
☐	本当(ほんとう)	[명]	진짜				

- [ ] ざあざあ　　　부 쏴쏴, 폭우나 강한 비의 소리
- [ ] 狭(せま)い　　い형 좁다
- [ ] 駐車場(ちゅうしゃじょう)　　명 주차장
- [ ] 近(ちか)い　　い형 가깝다
- [ ] 夏(なつ)　　명 여름
- [ ] 冷(ひ)える　　동 차가워지다
- [ ] 広(ひろ)い　　い형 넓다
- [ ] 冬(ふゆ)　　명 겨울
- [ ] 蒸(む)し暑(あつ)い　　い형 후텁지근하다
- [ ] 予報(よほう)　　명 예보

■ 교통, 의사소통 단어

- [ ] 危(あぶ)ない　　い형 위험하다
- [ ] 安全(あんぜん)　　명 안전
- [ ] 以上(いじょう)　　명 이상
- [ ] 往復(おうふく)　　명 왕복
- [ ] おしゃべり　　명 수다
- [ ] 急行(きゅうこう)　　명 급행
- [ ] 工事(こうじ)　　명 공사
- [ ] 交通(こうつう)　　명 교통
- [ ] 混(こ)む　　동 붐비다
- [ ] 中止(ちゅうし)　　명 중지
- [ ] 届(とど)く　　동 도착하다
- [ ] 意見(いけん)　　명 의견

■ 문화, 여가 단어

- [ ] 動(うご)く　　동 움직이다
- [ ] 歌(うた)　　명 노래
- [ ] 音(おと)　　명 소리
- [ ] 落(お)とす　　동 떨어뜨리다
- [ ] 折(お)る　　동 접다
- [ ] 最近(さいきん)　　명 최근
- [ ] 最後(さいご)　　명 마지막
- [ ] 招待(しょうたい)　　명 초대
- [ ] 十分(じゅうぶん)だ　　な형 충분하다
- [ ] 自由(じゆう)だ　　な형 자유롭다
- [ ] 人口(じんこう)　　명 인구
- [ ] スイッチ　　명 스위치
- [ ] 育(そだ)てる　　동 키우다
- [ ] 強(つよ)い　　い형 강하다
- [ ] どんどん　　부 계속
- [ ] なくす　　동 잃다
- [ ] 人気(にんき)　　명 인기
- [ ] 熱心(ねっしん)だ　　な형 열심이다
- [ ] ポスター　　명 포스터
- [ ] 汚(よご)れる　　동 더러워지다
- [ ] 弱(よわ)い　　い형 약하다
- [ ] 旅館(りょかん)　　명 여관
- [ ] 笑(わら)う　　동 웃다

■ 문형

	문형	예문
☐	**~かもしれない** ~일지도 모른다	飛行機の出発が遅れるかもしれません。 비행기 출발이 늦어질지도 모릅니다.
☐	**~くなる** ~해지다	11月に入って、木の葉が赤くなりました。 11월에 들어가서, 나뭇잎이 붉어졌습니다.
☐	**~ことができる** ~할 수 있다	この博物館は無料で楽しむことができます。 이 박물관은 무료로 즐길 수 있습니다.
☐	**~ことにする** ~하기로 하다	毎日日記を書くことにしました。 매일 일기를 쓰기로 했습니다.
☐	**~たことがある** ~한 적이 있다	着物を着たことがありますか。 기모노를 입어본 적이 있나요?
☐	**~たところだ** ~한 참이다	さっき資料を作り終わったところです。 방금 자료를 다 만든 참입니다.
☐	**~ために** ~위해서	いい大学に入るために、勉強を頑張っています。 좋은 대학에 입학하기 위해서, 공부를 열심히 하고 있습니다.
☐	**~中** ~중	課長は今、電話中です。 과장님은 지금, 통화 중입니다.
☐	**~てくれる** ~해 주다	店の人が時計を直してくれました。 가게 사람이 시계를 고쳐 주었습니다.
☐	**~てみる** ~해 보다	一度、富士山に登ってみたいです。 한 번, 후지산에 올라가 보고 싶습니다.

☐	~という ~라는	これは「カマキリ」という虫です。 이것은 '사마귀'라는 벌레입니다.
☐	~途中で ~도중에	映画を見ている途中で、寝てしまいました。 영화를 보고 있는 도중에, 잠들어 버렸습니다.
☐	~ないで ~하지 않고	コーヒーは砂糖を入れないで飲みます。 커피는 설탕을 넣지 않고 마십니다.
☐	~ないようにする ~하지 않도록 하다	これからは約束に遅れないようにします。 앞으로는 약속에 늦지 않도록 하겠습니다.
☐	~にくい ~하기 어렵다	この本は字が小さくて、読みにくいです。 이 책은 글자가 작아서, 읽기 어렵습니다.
☐	~のだ ~인 것이다	残業が続いて、疲れているのです。 야근이 계속되어, 피곤한 것입니다.
☐	~ましょう ~합시다	夏休みにキャンプに行きましょう。 여름 방학에 캠핑에 갑시다.
☐	~みたいだ ~인 것 같다	あのパンダはぬいぐるみみたいです。 저 판다는 봉제인형인 것 같습니다.
☐	~ようと思う ~하려고 하다	今年からジムに通おうと思います。 올해부터 체육관에 다니려고 합니다.
☐	~ようになる ~하게 되다	自転車に乗れるようになりました。 자전거를 탈 수 있게 되었습니다.

-メモ-

-メモ-

실전모의고사 N4

초판 2쇄 발행 2025년 8월 4일
초판 1쇄 발행 2025년 4월 4일

지은이	해커스 JLPT연구소
펴낸곳	㈜해커스 어학연구소
펴낸이	해커스 어학연구소 출판팀
주소	서울특별시 서초구 강남대로61길 23 ㈜해커스 어학연구소
고객센터	02-537-5000
교재 관련 문의	publishing@hackers.com
	해커스일본어 사이트(japan.Hackers.com) 교재 Q&A 게시판
동영상강의	japan.Hackers.com
ISBN	978-89-6542-766-7 (13730)
Serial Number	01-02-01

저작권자 ⓒ 2025, 해커스 어학연구소
이 책 및 음성파일의 모든 내용, 이미지, 디자인, 편집 형태에 대한 저작권은 저자에게 있습니다.
서면에 의한 저자와 출판사의 허락 없이 내용의 일부 혹은 전부를 인용, 발췌하거나 복제, 배포할 수 없습니다.

일본어 교육 1위
해커스일본어(japan.Hackers.com)

- 해커스 스타강사의 **일본어 인강**(교재 내 할인쿠폰 수록)
- QR코드를 찍어 바로 듣는 **다양한 버전의 교재 MP3**
- JLPT N4 합격 목표 달성을 위한 **N5·N4 단어·문형 암기장**

한경비즈니스 선정 2020 한국브랜드선호도 교육(온·오프라인 일본어) 부문 1위

일본어 교육 1위 해커스일본어

한경비즈니스 선정 2020 한국브랜드선호도 교육(온·오프라인 일본어) 부문 1위

쉽고 재미있는 일본어 학습을 위한
체계적 학습자료

무료 일본어 레벨테스트

5분 만에 일본어 실력 확인
& 본인의 실력에 맞는 학습법 추천!

선생님과의 1:1 Q&A

학습 내용과 관련된 질문사항을
Q&A를 통해 직접 답변!

해커스일본어 무료 강의

실시간 가장 핫한 해커스일본어
과목별 무료 강의 제공!

데일리 무료 학습 콘텐츠

일본어 단어부터 한자, 회화 콘텐츠까지
매일매일 확인하는 데일리 무료 콘텐츠!

일본어 교육 1위 해커스일본어
japan.Hackers.com

무료 학습자료 확인하기 ▶

실전모의고사 N4

초판 2쇄 발행 2025년 8월 4일
초판 1쇄 발행 2025년 4월 4일

지은이	해커스 JLPT연구소
펴낸곳	㈜해커스 어학연구소
펴낸이	해커스 어학연구소 출판팀

주소	서울특별시 서초구 강남대로61길 23 ㈜해커스 어학연구소
고객센터	02-537-5000
교재 관련 문의	publishing@hackers.com
	해커스일본어 사이트(japan.Hackers.com) 교재 Q&A 게시판
동영상강의	japan.Hackers.com

ISBN	978-89-6542-766-7 (13730)
Serial Number	01-02-01

저작권자 ⓒ 2025, 해커스 어학연구소
이 책 및 음성파일의 모든 내용, 이미지, 디자인, 편집 형태에 대한 저작권은 저자에게 있습니다.
서면에 의한 저자와 출판사의 허락 없이 내용의 일부 혹은 전부를 인용, 발췌하거나 복제, 배포할 수 없습니다.

일본어 교육 1위
해커스일본어(japan.Hackers.com)

- 해커스 스타강사의 **일본어 인강** (교재 내 할인쿠폰 수록)
- QR코드를 찍어 바로 듣는 **다양한 버전의 교재 MP3**
- JLPT N4 합격 목표 달성을 위한 **N5·N4 단어·문형 암기장**

한경비즈니스 선정 2020 한국브랜드선호도 교육(온·오프라인 일본어) 부문 1위

일본어 교육 1위 해커스일본어

한경비즈니스 선정 2020 한국브랜드선호도 교육(온·오프라인 일본어) 부문 1위

쉽고 재미있는 일본어 학습을 위한
체계적 학습자료

무료 일본어 레벨테스트

5분 만에 일본어 실력 확인
& 본인의 실력에 맞는 학습법 추천!

선생님과의 1:1 Q&A

학습 내용과 관련된 질문사항을
Q&A를 통해 직접 답변!

해커스일본어 무료 강의

실시간 가장 핫한 해커스일본어
과목별 무료 강의 제공!

데일리 무료 학습 콘텐츠

일본어 단어부터 한자, 회화 콘텐츠까지
매일매일 확인하는 데일리 무료 콘텐츠!

일본어 교육 1위 해커스일본어
japan.Hackers.com

무료 학습자료 확인하기 ▶